青山学院
4-4-4一貫制
英語教育構想

Aoyama Gakuin
4-4-4 Coherent English Education System

木村松雄 監修
青山学院英語教育研究センター 編

学文社

はじめに

青山学院英語教育研究センター（AGRCELT：Aoyama Gakuin Research Center for English Language Teaching）は，青山学院の英語教育を充実させ，国内外の英語教育の充実と発展に貢献することを目的として，準備組織としての「英語教育検討委員会」を発展解消した後1998年に正式に学院内に開設されました。爾来，主宰者である深町正信先生（青山学院名誉院長）のご指導の下，本名信行先生（青山学院大学名誉教授）を初代センター所長として，院長が指名された初等部，中等部，高等部，女子短期大学，大学からの英語教育を専門とする委員により，その理念を具現化すべく研究活動を地道に続けて参りました。

2008年深町正信先生ご勇退の後は，半田正夫院長代行（元理事長）のご指導をいただき，2010年７月より2014年６月までは山北宣久院長の力強いご指導とご支援をいただきました。そして2014年７月より梅津順一現院長のご指導をいただき，今日に至っております。この間教職員の中には，退職された方，亡くなられた方もいらっしゃいますが，どの方も誠実な青山の人間らしく本英語教育研究センターの維持・発展のために惜しみなくご尽力くださいました。英語教育研究センターを代表し，ここに篤く御礼申し上げます。幸いにも本センターの活動とささやかな実績は日本の一貫制英語教育モデルのひとつとして高い評価を受けるに至っております。これも偏にこれまでお世話になりました国内外においてリーダーシップを取ってこられた多くの研究者と実践家の皆様と本部総合企画室の事務局の皆様，そしてセンター開設以来，全面的なご理解と財政的なご支援を賜った学校法人青山学院の歴代の指導者の皆様方のご尽力の賜物と衷心より篤く御礼申し上げます。

2000年３月31日に発刊された『青山学院英語教育研究センター　1999年度報告書』の３頁の「青山学院英語教育研究センターの構成・目的・活動」の「活動」には以下のことが記されています。

「青山学院英語教育研究センターはその目的を達成するため，（1）英語教育に関する理論的・応用研究と調査，（2）研究と調査の成果を公表する各種刊行物の発行，（3）研究会，講演会およびセミナーなどの開催，（4）図書や資料などの収集や整理，などの事業を行うことになります。そして上記（1）の研究と調査を遂行するために（共同）プロジェクトを組織し，（1）初等英語教育の理論と実践に関する基礎的研究，（2）小中高一貫制をベースとした英語教育シラバスの試論的研究，（3）信頼に足る評価法の開発に関する基礎的研究，（4）マルチメディアによる英語教育システムの構築に関する実践的研究，（5）ESP（English for Specific Purposes）のシラバス作成に関する実践的研究，（6）英語の国際化と多様化に関する社会言語学的研究，などの緊急テーマに取り組む予定です。またこれらとは別に，（1）研究センター設立記念シンポジウムの開催，（2）海外の研究所との国際パートナーシップの提携，（3）学外からの資金の導入，などの可能性の検討も課題となっています。」

15年も前に，迫りくる国際化そしてグローバル化の中での青山の英語教育の在るべき姿を想定し，当時としては最先端の知見を導入して活動目的を明文化していたことが分かります。この中で我々が最も重要視したのは，（2）小中高一貫制をベースとした英語教育シラバスの試論的研究でした。一貫制シラバスが出来上がれば他の課題は付随的に解決されることを予測しました。しかしこれは直ちに既存の6－3－3制度を援用するものではなく，むしろ学習者の発達段階を十分考慮し，併せて顕在化されつつあった構造的な低学力問題の解決にも貢献し，最終的にはその成果が高等教育にも影響を与えることを想定したこれからの時代に必要な新しい一貫制英語教育シラバスの開発という社会的使命をもつものでありました。多くの時間と労力を要した結果，「青山学院4－4－4一貫制シラバス」は2002年完成に至りますが，今度はその実効性と教育効果を検証するために，一貫制シラバスに沿った独自の英語教材（以後「教科書」）の開発と教科書を用いての授業が必須との判断から，検討の結果，『SEED BOOKS』（全12巻：CD付）の開発を開始することとなりました。因みに教科書の命名者は深町正信先生（青山学院名誉院長）で，由来は聖書のことば（“A Mustard Seed”「からし種」（マタイ13章31節～32節より）にあります。ほんの小さな一粒の種がやがて大きな木に成長するように，この教科書で英語を学ぶすべての人の豊かな成長を願って開発されました。（『SEED BOOKS』（全12巻）各巻の裏表紙にはSEEDの成長が描かれています。）

2014年12月31日，英語教育研究センター所員と本部総合企画室事務局職員の真摯かつ協働的な活動の成果として，「4－4－4一貫制英語教育構想」に資する英語教科書『SEED BOOKS』（完成時全12巻：CD付）のうち，第Ⅲ期で使用の最終巻『SEED BOOK 12』（高校3年次生使用）を無事完成するに至りました。この最終巻は，学院内高大連携の理念を具現化すべく，EGP（English for General Purposes：一般目的のための英語教育）をESP（English for Specific/Special Purposes：特定・特別な目的のための英語教育）の中のEAP（English for Academic Purposes：学術目的のための英語教育＝大学等の学術機関で必要とされる英語運用能力育成に特化した外国語教育）に連動する機能と役割を果たすために開発された従来にない英語教科書です。開発に当たっては，仙波憲一先生（大学学長）のご了解をいただき，青山スタンダード教育機構（長谷川信副学長・青山スタンダード教育機構長）のご協力を得て，青山スタンダード教育機構が推薦された英語で授業・講義をされる大学の教授陣（人文系・社会系・理系）8名の先生方に執筆を依頼しました。また内容理解を深めるため，さらにこの教科書を今後CLIL（Content and Language Integrated Learning: 内容言語統合型学習）に発展使用するために，3段階からなる適切な課題（Pre-activity, In-activity, Post-activity）の作成を，David W. Reedy先生（大学理工学部教授）と西川良三先生（高等部部長）を中心にお願いしました。

第12巻の完成をもって，『SEED BOOKS』（全12巻）は完成したことになり，これにより初等部・中等部・高等部は4－4－4制によるEGP教育を一貫した理念の中で行いつつ，最終段階においては，高大連携の理念をもって大学教養課程の教育内容（学問へのいざない）を英語で学ぶEAP教育を受けられる体制となりました。

青山学院創立140周年となる2014年に「青山学院4－4－4一貫制英語教育構想」に資する独自の英語教科書『SEED BOOKS』（全12巻）は完成するに至りました。この機を祝し，さらに未来に向かって研究教育活動を開始するため，今一度これまで歩んで来た道程を振り返り，反省の上に課題を見いだすため，本書を刊行することとなりました。

英語教育研究センター設立当初よりお世話になりました深町正信先生（青山学院名誉院長）をはじめとする歴代の院長先生方と学校法人青山学院（安藤孝四郎理事長）の理事の方々，総合企画部事務局（木村惠利部長，小池肇課長，永石友章氏，大橋るみ氏）の皆様，研究センター運営委員の先生方，ご執筆いただいた先生方，『SEED BOOKS』編集の労をお取りくださった㈱アルク様，編集協力の石渡淳元様，CD制作でお世話になった橋本寛様，表紙絵を描いてくださった英米文学科卒業生で英語教師の野上沙織様，そのほかお世話になりました多くの皆様に衷心より御礼申し上げます。

There are many different languages
in the world, yet none of them is without meaning.
世にはいろいろな種類の言葉があり
どれ一つ意味を持たないものはありません。
（コリントの信徒への手紙—14:10）

2015年4月

木村 松雄　　青山学院英語教育研究センター所長

刊行に寄せて—SEED BOOKSの完成をお祝いして

私は2014年の７月に院長に就任しましたが，幸運なことに最初の年に，大学陸上競技部の箱根駅伝初優勝に遭遇することができました。この度は，「英語の青山」の一貫教育を支える『SEED BOOKS』全12巻の刊行を迎えることができました。これもまた，駆け出しの院長にとって，大変なプレゼントとなりました。箱根駅伝の達成も，『SEED BOOKS』の完成も，ほぼ同じ十数年を経た成果であって，また関係者の多大の労苦の結晶にほかなりません。このプロジェクトの構想から，執筆，編集など，さまざまな場面で協力してくださった，多くの皆様に深く感謝したいと存じます。

この達成はゴールではなく，新しい出発点というべきでしょう。これからどのように青山学院の英語教育を充実させていけるのか，『SEED BOOKS』を用いた教育について，多彩な検討が行われ，一層の議論の広がり，深まりを期待したいと存じます。初等部から始まる一本筋の通った英語教育に磨きがかかり，「英語の青山」のブランドが，さらに輝くことを願っております。

福沢諭吉といえば，幕末にオランダ語学習からいちはやく英語学習に切り替え，幕府派遣のアメリカ使節団に同行し，幕府の外国方，いわば外務省に取り立てられ仕事をするなかで，英語力を磨いて西洋社会のスペシャリストとして頭角を現した人物です。その福沢が残した興味深い言葉に「外国交際の病」があります。幕末は，開国か攘夷かと対外政策が大揺れに揺れた時期，確かに徳川時代の「一国の平和」に安住した時代からすれば，諸外国とどのように交際するかは，当時の日本人にとって容易に克服できない難問でありました。

グローバリゼーションの波に洗われる現代の日本においても，世界の国々とどう付き合うか「外国交際の病」は依然として課題であるといってよいでしょう。しかも，その「外国交際の病」には，つねに「外国語学習の病」が付随しております。「外国交際の病」を克服するためには，外国語能力，端的には英語能力が必要ですが，その英語が身につかない，それが「外国語学習の病」にほかなりません。「英語の青山」のブランドをもつ青山学院には，とくにその有効な学習法，治療法の開発への期待があるように思えます。青山の英語教育だけでなく，日本の英語教育への寄与が期待されています。

とはいえ，外国語学習には「魔法の杖」はありません。聞き流しているだけで英語が身につくというのは，誇大広告ではないでしょうか。あるいは，英語教育が悪かったから英語が身につかなかったという元学生の嘆きも，怠惰な学生生活の言い訳かもしれません。学習者の日々の努力，訓練なしに外国語は決して身につきません。英語教育法の開発も，長い時間をかけた積み重ねではないでしょうか。英語教育研究センターの結実をお祝いするとともに，更なる展開を期待したいと存じます。

梅津 順一　　青山学院院長

英語の教科書の完成を祝して

本年，青山学院が創立されてから140周年を迎えられたことを心から学院関係者の皆様と共に主に感謝し，お祝い申し上げたいと思います。この記念すべき年に，永年の悲願であった青山学院の４－４－４一貫制英語教育教科書である『SEED BOOKS』12冊が完成されましたことに対し学院当局ならびに関係者の方々に心からの感謝と敬意を表したいと思います。

現在，日本では小学校５，６年生の外国語教育が全面実施されて１年を経過しました。指導内容や中学との連携が曖昧なままスタートした影響もあり，現場の教員の戸惑いや保護者の不満がくすぶっていると報道されています。

顧みて1998年，その当時院長であった私は，国際政治経学部の本名信行教授と文学部の木村松雄教授に，如何にして青山学院全学院の英語教育を充実させ，発展させることができるかを相談いたしました。その結果，常務委員会の議を経て院長が委員を指名し，初等部，中等部，高等部，女子短期大学，大学から英語教育を専門とする先生方を委員に委嘱し，正式に「青山学院英語教育研究センター」を発足させることになりました。各部の英語の教科を担当する先生方がそれぞれの一日の働きを終えてから，月一回，夕方，５時半頃から９時まで会議室に集まり，これまでの青山学院各部の英語教育の現状を理解し合い，青山学院の一層の英語教育の充実をめざし，数年間，各部の課題を共有し，熱心に議論を積み重ねました。私の手元には，ある日の委員会の様子を撮った写真が数枚ありますが，それを見るたびに，その当時の先生方の熱心な話し合い，熱い議論を交わした様子をつい先頃のことのように鮮やかに思い起こします。

その背景には，青山学院の成り立ちからも，ぜひ「英語の青山」の土台をしっかりと築きたいという共通の熱い思い，さらに，幼稚園，初等部，中等部，高等部，女子短期大学，大学，そして大学院からなる一貫校としての特色をぜひ英語教育において十分に生かしたいという思いが確かにありました。

その当時，文部省の英語教育に関する検討会に関係されていた木村松雄先生の助言もあり，また当時の英語学会を代表する国内外の著名な先生方の講演をうかがい，さまざまなシンポジウムを実施するなかで，ついに青山学院は全学院あげて，「４－４－４制の英語教科書」を作成することが決まりました。第Ⅰ期は初等部の１，２，３，４年生用，第Ⅱ期は初等部５，６年生，中等部１，２年生用，そして第Ⅲ期は中等部３年生，高等部１，２，３年生用の英語教科書ということになりました。大学，女子短期大学の教授方がこの作業を終始温かな目で見つつ，協力してくださったことに敬意を表します。

イラストは青山学院らしい，キリスト教学校ならではのものを載せたいということで鹿野理恵子氏に描いていただき，編集協力を㈱アルク キッズ英語編集部にお願いしました。教科書の名前は聖書のマタイによる福音書第13章31節，32節からとり，『SEED』と命名されました。からし種はとても小さい種ですが，成長すると大きな茎にたくさんの花を咲かせるように，「英語の青山」に学んだものが大きく成長し，将来，世界市民として，建学の精神である「世の光，地の塩」として大いに活躍することを願ってつけられました。

「英語教育研究センター2013年度研究活動報告書」を手にし，初等部，中等部，高等部における英語学習意識および使用方略調査の2013年度報告をみて，これまでの2000，2003，2006，2009年度分を含めて，これらの調査結果を十分に分析され，よりよい英語教育の改善につながることを期待しています。

これらの英語教科書を使用した者たちのなかから世界市民意識をもち，英語力を十分に身につけて，将来，世界の平和と発展のために働く者が一人でも多く育成されることを願う者です。

初等部は少人数のためどうしても１冊の単価が高くなり，思い悩んだとき，校友のお一人が名前を出さないことを条件に，数年に分けて資金を援助してくださいましたことをここに感謝をもって記させていただきます。さらに，このために労してくださいました先生方，職員方，お世話になった法人本部，前院長，山北宣久氏に深く感謝するものであります。

深町 正信　　青山学院名誉院長・東洋英和女学院院長

SEED BOOKS 完成を祝して

この度，学院創立140周年記念事業の一環として，青山学院英語教育研究センターより，『青山学院 4－4－4 一貫制英語教育構想』に基づいた活動成果として，『SEED BOOKS』（全12巻）を出版され，当シリーズが完結したことに対しお祝いを申し上げます。

本教科書は，高大連携教育に資する CLIL（内容言語統合型）教育の可能性を追求した英語テキストであり，幼稚園から大学までの一貫教育を行う青山学院のめざす初の教育コンテンツの体系的な開発成果です。このような小学生から大学生までの一貫英語テキストブックの開発は，日本でも例を見ないのではないでしょうか。しかも『SEED BOOK 12』は本大学の教養教育である青山スタンダード科目の学問への入門をいざなう“Welcome Lecture”のコンテンツをテーマにしており，高大接続へのハイライトであり，英語を学びながら学問への視野を広げることができる他に類を見ないものです。この意味でも，青山学院の英語教育が新たな段階に入ったといえます。

園児・児童・生徒・学生のそれぞれの成長段階における学びの到達目標を設定し，それを達成するための適切な題材等を吟味・選択・編纂する作成過程には，莫大な労力と専門的知識がなければ決してできるものではなく，英語関連の先生方の充実と，それをサポートする事務体制が整っていなければ実現できるものではありません。関係者の方々のこれまでの，ご尽力と気力とチームワークに驚嘆を覚え，改めて感謝を申し上げる次第です。またリーダーシップをいかんなく発揮し，このチームを積極的に導いた文学部英米文学科教授，青山学院英語教育研究センター所長の木村松雄先生には心から敬意を表すものです。先生の情熱と英語教育への高い見識がなければ到底なしえなかったことといえます。

今グローバル時代への対応の一つとして，語学教育，なかでも英語教育の重要性が叫ばれております。教科書は教える側の考え方が，方法論をも含めて反映され，どのようなポリシーのもと英語教育をめざしているのかを世に明示することになります。時代と共に教科書も変化していくものではありますが，いかなる題材を取り入れ，どのような段階を経て目的とする到達レベルを達成するか，レベル設定においては想像もできない多くの議論があったものと拝察いたします。この意味で，明確な英語教育の指針をもち，方法論を具現化したことは本学の英語教育の水準の高さの表れであると大変誇りに思います。

これから，本教科書が多くの人に受け入れられ，日本の英語教育の発展に資することになれば望外の喜びです。今後の発展に期待しております。

仙波 憲一　　青山学院大学学長

SEED BOOKSの完成を祝う

青山学院英語教育研究センターは，本学の初等中等課程における一貫制英語教育の実現に向けて，深町正信院長（当時）の肝いりで，1998年に設立された。深町先生は毎月１回開催されるセンター委員会にはいつも出席され，白熱した議論に熱心に参加してくださった。このたび，一貫制用の教科書『SEED BOOKS』（全12巻）の完成を祝うにあたって，初代センター長であった私から，深町先生にあらためて感謝の意をお伝えしたい。

青山学院英語教育研究センターは設立以来，本学の初等部，高中部の英語教育を一貫して行うことの意義と効果を研究し，その実現に向けた一貫制シラバスとテキストの編集製作に取り組んできた。さらに，初等部と高中部の英語教育課程（12年間）の連続を４−４−４制にするという新機軸を提案した。これは現センター長である木村松雄教授の発案であり，センターでは発達心理学の観点から何度も議論を重ねた。そして，青山学院がその先陣を切った。

英語教育で，初等中等教育の課程をつなぐ一貫したシラバスをもつことは絶対に必要であり，世界各国で実施されている。日本ではまだそれができておらず，早期の対応が期待されている。一貫制プログラムは各課程に絶対的な完結性を付与しないので，教育に「ゆとり」をもたせることができ，スローラーナーにも適切に対応できるし，リメディアル教育編成の指針にもなる。

一貫制英語教育を有効に進めるためには，小中高の学習指導内容がシームレスに接続していなければならない。また，先生方がお互いに各課程の学習内容を熟知していなければならない。高等学校の先生が高等学校のことしか知らないようなことでは，一貫制プログラムを作動させることはできない。これは実際には大変困難なことではあるが，その困難を乗り越える工夫が望まれる。

幸いに，青山学院英語教育研究センターでは，初等部，高中部の委員に加えて短大と大学の委員も加わり，初等中等課程を生徒の知的・情緒的発達から，4－4－4制ととらえて，それに則した英語科教材の作成を試みてきた。初等部1－4年（最初の4）の教材を初等部の先生だけでつくるのではなく，中・高・短・大の先生を加えて作成した。これは，各課程・部署の先生方の交流があってはじめてできることで，私学の利点を最大限に活用している。公立学校では，この連携は制度的に困難かもしれないが，工夫次第で無理ではない。

このような背景のもと，このたび『SEED BOOKS』（全12巻）が完成を見たことは，実によろこばしい。初等部・高中部の主要な英語教材がそろったことになる。そして，それに基づく教育実践記録や教育成果も徐々に公刊されるであろう。それらは他の私学にも，参考にしていただけると思われる。また，本センターの一貫制英語教育の試みには，公立学校でも活用できることがらが多々あると思われる。

本センターは今後，自己点検評価を重ね，改善課題を明らかにして，改善に取り組んでほしい。「ヨーロッパ言語共通参照枠（いわゆるCEFR）」に合わせて，「学習」「教育」「評価」の方法を確立するのも，その一つであろう。また，英語コミュニケーション能力の育成をめざし，自分のこと，身の回りのこと，日本の文化社会を国際的に表現できる「国際言語としての英語」（EIL）の基礎力養成に焦点を当てることも大切であるであろう。

現在，教育機関，カリキュラム等に求められるのは，「質保証（quality assurance）」である。ステークホールダーはそれを求めている。ゴールを定め，そこに到達する道筋を明らかにして，その成果を実証しなければならない。そのためには，PDCAサイクルを有効に働かせ，常に改善に取り組む姿勢が期待される。青山学院英語教育研究センターは，その技量を有していると思われる。常に，前に進んでほしい。

本名 信行　　青山学院名誉教授

目　次

1
4－4－4 一貫制英語教育構想

（1）はじめに

戦後から今日までの日本の英語教育政策を概観すると，7回にわたる学習指導要領の改訂などを含め，実に多くの提案がなされている。それらは，今日の日本の英語教育の骨格を形成し，なお将来の日本の英語教育の姿形を予測させる機能と役割を有している。その中で今日の「一貫制英語教育」を最初に示唆していたと考えられるのは，「第3の教育改革」といわれた1971（昭和46）年の中央教育審議会の答申である。本章では，「第3の教育改革」の特徴と背景を精査することで，一貫した英語教育の必要性がすでに44年も前に謳われていることを確認しつつ，最終的な提案をEGP（English for General Purposes）からESP（English for Specific/Special Purposes）／EAP（English for Academic Purposes）への連動を可能にする一貫制英語教育構想におき，その具体例として，「青山学院4－4－4一貫制英語教育構想」に資する具体的なシラバス（日・英）を提示・紹介するものである。

（2）「第3の教育改革」

田辺洋二氏（早稲田大学名誉教授，元JACET会長）は，2002年3月28日に青山学院英語教育研究センター主催の記念講演会にて「一貫制英語教育に向けて」と題した講演をされた。また同年9月7日開催の第41回JACET全国大会では「一貫制の英語教育―小学校から大学まで」と題した基調講演を行われた。氏は2回の講演を通して，「第3の教育改革」といわれた中央教育審議会の答申の内容が今日に至る日本の言語教育（英語教育）政策，とりわけ一貫制教育に大きな影響を与えたことを強調されていた。以下，戦後日本の英語教育が一貫制に推移していく過程を検証したい。

（3）「第3の教育改革」までの推移

■1945（昭和20）年8月：日本は終戦を迎える。同時に戦時中の全教育令を廃止する。

12月：大学の男女共学が決定される。

■1946（昭和21）年1月：天皇の人間宣言。

10月：文部省は男女共学実施を指示する。

11月：日本国憲法公布。12月：文部省は6－3－3制教育体制を発表する。

■1947（昭和22）年3月：教育基本法，学校教育法公布。文部省は学習指導要領一般編（試案）を発行する。小学校教育課程において，社会科，家庭科が新設される。

4月：新学制による小中学校（6－3制）が開始される。

6月：文部省は「新しい憲法のはなし」を発行する。6－3－3－4制が発足する。

■1971（昭和46）年1月：鈴木孝夫『閉ざされた言語・日本語の世界』の中でEnglicの概念を発表する。

6月：中央教育審議会は，明治維新，戦後の教育改革に次ぐ「第3の教育改革」を提言する。これにより，4－4－6制の試行を打ち出す。昭和46年の答申なので別名「四六答申」と呼ばれる。

（4）一貫教育の基本姿勢

四六答申での初等・中等教育（小学校，中学校，高等学校の教育）改革の基本構想において，中央教育審議会は，学制改革の第一歩として，以下の4点をあげている（中教審答申：昭和46年6月1日より抜粋）。

第二章　初等・中等教育の改革に関する基本構想，三の1．：人間の発達過程に応じた学校体系の開発

（1）四, 五歳児から小学校の低学年の児童までを同じ教育機関で一貫した教育を行うことによって，幼児期の教育効果を高めること。
（2）中等教育が中学校と高等学校とに分割されていることに伴う問題を解決するため，これらを一貫した学校として教育を行い，幅広い資質と関心をもつ生徒の多様なコース別，能力別の教育を，教育指導によって円滑かつ効果的に行うこと。
（3）前二項のほか，小学校と中学校，中学校と高等学校のくぎり方をかえることによって，各学校段階の教育を効果的に行うこと。
（4）現在の高等専門学校のように中等教育から前期の高等教育まで一貫した教育を行うことを，その他の目的または専門分野の教育にまで拡張すること。

（1）は，4, 5歳児から小学校の低学年までの一貫教育の提案であり，（2）は中学校と高等学校の区切り方を変えることの提案であり，（3）は小学校，中学校，高等学校の区切り方を変えることの提案であり，（4）は中等教育から高等教育前期まで一貫した教育を行うことの提案である。これらの4点を軸とし，英語教育に関する批判と対応は高等教育（大学教育）に関連して「二　教育課程の改善の方向」で，以下のように述べられている。

第三章　高等教育の改革に関する基本構想，第二　高等教育改革の基本構想
二　教育課程の改善の方向
（1）これまでの一般教養科目の教育がねらいとした諸学の総合理解，学問的方法の自覚，文化史的な問題や人間観・価値観のはあくなどの目標については，それぞれの教育課程の中に含めて総合的にその実現をはかる。
（2）専門のための基礎教育として必要なものは，それぞれの専門教育の中に統合する。
（3）外国語教育は，特に国際交流の場での活用能力の育成に努めることとし，必要に応じて学内に設けた語学研修施設によって実施し，その結果について能力の検定を行う。（外国語・外国文学を専攻する者については別途考慮する。）
（4）保健体育については，課外の体育活動に対する指導と全学生に対する保健管理の徹底によってその充実をはかる。

（1）は一般科目についての提案であり，（2）は専門のための基礎教育科目についての提案であり，（3）は外国語教育についての提案であり，（4）は保健体育についての提案である。特に（3）において，外国語教育の目的

を国際交流での場での活用能力の育成と明示している点，その教育方法の１つとして学内での語学研修施設での実施を明示している点，そしてその教育効果としての結果について能力検定を明示している点は，外国語教育を既に目的論，方法論，評価論の３点より論じているわけであり，この段階において外国語教育のPDCA（Plan-Do-Check and Action）が提唱されていたと解釈できる。

（５）一貫教育と国際理解教育

1974（昭和49）年，中央教育審議会は『教育・学術・文化における国際交流について』の中で，国際理解教育と外国語（英語）教育について以下のように述べている。

２　外国語教育の改善

我が国民のコミュニケーションの手段としての外国語能力は一般的に見て極めて貧弱である。このことは，国際交流活動を進める上での大きな障害となっている。したがって，この面における外国語能力の向上を図ることは，今後の国際交流推進のために極めて大きな課題である。

（１）中学校・高等学校における外国語教育については，コミュニケーションの手段としての外国語能力の基礎を培うための教育内容・方法及び教育環境について一層の改善を図ること。

（２）高等教育機関においても，外国語能力の向上を図るため，一般教育としての外国語教育の在り方について検討すること。

（３）優秀な外国人を採用し，外国語教育において活用することを実態に即して一層推進すること。

（４）外国語教員の指導力の向上を図るため，語学研修のための海外留学について積極的な施策を講ずること。

（１）において，中学校・高等学校の外国語教育の目的をコミュニケーションの手段としての外国語教育の基礎と位置づけた点，（２）において，（１）との連動により，大学の一般教育の外国語教育の目標を，基礎の上に立つ外国語能力の向上と位置づけた点は，中等教育および高等教育における外国語教育の目標を一貫してコミュニケーション能力の育成としているわけであり，これ以後の「コミュニケーション能力の育成」および高大の連携が読み取れ大変興味深い。

1996（平成８）年７月，中央教育審議会答申『21世紀を展望した我が国の教育の在り方』の第２章「国際化と教育」において，上記（１）（２）（３）（４）の提案を以下のように３点に絞り込み，基本姿勢を確立する。

（ａ）広い視野を持ち，異文化理解を理解するとともに，これを尊重する態度や異なる文化を持った人々と共に生きていく資質や能力の育成を図ること。
（ｂ）国際理解のためにも，日本人として，また，個人としての自己の確立を図ること。
（ｃ）国際社会において，相互の立場を尊重しつつ，自分の考えや意思を表現できる基礎的な力を育成する観点から，外国語能力の基礎や表現能力等のコミュニケーション能力の育成を図ること。

（ａ）において初めて「人々と共に生きていく」共生の概念（symbiosis）が導入された点，（ｂ）において日本人として，また個人としての自己（identity）の確立が明示された点，そして（ｃ）において，自分の考えや意思の表明の重要性を謳った点は，これ以後行う外国語（英語）教育が，単なる四技能の指導技術をめざしたものではなく，グローバル化する国際社会で互恵的な存在として生きていくに必要な異文化間理解能力（その最終ゴールは「文化相対主義（Culture Relativism）：文化に優劣はないとする普遍思想」を含む本来的なコミュニケーション能力の育成であることを明示しており，言語政策上たいへん意義深い提案といえよう。

（６）初等英語教育から始まる正三角形構造型英語教育の提案

新学習指導要領の公示（小学校：平成20年３月，平成23年度より実施，中学校：平成20年７月公示，平成21年４月より移行措置として一部前倒しし実施，平成24年度よりは，完全実施，高等学校：平成21年度公示，平成25年度より実施）により，これからの日本の英語教育の方向性が定まったといってよいであろう。

小学校，中学校，高等学校の各指導目標を通時的にみると，小中高を一貫した中心的理念として「コミュニケーション能力の育成」がみえてくる。外国語活動の目標を小学校学習指導要領では,「外国語を通じて, 言語や文化について体験的に理解を深め, 積極的にコミュニケーションを図ろうとする態度の育成を図り, 外国語の音声や基本的な表現に慣れ親しませながら, コミュニケーション能力の素地を養う」(第4章　外国語活動　第1目標) と示している。「コミュニケーション能力の素地」が小学校の外国語活動のキーワードである。「素地」を直訳しないで," ability" を用いて英訳(試訳) すると," Through foreign languages, to deepen the understanding of language and culture by means of direct experience, foster the development of an attitude of active communication, and develop the foundation of communicative ability while becoming used to the sounds and basic expressions of foreign languages." となる。中学校学習指導要領では,「外国語を通じて, 言語や文化に対する理解を深め, 積極的にコミュニケーションを図ろうとする態度の育成を図り, 聞くこと, 話すこと, 読むこと, 書くことなどのコミュニケーション能力の基礎を養う。」(第2章　各教科　第9節外国語) と示されている。「コミュニケーション能力の基礎」が中学校英語教育のキーワードである。英訳すると," Through foreign languages, to deepen the understanding of language and culture, aiming for an attitude of active communication and fostering the foundation of communicative competence in listening, speaking, reading, and writing." となる。「コミュニケーションの基礎」は," competence" を用いて," the foundation of communicative competence" とした。高等学校学習指導要領では,「外国語を通じて, 言語や文化に対する理解を深め, 積極的にコミュニケーションを図ろうとする態度の育成を図り, 情報や考えなどを的確に理解したり適切に伝えたりするコミュニケーション能力を養う」(第8節　外国語　第1款目標) と示されている。修飾語句のつかない「コミュニケーション能力」がキーワードとなる。英訳すると," Through foreign languages, to deepen the understanding of language and culture, foster an attitude of engaging in communication positively, and develop the communicative competence to accurately under-

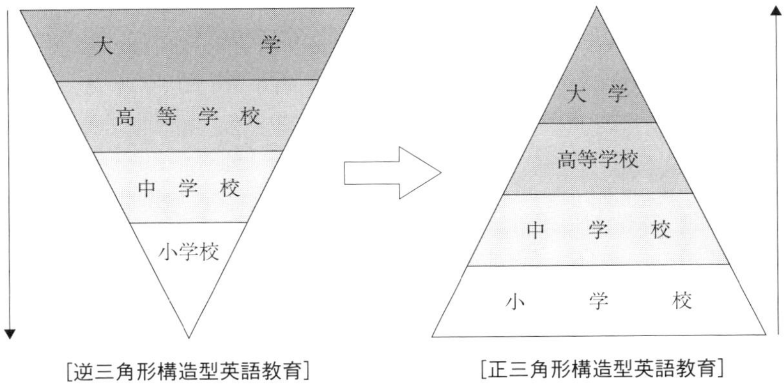

図1.1　左右，三角形図

stand and appropriately convey information and ideas." となる。小学校での「コミュニケーション能力の素地」は，中学校で「コミュニケーション能力の基礎」となり，高等学校では「コミュニケーション能力」となって，各段階の定義内容に構造的な成長が読み取れる。

よってこの後は，間違いなく小学校と中学校の連携強化が大きな課題となるであろうし，中学校と高等学校はこれまで以上の連携を重視した教育体制を整えていくことになるであろう。最終的には，理念としての一貫性（coherence）を備えた制度としての一貫制英語教育が私立学校のみならず公立学校にも必要となり，「一貫制英語教育」はわが国の外国語教育政策上重要な課題となるであろう。もしこの一貫制英語教育を検討しない場合，大学を頂点とする「大→高→中→小」の逆順になる「逆三角形構造型英語教育」から生まれる諸問題（四技能の測定および四技能の統合能力測定を阻む受験英語による支配）は解決されず，学習者の発達を十分意識したコミュニケーション能力の育成構想は絵に描いた餅と化す危険性が出てくるであろう。小学校から始まる「小→中→高→大」の正順になる「正三角形構造型英語教育」を実現するためには，学習者の言語発達を十分考慮した一貫性のある制度としての一貫制英語教育の準備と施行，そして経年的な教育効果を含むさまざまな精査が望まれる。

しかし，連携を強化するといっても，既存の6－3－3制の内容を単純につなげるだけで果たして有効な一貫制教育になり得るのであろうか。以下「一貫制英語教育を推進するための留意点」を説明したあと，「4－4－4一貫制英語教育構想」を論じる。

（7）一貫制英語教育を推進するための留意点

① 現代の子どもたちの成長発達を反映した一貫性のある一貫制英語教育を行うこと

英語教育を通した生涯学習（lifelong education）につながる自己教育力の育成をめざすこと。四技能の伸長と統合のみならず，グローバル化する国際社会において最も必要とされる異文化間理解能力を育成しうる教育内容を提供すること（キーワード：共同学習，個人学習，文化相対主義，自律，CBT，CLIL）。

② メタ認知方略の育成を一貫して行うこと

発達に応じた動機づけを含め，メタ認知方略を目的に応じて使用できる学習者（= Successful Learners）の育成を小—中—高を一貫した英語教育の指導目標におきたい。受験が最大の動機づけになりうることは十分できるが，学習者が成長し社会人になったときの言語能力の在るべき姿に関しての議論を政策的に論じないと，理念と実践とが融合せず，実態は変わらない。ただ，学校の通常の授業についていけなくなっている学習者に即メタ認知方略の使用を期待することはむずかしいため，学校の授業と連動する個人学習（復習から予習）が成立する条件を整理し，これを達成させ，自分に合った「学び方」（＝学習方略）を身につけさせ，目的に応じて，徐々に使用の頻度を高め，主体的に課題解決に向かっていけるような指導を考えたい。たとえば，個人学習でも授業でも役にたつノート作成の在り方（受信—理解—準備—発表），辞書（英和，和英，英英）の引き方と応用，情報整理の仕方（PC操作，カード，情報検索と整理）など，学習者が一人になったときに継続して実行可能な学習方法のモデルを学習者の立場に立って準備しておき，学習目的に応じて，学習者がこれらの「実践的知識（Practical Knowledge）」を自分の意思で使用できるように導き，さらに学習者が自分の学習プロセスを定期的に客観視し，Plan-Do-Check and Action を自分でできるように導くことは，結果として学習者の「自己効力感」を高め「自律心」を養うことに連動するため重要となろう。また個人レベルでも集団レベルでも学習成果を共に発表し，努力を認め合い，成果を共有する時間と空間を保証することは人が人とのかかわりの中で育つことを改めて実感する重要な教育活動であるため，今後は，一単位時間の授業の連鎖ではなく，一定の期間（中期・長期）特定の課題を総合的かつ協働的に学び合い，その成果を発表し共有する「Project 型学習」の実践と研究が重要になっていくことであろう。青山学院英語教育研究センターが「4－4－4 一貫制英語教育構想」の実現に向け開発した『SEED BOOKS』（全12巻・CD 付）のうち，高校２年次生使用を想定して制作した第11巻は，この「Project 型学習」を推進するためのものである。一貫制英語教育の中で協働作業を通して育まれる小さな成功体験の共有は外国語教育が単なる技能習得の場にとどまらず課題解決を通した本来的なコミュニケーション能力を育成する場であることを再確認させてくれるであろう。

③ BICS から CALP への比重移動を可能にすること

筆者が所属する英米文学科では，毎年大学入学直後と教養課程が終了する２年次後半に TOEFL（ITP）と SILL（外国語学習方略調査）と英語学習意識調査（英検 CAN-DO）を施行し，英語力，学習方略，英語学習意識の３者の相関関係を縦断的測定方法によって調査している。被験者は毎年凡そ300名である。英語学習意識調査において，90％以上の学生は，「個人で伸ばしたい英語の四技能の順番」において，１位：話せるようになりたい，２位：聞けるようになりたい，３位：読めるようになりたい，４位：書けるようになりたい，の順番で回答する傾向がある。「卒業するまでに大学に保証して貰いたい英語の四技能の順番」においてでは，意見が分かれる。「個人で」の最初の質問への回答と同じように，Reading や Writing よりも Speaking や

Listening の習得を望む A グループ（約70%）と Speaking や Listening よりも Reading や Writing の習得を望む B グループ（約30%）に分かれる。意識調査と同時に施行する TOEFL（ITP）の得点を比較すると，A グループよりも B グループのほうが有意に得点が高い。

Cummins（1979）は，bilingual な言語能力を BICS（Basic Interpersonal Communicative skills）と CALP（Cognitive Academic Language Proficiency）という言葉で説明している。

BICS は，日常会話等の比較的具体的で抽象度の低い伝達内容を理解するのに必要な「基本的対人伝達能力」を意味する。四技能すべてにかかわる能力であるが，特に音声を媒体とする Listening と Speaking がこの能力を支えていると考えられる。これに対し CALP は抽象度の高い思考が要求される認知活動と関連する「認知学習言語能力」を意味する。四技能すべてにかかわる能力であるが，特に文字を媒体とする Reading と Writing がこの能力を支えていると考えられる。上述の 2 つのグループ（A，B）への調査結果と 2 年後の意識および英語学力の結果を縦断的に調査し分析した結果を，BICS と CALP という言葉で説明するとこのようになる。大学レベルにおいて，最終的に英語学習に成功する学習者（Successful Learners）は，個人レベルにおいては BICS の習得を望むが，それまでの学習経験に鑑み，現実と将来を考えた場合，個人では習得と評価がむずかしい CALP の習得を大学の英語教育に望んでいるわけである。ただし注意を要することは，この能力の習得を日本語（文法訳読）ではなく英語で望んでいることが従来の教養課程の英語教育と異なることを付言しておきたい。英米文学科に所属する学生（1 学年約300名）の内33%は帰国子女であり，入学前に滞在していた国は22カ国に及ぶ。大学入学以前の「国際化」はすでにとうの昔に始まっていた。興味深いのは，帰国子女の中でも，CALP の習得を意識して社会性の高い読み物を大量に，かつ批判的に読もうとする者のほうが，TOEFL（ITP）の総合点数は有意に高い傾向にある。2 年次に TOEIC で満点（990点）を取得する学生もいるが，英字新聞を自在に読むことはむずかしいという。また自

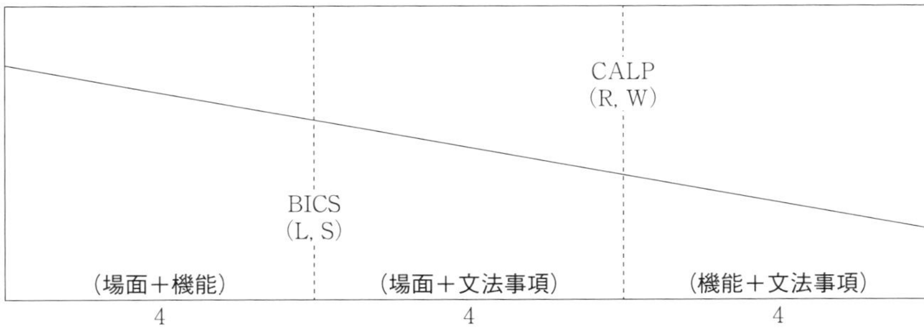

図1.2　BICS から CALP への比重移動

分の意見を論理的に書くことは指導を受けないとなかなか伸びないともいう。カリキュラム開発および教材開発において，ニーズ分析は重要かつ必須ではあるが，個人レベルのニーズのみで教育目標（Goals）や到達目標（Objectives）を設定することは危険である。一方で CEFR 等の国際基準に基づく指標を参考にしてシラバス設計をすることはグローバル化する現代社会の現在と想定される未来の言語行動を視野に入れた場合有効であることは想像できるが，学習者の基本的なニーズを取り込んだシラバス設計を行わないと学習者が置き去りになり形骸化したものになる危険性が高いことを指摘しておきたい。小・中・高を一貫した教育目標ならびに到達目標を設定するにあたっては，学習者の学習動機を育てるニーズ分析を生かしながら，BICS から CALP への比重移動が大きな鍵となろう。真のコミュニケーション能力の育成を学校教育において行うのであるならば，BICS を重視しながらも，それ自体を最終ゴールにするのではなく，将来必要となる知的で社会的な活動を支援するに足る言語能力を育てる意味において，BICS から CALP への比重移動を図り，総体としての言語能力の獲得につながる体系性をもった一貫した外国語教育を行う必要があることを認識し実践に反映させることではないかと思う。

④ 学習指導要領の理念を具現化し発展させるために

今後一貫制英語教育を行うためには，小中の一貫，中高の一貫，小中校の一貫の接続点（区切り）を特に意識し，学習者の発達と成長の特徴を十分に考慮したうえで，各期・各学年の目的論，方法論，評価論からなるシラバス設計を行う必要があろう。また目的論を検討する際には，グローバル化する社会環境に適応できる基準の設定が重要になってくる。その際，欧州評議会（EU）が開発した「ヨーロッパ共通参照枠」（CEFR:Common European Framework of References for Languages）やその理念を生かしながら日本の教育環境を考慮して策定されたCEFR-Jあるいは，日本英語検定協会のCan-Do Lists（英検5級から1級まで）などを参考にして，国内のみならず国際的にも通用するような基準設定と基準に到達するためのICTの進捗を取り込んだ四技能の統合能力を育てる方法論および評価論を検討する必要があろう。ただ1点留意しなければならないのは，外国語教育の目的は，技能習得だけではなく，言語教育の内容がグローバル化する国際社会で互恵的な存在として生きていくに必要な異文化間理解能力（その究極のゴールは「文化相対主義（Culture Relativism）: 文化に優劣はないとする普遍思想」）を育成する内容になっていることが重要である。異文化間理解能力を育成するコンテクストの中で四技能（Listening, Speaking, Reading, Writing）が統合された能力として育成され実際に機能するようなシステムの構築と実践が理想であり，これからの課題になっていくであろう。

（8）青山学院4－4－4一貫制英語教育

① 教育行政的基盤（米国Middle School制からの示唆）

アメリカの教育制度を歴史的に概観すると，8－4制，6－3制，6－3－3制，4－4－4制のように変遷してきていることはわかるが，決して全国画一的ではなく，新旧の制度が同時代で併存し，さらにその複数の形態を，地理的，経済的，教育哲学的，教育行政的，心理学的などの理由により，学区（主に州）ごとに認め施行している。翻って日本の現在の6－3－3制は，アメリカの占領政策の下でのjunior high, senior high制度の影響と日本独自の戦前に起源を持つ複数の教育学者からの提案が合わさって，制度化されたと考えられる。一方アメリカでは，1960年代から junior high の問題（1964年公民権法が成立し，急激な高校進学者の増加による低学力問題）が顕在化し，それに代わるものとして middle school 制度（4－4－4 制，あるいは5－3－4 制）が提唱され，その制度の下で運営される学校が飛躍的に増えた。今後はアメリカの middle school 制の成立の理論的基盤およびほかの制度との比較研究等が必要になってくるであろうが，英語教育における4－4－4 制の妥当性については，青山学院英語教育研究センターでは，経年的教育効果測定を行い，その実証に努めている（第6章を参照）。

② 4－4－4 一貫制英語教育の利点と特徴

（i）初等英語教育が内包する発達的問題点（中だるみ現象）の解消への接近

小学校4年生程度であれば，英語のもつ独特の音の流れをさほど意識しないでも体得できるが，小学校5年生くらいからは母語である日本語の認知能力も格段と高まり，単なる繰り返しや動機づけのための歌やゲームのみでは学習意欲は満たされない。常に言語としてのルールを自分で納得して使いたいという強い欲求をもつようになり，結果として学習スタイルが変わり，言語習得上大きな1つの分岐点に差し掛かる。また1つの事実あるいは現象に対する他者の意見や考えを認めるようになり，複数の価値の存在を認め共有しはじめる。このような時期にこそ，音声から段階的かつ本格的に文字に移行し，語彙（認知・発表）の拡充を図りながら，英語のもつ構造上の特色（文法ルール）を理解し意識しながら発表活動（話す，書く，発表する等）を行うなどの活動が望まれるようになる。逆をいえば，それ以前に十分な音声を中心とした言語活動が行われていること（acoustic image から ideographic image への比重移動）が重要になる。小学校5年以降を第Ⅱ期に組することで文字と構造を段階的に意識した教授・学習が可能になると考える。

（ii）「中学2年の壁」の解消への接近

いわゆる低学力に悩む多くの高校生・短大生・大学生の学習曲線（英語，数学，国語）のピークは，ほぼ中学2年生（特に前半）にあることは，NIME（独立行政法人メディア教育開発センター）の研究報告書（小野博他「NIME 研

究報告 第6号」2005年3月）などから明らかであるが，そのことがわかっていながら的確な対処ができないのは，学習上のピーク（中学2年）と制度上のピーク（中学3年）が一致していないところに大きな問題があると考えられる。特に教科としての英語の場合，基礎的かつ重要な文法項目は中学2年までに出現するため，中学1年の学習内容が理解できていなければ中学2年以降の学習についていける保証はない。現代の教育の成果を論じるときに，「自己効力感（self-efficacy）」が重要なテーマになるが，学習そのものについていけなくなった学習者がその後の自己効力感を維持し自ら学習に勤しむことは論理的に不可能である。因みに，一貫制学校の草分け的存在である東京大学教育学部附属中等教育学校（中高等学校より改名）では，戦後一貫して2－2－2制度を採用している。筆者が1996年当時の青山学院院長の深町正信先生より青山学院英語教育の一貫制の検討を本名信行先生（初代センター所長）と共に依頼されたとき，真っ先に考えたのは，青山学院大学就任以前に勤務していた東京大学附属学校が戦後一貫して行ってきた2－2－2制度を4－4－4制度に拡張できないかということであった。第Ⅱ期の最終年を中学2年におくことで「中学2年の壁」の問題の解消に接近することができるはずである。

（iii）縦の系による教員の指導力向上と協同体制の確立

縦の系として双方向人事交流が可能となり，生徒の発達に即した教員の指導力の向上と協働体制が可能となる。これまで青山学院（英語科内）では，高等部の教員が中等部へ，中等部の教員が初等部へ行き英語の授業を行ってきた。教員の反応も生徒の反応も満足すべきものであった。結果として長期に亙って学習者の成長を見守ることは教師の成長にも大きく貢献するものと思われる。縦の系に基づく人事交流によって生まれる教員間の信頼はそのまま生徒から教員への信頼へと発展していくものであり，正しく一貫制教育システムでなければ実現困難な特徴といえよう。

（iv）高等教育につなげる4－4－4一貫制英語教育システム

本章最後に紹介する4－4－4一貫制英語教育シラバスは，小学校（1年–

6年）週2時間，中学校と高等学校各週3時間での授業内容を目的論，方法論，評価論より示したものである。すでに触れたことであるが，シラバスどおりに行った場合，現行中高で扱っている文法項目のほとんどは第Ⅲ期の高校1年で終了を迎えるはずである。よって，高校2年次よりは，EGP教育とは別途にESP（EAP）教育を開始し高大連携教育に資することができるように構想を練った。『SEED BOOKS』（全12巻）のうち最終巻の『SEED BOOK 12』はこの理念によってでき上がったものである。因みに，高校3年終了時ESP（EAP）に資するEGP（初等部1年—高等部3年）の総語彙数は4000以上になることを想定している。これが可能となれば，その後の大学における教養レベル（青山スタンダード）の英語による専門科目の教授・学習の可能性は一段と高まるはずである。また，同時に選択あるいは必修選択により第2外国語教育を開始し，知識と運用の基礎を固め，その成果を大学の第2外国語教育に連動させれば，現況よりもはるかに意味のあるまた実際にBICSレベルで使用可能な第2外国語教育が可能となるであろう（青山学院高等部では，選択制により，2015年度現在ドイツ語，フランス語，中国語を教えている。2016年度より韓国語を加える予定である）。やる気のある学生は第3外国語の履修も可能となるはずである。EU（欧州連合）の言語教育政策は，複言語主義（plurilingualism）とすでに触れたCEFR（ヨーロッパ共通参照枠；詳細は第7章を参照）に象徴される。CEFRの理念は本来複言語主義と軌を一にしている。複言語主義とは，ヨーロッパの言語的文化的な多様性（diversity）を維持し振興する精神に基づいており，欧州市民一人ひとりが母語に加えて2言語（計3言語）を学習するという言語政策に基づいている。日本の現状は，英語のCan-Doリストを作成する目的のみでCEFRを利用している感が否めないが，CEFRを開発したEUの人々の願いの源は複言語主義を維持し振興することにあることを認識する必要がある。外国語教育は英語教育だけではない。英語教育を通しての学習経験が第2第3の外国語学習に連動していくことを考えることも必要である。初等・中等教育を高等教育につなげる一貫したシステムを構想する場合，当該言語（英語）の一貫性を考え

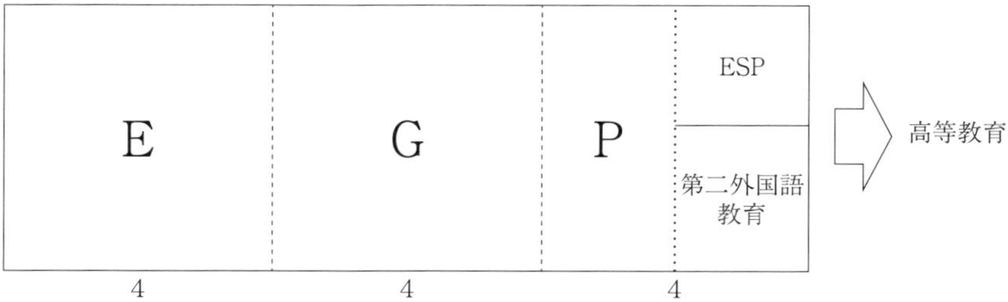

図1.3　高等教育につなげる（4－4－4一貫制英語教育システム）

ることは当然であるが，必要に応じて，複言語主義につながる第２外国語開始の可能性を視野に入れたものが今後必要になってくると考えられる。4－4－4一貫制英語教育構想は，この課題を実現化する可能性を秘めている。

（ｖ）自律性を高める評価システム

自律性を高める評価システムが可能となる。現代教育の１つの命題は学習者の自律性を高め，学習者が生涯学習につながる自律性を自ら向上させていくことであろう。自らが目標を設定し，施行し，得られた結果を評価し新たなる目標を設定できる生涯学習につながる「自己教育力」を備えた存在に学習者が成長するのを支援するのが本来的な教育の仕事ではないかと考える。そのような存在に学習者が成長するためには，活動の成果を全て教師に委ねる評価観ではなく，目標を意識し，発達の進展に合わせて徐々に「自己評価」さらに「友人評価」ができるようになることが望ましい。各期の最後における「教師評価」の比率を下げると同時に「自己評価」と「友人評価」の比率を上げることで自他の自律性を高めることが可能となるはずである。

（９）一貫制シラバス設計および教材開発を行う際の留意事項

実践的なコミュニケーション能力育成を意識したシラバスを設計しこれに基づいた教材開発と教授法の開発および評価法の開発を行う際には，言語の使用場面，言語の働き，文法事項の３点を意識しなければならない。従来代表的なシラバスには，「場面中心のシラバス（situational syllabus）」「概念・

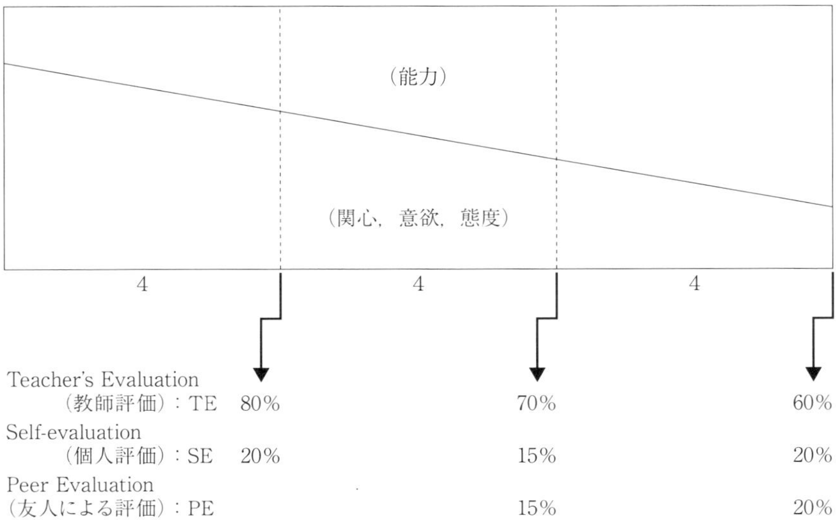

図1.4　自律性を高める評価システム

機能中心のシラバス（notional-functional syllabus）」「文法中心シラバス（grammatical syllabus）」があるが，理論的には，それぞれのシラバスは本来独立したシラバスであり，3者が折衷されたシラバスは基本的には存在しない。よって実践的なコミュニケーション能力には，これら3種類のシラバスに盛り込まれるべき内容統べてが取り上げられることになり，3者をいかに調和して扱うかが大きな問題であり課題ともなる。提案する「4－4－4一貫制英語教育シラバス」は，「場面」「機能」「文法」の3者を同次元で扱うことは避け，それぞれの特色と学習者の発達レベルを考慮して，2者の組み合わせを横軸におき，それぞれの組み合わせを縦軸におく座標軸を想定し，それらが時間軸に沿って統合されていくようなシラバスとなった。具体的には，（1）「場面と機能」（第Ⅰ期：初等部1年―4年），（2）「場面と文法事項」（第Ⅱ期：初等部5年―中等部2年），（3）「機能と文法事項」（第Ⅲ期：中等部3年―高等部3年）という組み合わせを考え，各期の特色とする一方で，これらの組み合わせに基づくシラバス設計，教材開発，教授法の開発，評価法の開発を行うものである。

総じて，語彙（認知・発表）の拡充（高校3年終了時において4000語以上の語彙の習得を目標）を図りながら，第Ⅰ期では主に英語学習の楽しさと「言語の場面と働き」を意識した基礎的かつ多面的な言語活動を行い，BICS（基本的対人伝達能力）の基礎を築く。第Ⅱ期では，BICSをベースにしながらCALP（認知学習言語能力）の基礎を築く。第Ⅲ期では，BICSからCALPの融合によるCommunicative Competence（伝達能力）の育成と共にLearner Autonomy（学習者の自律性）を高め，第Ⅰ期から第Ⅲ期を通して異文化間理解能力を育て，その成果を高等教育に連動させる一貫制英語教育を最終目標とするものである。

＊以下に示す「4－4－4一貫制英語教育シラバス」は，青山学院英語教育研究センターが2002年に開発した。つづく英訳は，水野的（青山学院大学文学部英米文学科教授（通訳・翻訳論））が2014年11月に行った。また若干の最終調整は木村松雄が行った。

(10) 青山学院4－4－4一貫制英語教育シラバス（邦文）

第一期（初等部1年生—初等部4年生）

1．目的論

第一期英語教育の目標

音声を中心に英語を学ぶことを通して，異文化に親しみ，広い世界に好奇心を抱き，世界の人々と共に生きようとする子供を育成する。

第一期具体的到達目標

（1） 今まで出会ったことのある物語や，やさしく短い文章で書かれた本の場面を考えながら，聞き，大意をとらえることができる。
身近な題材で学習したことの中から，自分が伝えたいことや，相手のことで知りたいことを，表情豊かにコミュニケーションできる。

（2） 100語から150語レベルの語彙で書かれた本を読むことができる。

（3） 既に学習し，3 − 5 letter words で使用頻度の高い単語や文章を書き写すことができる。

（4） 世界の行事を通して，文化や習慣を知り，異文化に興味を抱くことができる。

第一期学年別目標

初等部1年生

（1） 簡単なあいさつや基本のマナーを通して，日本語のほかにも，言葉や習慣があることを知り，また歌やチャンツを何回も聞き，英語のリズム，イントネーションに慣れ親しみ，興味，関心を示す。

（2） 授業で指示された言葉を聞き，行動に移すことができる。

（3） 英語の絵本に興味を持ち，繰り返しの多い言葉を聞き取り，内容を理解する。

（4） 外国の行事に，興味，関心を持つ。

初等部2年生

（1） 50–70語レベルの語彙で書かれた絵本やスキットの内容を考えながら興味を持って終わりまで聞こうとする。また，アルファベットの26文字に興味，関心を抱く。

（2） 簡単なスキットの場面を考えながら役を決め，演じることができる。また自分の好きな歌を始めから終りまで一人で歌える。

（3） 授業で指示されたことを聞き，質問に答えることができる。

（4） 外国の行事を経験し，異文化に興味，関心を持つ。

初等部3年生

（1） 使用頻度の高い身近な言葉70–100語レベルの語彙で書かれた劇や，物語の場面を考えながら終わりまで聞こうとする。またアルファベットの大文字，小文字に関心を示し，書くことへの興味を抱く。

（2） 簡単なスキットや，劇の役を決めて，クラス毎に発表できる。

（3） 初歩的な会話や，話し手が伝えたい事柄を聞き，理解できる。

（4） 外国の行事で使う言葉や，身近な文化の違いが分かる。

初等部4年生

今まで出会ったことのあるストーリーや，学習したことのある事柄を，Video・DVDなどで鑑賞し，場面を考えながら想像力を働かせて，終わりまで聞こうとする。また，身近な題材をテーマに，自ら進んで簡単な会話（5−6文）を質疑応答の形で行おうとする。

（1）　グループ毎に（5−6名ずつ）役を決め，場面を設定し，スキットを発表できる。既に学習したことの中から自分が伝えたいことや，相手について知りたいことを，表情豊かにコミュニケーションできる。既に学習した文章を書き写し，読むことができる。

（2）　使用頻度の高い身近な言葉100−150語レベルの語彙で書かれた絵本を読み，内容を理解する。歌やチャンツのリズム，イントネーション，ストレスなどを正しく聞き取れる。

（3）　世界の行事を通して，文化や習慣を知り異文化に興味，関心を抱く。

2．方法論

第一期前半では，音声教材や映像教材を活用しながら，歌やチャンツ，スキットなどを通して，英語の音やリズム，イントネーションに慣れ親しむ。また，英語の基本語彙を活用して，クイズ，ゲームなどで，知的好奇心をより高め，楽しく授業を展開していく。第一期後半になると，日常のクラスを2つのグループに分ける。前半の20分はLLクラス，後半の20分はPhonicsクラス（もうひとつのグループは逆）に分け，自ら進んで学習する力を育てる。

（1）　LLクラス　　プリントやテキストの英文を見ながら，録音教材を聞き，読む練習をする。

（2）　Phonicsクラス　　基本語彙の音と文字の関係を知る。

Book Report（1学期，2学期の終わり）を作成する。

1時間目・2時間目：100−150語レベルの語彙で書かれた絵本を選び，読める語彙をBook Reportに記す。

3時間目：クラスで各自の選んだ絵本を読んで発表する。（評価）

スキット発表（年度末）

1時間目：LL クラスでいくつかの台本を見ながら CD を聞き，読む練習をする。

2時間目：１時間目と同様

3時間目：グループを決める。演目を決める。役を決める。

4時間目：グループ毎に練習する。セリフを覚え，役になりきって演じる。

5時間目：４時間目と同様。

6時間目：リハーサル

7時間目：発表

8時間目：評価

スキットは，100–150語レベルの語彙で書かれ，２–４の台本を読めるようになってから演目を選ぶ。

3．評価論

第一期の評価は，自己評価を行い，児童が目標に対して，どこまでクリアしているか，また目標に近づくようにどう努力しているかのプロセスを見ることによって，これからの学習に繋げていく。評価は学期毎に行い，その観点は，第一期前半では，１．意欲，関心，態度，聞く，２．話す，　第一期後半では，１．２．に３．読む，が加わる。

学習の取り組みを，児童と教師が，A,B,C で評価する。

A は，進んで学習し，十分に努力した。

B は，もう少し努力すればよかった。

C は，あまり努力しなかった。

児童は評価の観点毎に，反省，感想を文章で記入し，それに家族と教師がコメントを載せる。教師は，児童の学習に取り組む姿勢や，授業態度，意欲，関心などを記入する。児童は自分自身を見つめ，自己学習に進む。教師自身も指導の反省やカリキュラムの検討の参考にして次の授業をより最善のものにするための資料にする。

第二期（初等部5年生—中等部2年生）

1．目的論

第二期英語教育の目標

英語を学ぶことを通して，自国や他国の文化，歴史，価値観などに対する理解を深め，自主的に国際社会に貢献できる人間の育成を目指す。

第二期具体的到達目標

（1） 相手が伝えようとする内容を聞いて，おおよそのことが即座に正しく理解できる。

（2） 簡単な英語を使って，自分が伝えたいことを正確にかつ適切に話すことができる。

（3） 平易な英語で書かれた物語，説明文などの内容や，ホームページからの情報の大切な部分を正確に読み取ることができる。

（4） 自分の意見や気持ち，感想などを，読み手に分かるように簡単な英語を使って適切に書くことができる。

（5）「英語コミュニケーションテスト」平均350点を目指す。

第二期学年別目標

初等部5年生

（1） 初歩的な英語の文章を聞いて内容を理解し，積極的にコミュニケーションしようとする。簡単な詩を書写し，辞書を使って自ら理解しようとする。

（2） スキットに自分のことばを加えて演じることができ，また初歩的な会話を学習し，その中から自分自身のことや，気持ちについて質疑応答ができる。

（3） 簡単な文章を読み，内容を理解できる。また物語や録音教材で言っている会話のストレスや，イントネーションなどを正しく聞き分けることができる。

（4） 多様な文化の中で生きる人々に関心を寄せたり，学習する作品の背景や，著者，場所について，コンピューターや書物などの資料を使って調べ，国際理解を深める。

初等部6年生

（1） 易しい内容のビデオを見て，その中の単語や文，内容に関心を持ち，大意を理解するよう努力する。

（2） 今まで学習したスキットにアイディアを取り入れ，役割を決めて発表する。自分の家族のことや自分の将来のことについて4－5行の文を作って書き写し，話すことができる。

（3） 150–200語レベルの語彙で書かれた本を自分で選んで読み，内容を理解できる。

（4） 世界の国々の地理や文化などをコンピューターや書物などの資料を使って調べ，発表し，世界の平和について考えることができる。

中等部1年生

（1） 伝えられた内容がよく聞き取れなかったり，書かれた内容の意味が分からない時でも，聞き返したり，読み返したりしながら正確に理解しようとする態度や意欲を育成する。

（2） 与えられた会話を覚え，言葉を自由に加えながら，相手に伝えたい内容を正確に話したり，5－6文の英語で正確に書くことができる。

（3） 200–300語レベルの語彙で書かれた話しを聞いたり，読んだりして，内容を正確に理解できる。

（4） 学校や家庭での日常的な話題を題材とし，自国との文化の違いを理解し，自ら国際理解を深める。

中等部2年生

（1） 知らない単語や熟語が文章に出てきても，聞き返してその意味を理解したり，文脈から意味を読み取ったりしようとする態度や意欲を育成する。

（２） 与えられた会話をもとに，言葉を自由に替えたり加えたりしながら，自分が伝えたい内容や気持ちを10文程度の英語で正確に話すことができ，また簡単な手紙や説明文を正確に書くことができる。
（３） 400–600語レベルの語彙で書かれた英文を聞いたり，読んだりして大切な部分の大意を即座に，かつ正確に理解することができる。
（４） 日常的な話題を題材とし，読んだり聞いたりしながら言語や文化についての知識を身に付け，自国との違いを理解し，自ら自国の文化を紹介できる。

第三期英語教育（中等部３年生―高等部３年生）

１．目的論

第三期英語教育の目標

国際語である英語を学ぶことを通して，より広い視野を身に付け，普遍的なものを追い求める心を養い，広く世界全体に目を向けて，国や文化の違いを超えて社会に貢献できる人間を育てる。

第三期具体的到達目標

（１） 大学以上のレベルにおいて，英語の専門書を読み，あるいは英語で論文を書き，プレゼンテーションができるようになるための基礎力を養う。
（２） 英語でアカデミック，または社会的なトピックについてディスカッションができるようになるための基礎力を養う。
（３） 日常的な言語使用の場において，英語を用いて直接コミュニケーションができる基礎力を養う。
（４） 「英語コミュニケーションテスト」の平均620点（TOEFL（ITP）換算480点）を目指す。［英検２級→準１級］

第三期学年別到達目標

中等部３年生

（１） 未知の単語や熟語などに遭遇しても，そこで立ち止まることなく最後まで読み通したり，聞き通して，全体的に何が言われているのかを理解しようとする態度や意欲を育成する。

（2） およそ800 word itemsの語彙を使用し，自分の意見や気持ちなどを正確かつ適切に50語程度にまとめ，それを口頭で発表することを目指す。

（3） およそ1000 word itemsで書かれた英文を平均150WPMのスピードで読んで要点をつかみまた，1000 word itemsで書かれた英文を平均160WPMで読まれるのを聞き，その概要をつかむことができることを目指す。

（4） 日常的な題材を扱った英語の文章を読んだり，聞いたりすることを通して，中学3年生に必要な基礎的言語や様々な文化についての知識を身に付けることを目指す。

（5） 「英語コミュニケーションテスト」平均450点（TOEFL（ITP）換算420点）を目指す。

高等部1年生

（1） 未知の単語や熟語などに遭遇しても，そこで立ち止まって諦めてしまわず，最後まで読み通したり，聞き通して，全体的に何が言われているかを理解しようとし，わからないところは教師や友達とコミュニケーションをとることによって補い，それに基づいて自分の意見を形成しようとする態度や意欲を育成する。

（2） およそ1200 word itemsの語彙を使用し，自分の意見を50語程度のパラグラフにまとめ，それを口頭で発表することができることを目指す。

（3） およそ1500 word itemsで書かれた英文を平均150WPMのスピードで読んで要点をつかんだり，また，およそ1200 word itemsで書かれた英文が160WPMで読まれるのを聞き，その概要をつかむことができることを目指す。

（4） 知的発達段階に即した日常的な英文を読んだり，聞いたりすることを通して，高校1年生に必要な基礎的な教養を身に付けることを目指す。

（5）「英3語コミュニケーションテスト」平均520点（TOEFL（ITP）換算445点）を目指す。

高等部2年生

（1） 未知の単語や表現に遭遇しても，できるだけ自分の既存の知識，スキーマ，コンテクストを利用し，またわからないところは教師や友達に聞くことによって，積極的に概要を理解しようと取り組み，そこから得た情報に基づいて自分の意見を述べようとする態度や意欲を育成する。

（2） およそ1500 word items の語彙を使用し，自分の意見を100語程度のパラグラフにまとめ，それを口頭で相手に伝えることができることを目指す。

（3） およそ2000 word items で書かれた英文を平均150WPM のスピードで読んで要点をつかんだり，また，およそ1500WPM word items で書かれた英文が160WPM で読まれるのを聞き，その概要をつかむことができることを目指す。

（4） 知的発達段階に即した社会的な英語の文章を読んだり，聞いたりすることを通して，高校2年生に必要な基礎的な教養を身に付けることを目指す。

（5）「英語コミュニケーションテスト」平均560点（TOEFL（ITP）換算460点）を目指す。

高等部3年生

（1） 未知の単語や難解な表現に遭遇しても，既存の知識，スキーマ，コンテクストを利用することによって積極的に概要，要点を理解しようと取り組み，そこから得た情報に基づいて，自分の意見を友達と交換しようとする態度や意欲を育成する。

（2） およそ2000 word items の語彙を使用し，自分の意見を200語程度のパラグラグにまとめ，それを口頭で相手に伝え，意見を交換し合うことができることを目指す。

（３） およそ3000 word itemsの語彙で書かれた英文を平均150WPMのスピードで読んで要点をつかんだり，また，およそ2000 word itemsで書かれた英文が160WPMで読まれるのを聞き，その概要をつかむことができることを目指す。

（４） 知的発達段階に即した社会的，学術的な英語の文章を読んだり，聞いたりすることを通して，大学での専門教育に入る前に必要な基礎的な教養を身に付けることを目指す。

（５） 「英語コミュニケーションテスト」平均620点（TOEFL（ITP）換算480点）を目指す。［英検２級→準１級：概ね TEAP（Test of English for Academic Purposes）基準範囲］

(11) Aoyama Gakuin 4－4－4 Coherent English Education Curriculum

First Period English Education

１. Objectives

Objectives of the First Period English Education

To foster students who can develop familiarity with different cultures, have keen interest in broader world, and are willing to live together with people around the world through learning English focusing on phonetic aspect.

Target of Attainment in the First Period

（１） To be able to grasp the gist by listening to the spoken story based on the familiar story or a book written with short sentences.

To be able to expressively communicate what they want to convey and what they want to know about the interlocutor using material they have already learnt.

（２） To be able to read a picture book written in 100 to 150 word level vocabulary.

(3) To be able to transcribe high-frequency words and sentences using 3－5 letter words.

(4) To have interest in different cultures and acquire knowledge about other cultures and customs through the learning of events and festivals around the world.

Graded Target of Attainment of the First Period

The 1st grader of elementary school

(1) To notice other languages and cultures different from their own by way of simple greetings and basic manners; to become acquainted with and have interest in the rhythm and intonation of English by listening songs and chants repeatedly.

(2) To be able to take an action in response to the instruction made in classes.

(3) To have an interest in English picture books, listen to the repetitive words, and understand the contents.

(4) To have an interest in events and customs of foreign countries.

The 2nd grader of elementary school

(1) To try to listen with interest a picture book or a skit written in 50 to 70 word level vocabulary to the end, while thinking about the contents.

(2) To play a simple skit after assigning the roles while thinking about the situation and sing their favorite songs from start to finish.

(3) To listen the instruction and answer to the question.

(4) To have an experience with foreign events and have interest in different cultures.

The 3rd grader of elementary school

(1) To try to listen to a drama or a narrative written in 70 to 100 word level vocabulary with high frequency while thinking about situations. To have an interest in capital letters and small letters and in writing.

(2) To make presentation of a simple skit or a drama in classes after assigning roles among themselves.

(3) To understand what the speaker wants to say by listening to a rudimentary conversation.

(4) To understand the words used in foreign events and make out the differences of familiar cultures.

The 4th grader of elementary school

To watch videos／DVDs of familiar stories or things students already have learned and try to listen to them to the end while thinking about situations using imagination, and willingly make a simple conversation (consisting of approximately 5 to 6 sentences) about familiar topics.

(1) Each group (consisting of 5 to 6 members) can present a skit by assigning the roles to play and setting the scenes.

(2) To read a picture book written in 100 to 150 word level vocabulary of high frequency and understand the contents. And to be able to listen correctly to the rhythm, intonation, and stress of English songs and chants.

(3) To know foreign cultures and customs through the study of events around the world and have an interest in different cultures.

2. Methodology

In the first half of the First Period, students should become familiar with sound, rhythm, and intonation of English using songs, chants, and skits, taking advantage of audio and video materials.

To enhance intellectual curiosity using quiz and game by putting basic English vocabulary to practical use and develop delightful classroom activities.

In the latter half of the First Period, students in a class are divided into two groups. In the first 20 minutes of the class one group will be assigned as LL class and the other group will be phonetic class. In the last 20 minutes the assignment will be reversed. The aim of this class structure is to develop a proactive learning ability.

(1) LL class: To practice listening to the recorded material while seeing printed material or textbook and to practice reading

(2) Phonetic class: To understand the relation between sounds and characters of basic vocabulary.

To present a Book Report at the end of the first semester and the second semester.

1 st and 2 nd hour: To select English picture book written in 100 to 150 word level vocabulary and write down words that can be read in their Book Report.

3 rd hour: To make presentations in the class on the picture book they have chosen.

Evaluation

Presentation of skit at the end of the academic year.

1 st hour: To do an exercise of reading by seeing scripts while listening to the recorded material in a class.

2 nd hour: same as above

3 rd hour: To divide students into groups, decide the theme, and roles they

should play.
4 th hour: To practice in groups, to learn all the lines, and to play a role getting into character.
5 th hour: same as above
6 th hour: Rehearsal
7 th hour: Presentation
8 th hour: Evaluation

Skits should be written in 100 to 150 word level vocabulary and the program should not be decided until students can read the acting script.

3 . Evaluation

Evaluation of the First Period should be made by self-evaluation of the students in order for teachers to see to what extent the students cleared the objectives and to see how close the processes of their efforts have come to the objectives. This evaluation scheme will bridge the process with the learning in the next stage.

Evaluation shall be made in each term from the perspectives of:
(1) motivation, interest, attitude, listening
(2) speaking
in the first half of the first term and
(3) reading
will be added in the second half of the first term.

Students and teachers rate the performance on a scale of A, B, and C.
A: Students learned in a positive manner and made adequate efforts.
B: More effort is hoped for.

C: Students did not make many efforts.

Students also write a reflective note and impression on activities of 1, 2, and 3 listed above with teachers and parents making their comments.
Teachers should write on motivation, attitude, willingness and interest of the students.
Students take a look at themselves and proceed to self-learning.
Teachers make use of the evaluation for the self-reflections of their instructions and for the reconsideration of curriculum in order to improve the next session.

Second Period English Education

(from the 5th grade of elementary school to the 2nd grade of junior high school)

1. Objectives

Objectives of the Second Term English Education
To foster students who can independently contribute to the international society by deepening the understanding of foreign cultures, history, and value systems through the learning of English.

Target of Attainment of the Second Term
(1) To be able to understand main point immediately and correctly of what the interlocutor is trying to convey.
(2) To be able to communicate correctly and appropriately what he/she wants to say by using simple English.
(3) To be able to understand correctly the contents of stories and explanatory notes written in simple English and read important information from

websites.

(4) To be able to write correctly and appropriately his/her own opinion, sentiment, and impression with simple English so that the reader can understand them.

(5) To achieve the average score of 350 of the Communicative Proficiency Test.

Graded Target of Attainment of the Second Period

The 5th grader of elementary school

(1) To listen and understand an elementary English story and try to communicate actively. To try to transcribe a simple poem and understand it by using dictionary.

(2) To be able to play a skit by adding his/her own words. After studying a rudimentary conversation, students can explain themselves and their feeling and answer the questions.

(3) To be able to understand the contents after reading a simple story and correctly identify the stress and intonation of the recorded conversation.

(4) To be able to have interests in people living in different cultures and examine the background, the author, and the location of the work to be studied by using computers and other references, thus deepening international understanding.

The 6th grader of elementary school

(1) To have an interest in words and sentences, and contents of an easy video story and make efforts to understand the gist of the story.

(2) To make a presentation about the skit they have already studied by incorporating new ideas and assigning roles. To be able to write and speak

in 4 to 5 sentences about themselves, their families, and their futures.

(3) To choose and read the book written in 150 to 200 words level vocabulary and understand the contents.

(4) To do a little research on geography and cultures of the nations around the world by using computers and other references and make a presentation and think about the peace of the world.

The 1 st grader of junior high school

(1) To encourage the attitude to understand the material correctly by listening twice or rereading even when they cannot listen well what has been conveyed or cannot make out the meaning of written material.

(2) To speak correctly what they want to convey to the interlocutor by adding words freely to the conversation they memorized.

(3) To understand the content correctly of the spoken or written story which consists of 200 to 300 words level vocabulary.

(4) To understand differences of cultures between foreign countries and their own and deepen international understanding on the basis of the topics related to their schools, homes, and daily events.

The 2 nd grader of junior high school

(1) To encourage the attitude to understand the meaning by listening twice or by inferring from context even when they met unknown words and phrases.

(2) To speak what they want to convey or express their feelings correctly in about 10 sentences by adding words to or changing wordings of the given conversation.

(3) To understand correctly and immediately the gist of the story written in 400 to 600 words level vocabulary when they read or listen to the

story.

(4) To acquire knowledge about languages and cultures, to understand the differences between the languages and cultures of foreign countries and their own, and to explain their own cultures by reading or listening the daily topics.

2. Methodology

2-1 For the second period as a whole

On the basis of the pleasure and positiveness to English learning cultivated through the practice of songs, dramas, and skits in the first period, the second period will incorporate phonetics, images and characters into classroom in order to improve the four skills.

In the first half of the second period emphasis should be put on further development of listening and speaking proficiencies while in the second half a high priority should be placed on enhancement of reading and writing abilities keeping the third period in mind. In addition, in this period when students develop keen intellectual curiosity, learning English should be taken as learning language, with the knowledge of words, sentence pattern or structure, and grammatical items being particularized.

2-2 In daily classroom

(1) To make an environment in which students can speak freely and positively.

To make effort to develop attitude of not shrinking from making errors.

・show and tell

・one minute speech

・reading textbooks aloud (1) Chorus reading (2) Buzz reading (3) Paired reading (4) Read and look up

（2） Use of digital camera

To shoot footage of personal belongings, display them of the monitor screen, and let students speak about them.

（3） Use of videos

To present skits in the textbook by using not only the audio but also videos so that students may be able to understand more readily the workings of words, situation, and the relationship between characters; this would be useful for the formation of basic structure when students make their own skits.

（4） Presentation of skit

① Based on the skit in the textbook, students (in pairs) write their own skit on notes, memorize it, and make presentation in front of the classroom.

② Based on the given assignment, students make skits paying due attention to the workings of words, situation, and the relationship between characters, and make presentations.

（5） Reading

To give students an assignment related to the story in the textbook so that students may be able to understand the contents by reading aloud or reading intensively. In addition, students should improve their reading skill so as to understand the stories which correspond to the objectives of the grade, thus paving the way for the third period.

（6） Writing

The objective of writing in the second period is for the students to be able to write about themselves. In the latter half of this period, focus should be put more on the ability to write correctly what they want to convey.

（7） Other issues

Vocabulary development is one of the most important points in all language activities and grammatical competence will be needed for more accurate language activities. Therefore, how to build up vocabulary and grammatical competence would be the subject to be considered in daily classroom.

3. Evaluation

Evaluation should be made by the teachers and the students themselves. Presentations should be evaluated by the students with each other, with grades of A, B, and C being given as feedback to improve attitude and willingness to the study of English. While feedback was given to students in the form of comments from teachers and self-evaluation every term in the first period, it should be made from a number of different perspectives.

The Third Period

1. Objectives

Objectives of English education in the Third Period

Through the learning of English as an international language, students should acquire a broader perspective, cultivate attitude to seek universal value, and focus their eyes on the world as a whole, so as to contribute to the societies beyond the borders between countries and cultures.

Target of Attainment of the Third Period

(1) To build up basic academic skills for reading specialized books, writing articles in English, and giving presentations in universities and higher academic institutions in the future.

(2) To foster basic academic skills for taking an active part in the academic discussion in English on social issues.

(3) To cultivate a basic skill for conducting communication in English in a setting of daily language use.

(4) To achieve an average mark 620 (TOEFL equivalent 480) in communicative competency test.

Graded Target of Attainment of the Third Period

The 3 rd grader of junior high school

(1) To develop an attitude and willingness to read a text through without stopping even when unknown words and phrases appear and listen intensively to understand what is being said.

(2) To strive to summarize their own opinions and feelings in about 50 words correctly and appropriately and make verbal presentations by using approximately 800 word items vocabulary.

(3) To read an English story written in about 1,000 word items at a rate of 150 WPM and grasp the gist of it. And to listen to a story spoken at an average rate of 160 WPM, which is made up in about 1,000 word items, and grasp the outline of the story.

(4) To try to acquire the knowledge of basic languages and cultures necessary for the 3 rd grader of secondary school through the reading and the listening of the English story which deals with daily material.

(5) To achieve an average mark 450 (TOEFL equivalent 420; TOEIC equivalent 350) in English communicative competency test.

The 1 st grader of high school

(1) To develop attitude and willingness to read the written text through and listen to the spoken text through without stopping even when unknown words and phrases emerge and try to understand what is being said, making up for what cannot be understood by communicating with teachers and friends and develop opinions of their own.

(2) To organize their own opinions in a paragraph of about 50 words by using 1200 words item vocabulary and give an oral presentation.

(3) To read an English story written in 1500 words item vocabulary at a rate of 150 WPM and grasp its main point. In addition, to get an outline of a speech written in 1200 words item vocabulary spoken at a rate of 160 WPM.

(4) To increase basic cultural literacy required for the 1 st grader of high school through the reading and listening of the English stories on everyday issues appropriate for their intellectual developmental stage.

(5) To achieve an average mark 520 (TOEFL equivalent 445; TOEIC equivalent 425) in English communicative competency test.

The 2 nd grader of high school

(1) 1. To develop an attitude and willingness to understand actively the outline of a text through the use of preexisting knowledge, schema, and context even when they meet unknown words and phrases or by asking teachers and friends what cannot be understood and on the basis of the knowledge gained in this process try to express their opinions.

(2) To organize their own opinions in a paragraph of about 100 words by using 1500 words item vocabulary and give an oral presentation.

(3) To read an English story written in 2000 words item vocabulary at a rate of 150 WPM and grasp its main point. In addition, to get an outline of a speech written in 1500 words item vocabulary spoken at a rate of 160 WPM.

(4) To increase basic cultural literacy required for the 2 nd grader of high school through the reading and listening of the English stories on social issues appropriate for their intellectual developmental stage.

(5) To achieve an average mark 560 (TOEFL equivalent 460; TOEIC equivalent 470) in English communicative competency test.

The 3 rd grader of high school

(1) To develop an attitude and willingness to understand actively the outline or main point of a text through the use of preexisting knowledge, schema, and context even when they meet unknown words and phrases or by exchanging opinions with friends on the basis of the knowledge gained in the process.

(2) To organize their own opinions in a paragraph of about 200 words by using 2000 words item vocabulary and convey it to their peers and exchange opinions.

(3) To read an English story written in 3000 words item vocabulary at a rate of 150 WPM and grasp its main point. In addition, to get an outline of a speech written in 2000 words item vocabulary spoken at a rate of 160 WPM.

(4) To increase basic cultural literacy required prior to the specialized education at universities through the reading and listening of the English stories on social and academic issues appropriate for their intellectual developmental stage.

(5) To achieve an average mark 620 (TOEFL equivalent 480; TOEIC equivalent 530) in English communicative competency test.

2. Methodology

To further enhance the basic English proficiency fostered by the practice such as skits, reading aloud, and recitation through the first and the second periods up to the level at which student can collect information from books and internet, based on which they can express their opinions. What is forming an undercurrent from the first period to the third period is

Aoyama Vocabulary List (AVL). The third period will commit to the goal of acquiring 3000 word item. For that purpose various methods will be taken as below.

Project activities (investigative learning and debate) will be incorporated into everyday classroom once per semester, giving opportunity for the students to use basic skills they have learned in day-to-day classroom; that is collaboration between project activities and everyday classroom.

The main activity of everyday classroom listed below will consolidate basic vocabulary needed for the above activity (AVL Level 3: 3000 words item), grammatical competence, competences of reading, writing, speaking, and listening. The methodologies shared by all three periods are enhancement of vocabulary and reading-aloud (recitation), with speech, debate, intensive reading, and speed-reading (extensive reading) added in the second and the third periods.

Everyday Classroom Activities (in the case of the 2nd grader of high school)

Speed-Reading: Training of speed-reading of a story written in 1000 to 2000 words level vocabulary (10 minutes in the beginning of the every class). To pursue a goal of reading at a speed of 180 to 200 WPM with more than 80% of comprehension.

Intensive Reading: To seek enlargement of vocabulary, acquisition of grammatical knowledge, and further development of comprehension.

(1) Vocabulary Quiz, Vocabulary in Context (vocabulary enlargement)

(2) Summary Completion (comprehension of contents)

(3) Grammar Exercise (acquisition of grammatical knowledge)

Extensive Reading:

Obligatory: To choose one book and present a book report in each term.

Optional: (Reading Hitchhike) To choose whatever English books suited for their reading ability in the library and to continue reading at their own pace. Upon submission of a reading record, students will be given a stump or a seal to be pasted in their notebook.

The activities listed below should be introduced in step-by-step manner in everyday class. These activities will play a bridging role to the debate scheduled later in a project activity mentioned earlier.
Reading-Aloud: To read aloud critical portions of a textbook (using read-aloud card).
Recitation: To recite critical portions of a textbook, a famous speech, or a poem.
Prepared Speech: To deliver a speech with a manuscript on themes related to daily living ('My dream', 'My hobby', etc.)
"Key Word" Speech: To deliver a speech with a manuscript which contains only a few key words.
Impromptu Speech: To make an off-the-cuff speech in pairs or in groups.

Project: To allot about 10 hours per semester. To give the students information which would satisfy their intellectual curiosity through reading or listening activities and make them organize their opinions which should be presented in writing or speaking.
Example for the 2 nd grader of high school: whaling issue
Time Allotment:
1 st hour: To read pros and cons about whaling, checking contents, important phrases, and vocabulary.
2 nd hour: To listen to the news about whaling and understand the contents. To check important phrases and vocabulary.
3 rd hour: Dividing students into affirmative groups and negative groups.

4 th hour: Investigative learning at the library (1) by using Internet and other media.

5 th hour: Investigative learning at the library (2) by using Internet and other media.

6 th hour: Preparation for debate and in-group discussion.

7 th hour: Preparation for debate and rehearsal.

8 th hour: Debate (1)

9 th hour: Debate (2)

10th hour: Debate (3) Putting together important expressions.

3 . Evaluation

Evaluation should be made including both everyday classrooms and the Project. The percentages are 60% for the former and 40% for the latter. The evaluation should be based on absolute criteria. Common to all three periods is the fact that not only the evaluation by teachers but also peer evaluation and self-evaluation of students are incorporated.

3 − 1 . Evaluation for Everyday Classroom

1 . The rate of speed-reading and submitted record sheets (To what extent students made their effort and the speed increased.)

2 . Vocabulary quiz (mini-exam) : Out of the textbook and Aoyama Vocabulary List (AVL).

3 . Participation in the extensive reading program (How many books could students read.)

4 . Submission of the book report (one book per semester; introduction of the book)

5 . Test on read-aloud (recitation)

6 . Speech presentation

7. Intermediate and term-end exams

3－2 Evaluation for Project

1. Teachers' evaluation (60%)

(1) Evaluation for investigative learning by class record sheet

(2) Evaluation for the organization and contents of the submitted debate manuscript

(3) Evaluation for speaking by hearing the presentation in debate

2. Peer Evaluation (20%)

To let the audience evaluate the presentation using debate evaluation sheet.

3. Self-Evaluation (20%)

To let the students evaluate a series of learning processes from information gathering and in-group discussion to the final debate using self-evaluation sheet.

［英文翻訳：水野　的（英米文学科教授）］

木村　松雄　　青山学院英語教育研究センター所長

＊本章は，『青山学院英語教育研究センター研究報告書』(1998–2014)，JACET『英語教育学大系第２巻英語教育政策―世界の言語教育政策論をめぐって―』(2011) 大修館書店，『英語の一貫教育へ向けて―立教学院英語教育研究会』(2012) 東信堂などに筆者が執筆した内容をもとに，2014年10月の時点で加筆・修正したものである。

参考文献

Canale, M. (1983). From Communicative Competence to Communicative Language Pedagogy. In J.C. Richards and R.W. Schmidt (eds.), *Language and Communication*, Longman,

Celce-Murcia,M.,Brinton,D., & Snow,M. (2014). *Teaching English as a Second or Foreign Language* (Fourth Edition), National Geographic Learning.
Cohen, A.D. and E. Macaro (eds.) (2007). Language Learning Strategies, O.U.P.
Council of Europe. (2001). Common European Framework of References for Languages:Learning, Teaching, Assessment, C.U.P.
Cummins, J. (1979). "Cognitive/academic language proficieny, linguistic interdependence, the optimum age question and some other matters", *Working Papers on Bilingualism* 19.
Gardner,D.and Lindsay, M. (1999). Establishing Self-Access: From Theory to Practice, C.U.P.
Griffiths, C. (ed.) (2008). Lessons from Good Language Learners, C.U.P.
Hawkins,J.A. and L. Filipovic (eds.) Criterial Features in L 2 English, C.U.P.
O'Malley,J.M, and Chamot,A,U. (eds.) Learning Strategies in Second Language Accuisition,C.U.P.
Oxford,R. (1989). Language Learning Strategies: What Every Teacher Should Know, Newburry House.
中央教育審議会（1971）『今後における学校教育の総合的な拡充整備のための基本的施策について』
中央教育審議会（1974）『教育・学術・文化における国際交流について』
本名信行・竹下裕子・樋口謙一郎・猿橋順子（2008）『国際比較で見る「『英語が使える日本人』の育成のための行動計画」の成果に関する調査研究報告書（平成19年度）』青山学院大学国際政治経済学部本名信行研究室
和泉伸一・池田　真・渡部良典（共編）（2012）『CLIL 内容言語統合型学習第２巻』上智大学出版
木村松雄（2004）「４−４−４一貫制英語教育構想及び今後の展望」『青山学院英語教育研究センター2004年度報告書』青山学院英語教育研究センター
木村松雄（編著）（2011）『新版英語科教育法 小中高の連携—EGP から ESP へ』学文社
木村松雄・遠藤健治（2015）「TOEFL-ITP, SILL, 英検 CAN-DO Lists を用いた英語熟達度と言語学習ストラテジー及び英語学習意識から見た入試形態別グループの縦断的研究」『青山スタンダード論集』第９号
木村松雄・遠藤健治（2015）「TOEFL-ITP と英検 CAN-DO Lists を用いた英語学力と学習ストラテジー及び学習意識から見た一般学生と帰国学生の相違に関する横断的研究」『青山学院大学文学部紀要』第56号
小池生夫（編著）（2013）『提言日本の英語教育　ガラパゴス化からの脱出』光村図書
国立教育政策研究所（編）（2012）『教育研究とエビデンス　国際的動向と日本の現状と課題』明石出版
大谷泰照他（編著）（2004）『世界の外国語政策・日本の外国語教育の再構築にむけて』東信堂
田辺洋二（2002）「一貫制英語教育に向けて」『青山学院英語教育研究センター2001・2002年度報告書』青山学院英語教育研究センター
投野由紀夫（編）『英語到達度指標 CEFR-J ガイドブック』大修館書店
文部科学省（2003）『「英語が使える日本人」の育成のための行動計画』

文部科学書（2008）『小学校学習指導要領』大蔵省印刷局
文部科学省（2008）『中学校学習指導要領』大蔵省印刷局
文部科学省（2009）『高等学校学習指導要領』大蔵省印刷局
鳥飼玖美子・寺崎昌男（監修）（2012）『英語の一貫教育へ向けて』東信堂
矢野安剛・本名信行・木村松雄・木下正義（編）（2011）『英語教育学大系第 2 巻英語教育政策―世界の言語教育政策論をめぐって』大修館書店
吉島茂・大橋理枝（他）（訳・編）（2004）『外国語教育 II 外国語の学習，教授，評価のためのヨーロッパ共通参照枠』朝日出版社

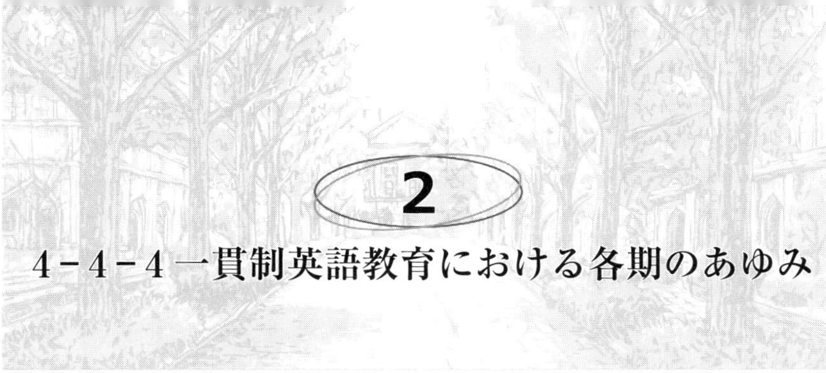

2

4-4-4一貫制英語教育における各期のあゆみ

2-1　第Ⅰ期

（1）はじめに

日本の小学校英語教育は，変わりつつある。2011年度より外国語教育が５年生，６年生において必修化され，2013年度には，2020年度をめどに３年生からの外国語活動の実施および５年生，６年生の英語の教科化が発表された。また，子どもたちを取り巻く環境においても日々の生活の中で，スポーツや音楽，美術など文化面や人の交流の場面で子どもたちが英語またはさまざまな言語を見たり，聞いたりするなど，日本語以外の言語に触れ合う体験が可能となった。

幼少，筆者が青山学院初等部で英語を学んでいたときは，英語は特別な科目で，英語を話せることは夢のようであったと感じる。しかし，今では，子どもたちから英語でこんなことをしてみた，または，これから英語を通して，こんなことがしたいという言葉をよく耳にするようになり，子どもたちの中で，英語や他言語に対する考え方が変わってきたようにも感じる。

青山学院初等部の教育の始まりは，創設時からであったといわれている。その当時，宣教師と直接触れ合いながら，英語の本の読み聞かせを聞き，讃美歌を讃美し，「主の祈り」を唱え，遊びなどを通して，自然なかたちで英語に親しんでいた。

現在の英語教育もその精神が受け継がれ，まわりの仲間，先生，出会う人々とのかかわりを大切にしながら，子どもたち一人ひとりが，主体的に学習していけるような姿勢すなわち，自己教育力を高めていけるような教育活動をめざしている。

具体的には，初等部の「5つのおやくそく」の中で掲げている学校目標「しんせつにします」「しょうじきにします」「れいぎただしくします」「よくかんがえてします」「じぶんのことはじぶんでします」を大切にしている。すなわち，英語の挨拶，マナーについての英会話などを学び，工作，文字を書くことについては，初等部の生活科で大切にしている「手の仕事」と称して，手を使って，丁寧に取り組むことを通して，基本的な授業ルールなどについて時間をかけ，授業への姿勢づくりに力を注いでいる。

① 教科書導入まで（～2007年度）

初等部では，2007年度まで，1年生については，月1回の英語プログラムを実施し，2年生から6年生は，週2回の英語の授業を実施してきた。

深町正信先生（当時院長）より，初等部，中等部，高等部，女子短期大学，大学と各委員が招集され，「英語教育懇談会」が開かれ，各部の英語教育の現状を共有し，その後，「英語検討委員会」が発足し，各部の英語教育の課題および英語の一貫教育の在り方が話し合われた。引き続き，センター長として本名信行教授，コンビナーとして木村松雄教授が中心となり，英語教育研究センターが設置され，各部の英語一貫教育の具体的な検討が話され，語彙研究，児童・生徒の学習意識調査およびトピック調査をもとに4-4-4一貫制英語教育に向かって，教科書作成作業が始まった。

② 教科書導入後（2008年度～）

2008年4月より，第Ⅰ期1年生に教科書［SEED BOOK 1』を導入し，1年生は，週2回の英語の授業が始まった。第Ⅱ期5年生に教科書『SEED BOOK 5』を導入した。また，今後の英語教育の充実を図るため3年生，4年生は，週1.5時間の英語の授業が週2時間となり，英語の授業時数が増加した。

2009年4月，第Ⅰ期2年生に教科書『SEED BOOK 2』，第Ⅱ期6年生『SEED BOOK 6』を導入した。

2010年４月，第Ⅰ期３年生に教科書『SEED BOOK 3』，第Ⅱ期中学１年生に『SEED BOOK 7』を導入した。

2011年には，第Ⅰ期４年生に教科書『SEED BOOK 4』，第Ⅱ期中学２年生に教科書『SEED BOOK 8』に導入した。

（２）英語科の目標

■第Ⅰ期英語教育の目標について　〈１年生～４年生〉

音声を中心に英語を学ぶことを通して，異文化に親しみ，広い世界に好奇心をいだき，世界の人々と共に生きようとする子どもを育成する。

■第Ⅱ期英語教育の目標について　〈５年生～中等２年生〉

英語を学ぶことを通して，自国や他国の文化，歴史，価値観に対する理解を深め，自主的に国際社会に貢献できる人の育成をめざす。

■基礎・基本

〈１年生～２年生までに身につけさせたい力〉

① 初歩的な文章，物語，詩などを聞いて，言葉のもつストレス，イントネーションを正しく聞き分け，内容を理解する。
② 初歩的な文章を聞いて，内容を理解し，自分から進んで表現する。

〈３年生～４年生までに身につけさせたい力〉

① 初歩的な文章，物語，詩などを聞いて，言葉のもつストレス，イントネーションを正しく聞き分け，内容を理解する。
② 初歩的な文章を聞いて，内容を理解し，自分から進んで表現する。
③ 初歩的な文章，物語，詩などを自分から進んで読み，内容を理解する。

〈５年生～６年生までに身につけさせたい力〉

① 初歩的な文章，物語，詩などを聞いて，言葉のもつストレス，イントネーションを正しく聞き分け，内容を理解する。
② 初歩的な文章を聞いて，内容を理解し，自分から進んで表現する。
③ 初歩的な文章，物語，詩などを自分から進んで読み，内容を理解する。
④ 初歩的な文章を自分から進んで，丁寧に書き写す。

（3）内　容

各学年，教科書『SEED BOOK 1，2，3，4』を使用をしている。青山学院ボキャブラリーリストを参考にしながら，語彙についてスパイラルに活用できるように工夫して授業を展開している。

第Ⅰ期1，2年生は，自分のこと，身近な生活など基本的な語彙を導入している。初等部では，「生活丸ごと学習である」という考えのもとに子どもたちの生活の中での身近な言葉と出会い，歌，チャンツ，会話文など音声を中心とした活動を楽しむことを大事にし，語彙の定着を図っている。

具体的な活動は，授業を取り組むうえで大切な文章（Classroom English），歌，チャンツ，詩，ゲーム，会話文，工作，物語，劇，言葉の広場，（Word list），自己評価欄などを扱っている。

■SEED BOOK 1

Classroom English
Hello, Friends!
Let's count
Shapes and Feelings
What do you see?
Where are you going?
What do you have?
What do you like?
Word List

■SEED BOOK 2

Classroom English
Me and My Family
How is the weather today?
Let's go!
Where did you go?
My school
Let's play !
Food
Thanksgiving
Word List

3，4年生の語彙は，自然や町の中で使用する語彙を導入している。自分自身と周りのものに気づき，関心をもち，自分の気持ちを伝えたり，仲間の考えを共有したりしながら表現する楽しさを大事にし，語彙の定着を図っている。

具体的には，授業を取り組むうえで大切な文章，歌，チャンツ，ゴスペルソング，詩，早口言葉，会話文，インタビューシート，アルファベット学習，言葉の広場，自己評価欄などを扱っている。

4年生から，グローバル教育を実践し，世界の国々に目を向け，平和な環境で共生していけるような社会をめざし，子どもたちが社会貢献について考えていく機会を設けている。各学年，下記のテーマについて，調べ学習をしたうえで，外部講師を迎え，新たな視点をもち，自分の考えを仲間と共有しあえる特別授業を行っている。

4年生　3RS（Recycle：リサイクル，Reuse：繰り返し使う，Reduce：ごみそのものを減らす）

5年生　食糧問題，飢餓（ハンガーマップ）

6年生　子ども憲章　（the Children' s Charter）

■ SEED BOOK 3

Classroom English
My day
Show and Tell
What did you do?
Let's go camping.
At the supermarket
Where is the party?
Word List
Alphabet

■ SEED BOOK 4

Classroom English
Chores are fun
At the school fair
Camping
Think about our planet
After school activities
The book report
Word List
Alphabet chart
Apple pie
Weights and measurements
Tongue Twister

公開授業

学　習　指　導　案

２年杏組　教科：英語

指導者：合田 紀子

公開授業にあたって

　２年生の英語では，世界の国々の文化及び習慣について，興味・関心を育てていこうとさまざまな題材を通して，学習していきます。また，基礎・基本の力として，四技能の中の「聞くこと」,「話すこと」を学習の重点に置いています。
　題材については，子どもたちの身近な生活を中心にした語彙を取り上げています。また，文章の表現のスタートとしては，人と人の関わり合いの中で大切なコミュニケーションである挨拶，マナーを学び，美しい言葉，美しい心を育むため，ゴスペルソング，子ども讃美歌，聖書物語なども学習します。
　今回の単元では，身体全体で元気に活動を行いながら，もう一度私たち一人ひとりが神さまに生かされていることに気づき，神様の愛を感じることができる時間としたいと考えています。

１．単元名・本時
２．単元名 :Let's go!　　　　本時 :「自分が行ってみたい場所」
３．単元計画
　第１時　　「場所と乗り物」
　第２時　　「場所と乗り物」

　第３時　　「自分が行ってみたい場所」
　第４時　　「自分が行ってみたい場所」
　第５時　（本時）「自分が行ってみたい場所」
４．本時の目標
　場所や交通手段を用いた文章や友だちの発表をよく聞き，理解し，自分の行きたい場所について，楽しく表現する。
５．本時の展開

	学習活動	指導上の留意点
導入	○Greeting Good morning, Apricot class! Morning Prayer Thank you song	・目を見て，元気よく挨拶をする。 ・神様の恵みに感謝し，楽しく一日を過ごせるように讃美し，お祈りする。
	○Let's go ! Row, Row, Row your boat	・歌詞の意味やリズムを動作と結びつけながら，楽しく表現する。

展開	The wheels on the bus	
	Quiz and gesture game What is it?	・友だちのクイズをよく聞き，クイズに答える。
	Where do you want to go? （Pair work） （I know card）	・友だちからの質問をよく聞き，自分の気持ちを表現する。わからないことについても教え合い，学び合う。 ・みんなの前で自分が行ってみたい場所について，相手に分かりやすく口頭で発表する。 ・発表している友だちの話を最後までよく聞く。
	○ Story-telling I'm going to 2nd grade camp.	・２年学校行事である「農漁村の生活」をもとにお話の内容を興味深く聞き，内容を理解する。
まとめ	○ Feedback	・基本的な文章を練習し，自分から進んで，大きな声で表現する。

Lesson Plan

5th Grade Cherry class

Subject: English　　　　　　　　　　Teacher: John Boettcher

About Today's class

This is the second level of 4－4－4 system. Our goal is to have students gain further understanding of their own and other cultures, histories and values to participate fully in the international society by learning English. We focus on the four skills by using the Bible stories, poetry, conversation and others. We generally split classes in half (16 students) from 4th grade. *Students use the CALL system (Computer Assisted Language Learning) to work on their assignments at their own pace. (Task-based syllabus)* *In this lesson the students learn about the planets in our solar system and about constellations and focus on the form "is", "are".*

6. Topic: Travel in space
   Lesson Plan
   1st class: (Warm up) Conversation on the Universe
   2rd class: (Let's Listen, Let's Speak) Planets and the Constellations
   3th class: (Let's Read) Saturn
   4th class: Activities "Look at the Sky"
   5th class: Activities "Look at the Sky" (Today's Lesson)
   6th class: Focus on Sentence Form
   7th class: Test on Sentence Form

7. Today's Goals
   Understand the vocabulary in the lesson.
   Listen, read and understand the dialog in the video
   Have students make their own dialog based on the skit in the video.

Today' s Lesson

	Activities	Checking for understanding
Greetings	Greetings Introduction of "My Family".	See that students greet the teacher properly. See that students speak out when presenting their family introductions. See that students watching and listening to the student giving the introduction.

Introduction	Review of previous class using "Smart HTML". Watch the Video of the skit "Look at the sky".	See that students understand the questions and work on their own. See that students listen to the video.
Development	Students practice their own version of the skit in groups.	See that students cooperate with each other. See that the students are speaking out and showing emotion when they act out their part.
Closure	Groups present their skits in front of the class. Review the vocabulary in the lesson.	See that students speak out when presenting their skit. See that students watching and listening to the students presenting their presenting their skit. See that students are speaking out.

（4）教材，教育機器

① 教材および教具

■教科書

『SEED BOOK 1，2，3，4』

■大型絵本，仕掛け絵本

語彙の習得

物語，家族，果物，学校の一日，季節

世界の国々の紹介

イースター，感謝祭，クリスマス，バレンタインなど

■実物教材

果物，野菜，食べ物，生活用品など

■絵カード

教科書『SEED BOOKS』の語彙，アルファベット，世界の国々の紹介など

■ CD，DVD

歌，会話，有名な人物など

② 教育機器 ICT

■電子黒板，実物投影機，i-Pad 〈1年生～3年生〉

・教科書を中心としたリスニング，スピーキング，リーディングを中心とした活動

・児童作品紹介

授業内の活動，夏休み，冬休みのイングリッシュ・チャレンジの発表

・世界の国々の照会

歌，服装，行事，動物，昆虫，花，海などの自然

■ CALL 〈4年生～6年生〉

・教科書『SEED BOOKS』を中心としたリスニング，スピーキング，リーディング，リーディング，ライティング

・児童作品紹介

授業内の活動，夏休み，冬休みのイングリッシュ・チャレンジの発表

・世界の国々のニュースの紹介及び調べ学習　(インターネット)

・英語教育ゲームソフト

英語教育研究センターとAML (Aoyama Gakuin Media Laboratory) の協力で，子どもたちが主体的に語彙を習得できることをめざし，授業で学習した語彙（英語教育研究センター会語彙リスト）を中心にした下記のゲームを作成した。

・Alphabet Game

アルファベット大文字，小文字を使ったカードゲーム。

・Aoyama Shopping Game

スーパーのさまざまな売り場で食べ物や大きな数，食べ物を使って買い物するゲーム。

・The Adventures of Aoyama Gakuin Elementary School

食べ物，教科，学校行事，宇宙の惑星などを理解しながら，初等部を探検するゲーム。

（5） 評　価

① 自己評価

1年間を通して，観点ごとに教科書のレッスンの最後とまとめとして，各学期に振り返りの時間をもっている。そのためには，日々の授業の活動において，教師が一人ひとりに声かけをする，個の教育をめざしている。

また，ペアやグループで協同学習を通して，学習を深め，自分の取り組みについて気づき，自分自身の次なる目標が設定できるように学習が点で終わらず，線でつながるような学習のプロセスを大事にしている。

② 教育効果測定（英語教育研究センター）

児童の経年的な学習の定着状況を把握するし，今後の英語教育に還元していく目的で，年1回，2年生から6年生まで実施している。

③ 英語学習意識調査および言語学習ストラテジー調査　(英語教育研究センター)

児童の経年的な学習意識およびストラテジーの変容を把握し今後の英語教育に還元していく目的で，３年に１回，４年生から６年生に実施している。

注：上記は，１年生レッスンの最後のページの自己評価である。１年生，２年生は，聞くこと，話すことの観点について振り返る。

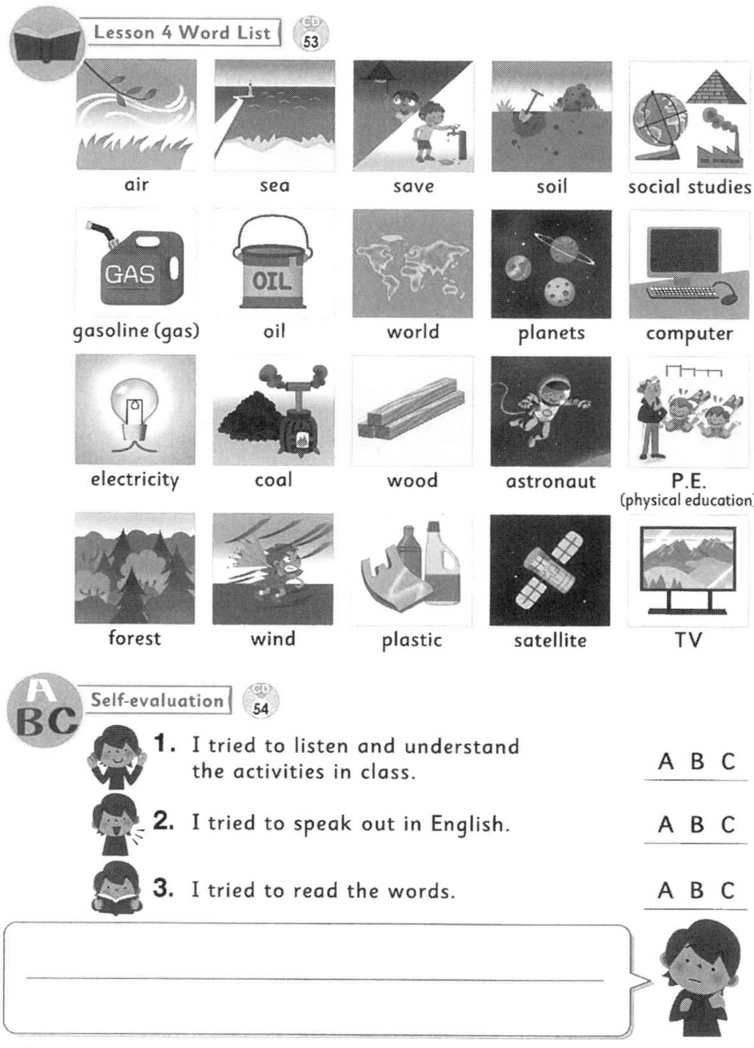

Lesson 4 Word List
CD 53

air	sea	save	soil	social studies
gasoline (gas)	oil	world	planets	computer
electricity	coal	wood	astronaut	P.E. (physical education)
forest	wind	plastic	satellite	TV

Self-evaluation
CD 54

1. I tried to listen and understand the activities in class. A B C
2. I tried to speak out in English. A B C
3. I tried to read the words. A B C

44

注：上記は，４年生のレッスンの最後のページの自己評価である。聞くこと，話すこと，読むことの観点について振り返る。第Ⅰ期に続く，第Ⅱ期５年生，６年生は，聞くこと，話すこと，読むこと，書くことの観点について振り返る。

（6）課題および展望

① 個別学習およびグループ学習（協同学習）設定の充実

聞くこと，話すことと同時に読むこと，書くことも取り入れ，主体的に語彙を使って，個別，またグループ学習すなわち協同学習が取り組めるタスクを展開していきたい。

② 英語のカリキュラムの多様化

グローバル化により，それぞれちがった英語の体験をしてきた子どもに対して，個別に応じた学習プログラムの充実を考えていきたい。

③ ICT の活用

『SEED BOOKS』を中心に ICT を活用しながら，それぞれの学年に応じた効果的な英語教育を実践していきたい。

④ 4－4－4 制英語教育の実現

第Ⅰ期から第Ⅱ期を円滑に連動するために初等部，中等部の教員交流が大切である。今後も小中一貫教育の連携の成果を見いだしながら，よりよいかたちの人事交流をしていきたい。

（7）おわりに

今年度，4 年生，6 年生を対象に英語アンケートを実施した結果，子どもたちは，英語の授業で楽しかったこと，うれしかったことについて，次のようなことをあげていた。クラスの仲間と踊りながら歌ったこと，ゲームをしたこと，協力して劇をしたこと，宝物の紹介で自分の大切な物を発表したこと（Show and Tell），海外で自分の気持ちが伝えられたことなど，楽しいことを体験していた。また，将来の夢は，翻訳されていない本を訳してみたい，英語で映画をつくってみたい，グローバル社会に貢献したいなどさまざまな夢に包まれていた。

これからの時代，世界の中の一員として，青山学院スクールモットー，“The Salt of the Earth, The Light of the World”「地の塩，世の光」とあるように子どもたち一人ひとりが世の光となり，英語または他言語を用いて，他者を思いやり，自分が受けている恵みに感謝し，自分の可能性を信じて，夢に向かって羽ばたいていってほしいと願っている。

合田 紀子　　青山学院初等部教諭

2－2　第Ⅱ期

（1）はじめに

青山学院初等部，中等部，高等部，女子短期大学，大学までの英語担当者が深町正信名誉院長のもとに招集されたのは1995年の４月，すでに19年の月日が経過した。初年度は英語教育検討委員会において各部の英語教育の現状と課題を出し合い，各部間で連携をとり一貫制教育として英語教育を位置づけることはできないかという課題解決に３年を費やした。そして1998年４月に英語教育研究センター（以下，センター）を設立，そしてそれ以降青山学院全体の英語教育の在り方を模索してきた。具体的には本学文学部の木村松雄教授が提案した，小学校から高等学校までの12年間を，４年を１つのスパンとして考え，３つの期に分けた「4－4－4一貫制英語教育」を基本理念においた。そして，それぞれの期にあたる小・中・高の英語科教員が目的論，方法論，評価論を検討し，それを具現化するために教科書の作成に至った。

具体的に12年を３期に分けたとき，第Ⅱ期は小学５年生から中学２年生までとなり，日本の教育制度上は必然と小学校と中学校にまたがり，中学１，２年生は第Ⅱ期の後半，さらに中学３年生は第Ⅲ期の前半に位置されるので，中等部においては初等部とのつながりの部分と，第Ⅲ期へのスムーズな移行のため高等部との連携を考慮する必要があった。もともと中・高等部の英語科は合同の教科会を毎年行っているので，教員同士の交流はあったが，初等部との会議は定期的に行われていなかったので，お互いの英語教育について意見を交わす機会があまりなかった。そこで，まずはわれわれ中等部の教員が初等部の授業の見学や，初等部に講師として実際に英語の授業を担当させてもらい人事交流をしながら，初等部との英語教育についての相互理解につとめた。

（1）第Ⅱ期のあゆみ

① 第Ⅱ期の目的論

■第Ⅱ期英語教育の目標

青山学院全体の教育方針にある「すべての人と社会とに対する責任を進んで果たす人間の形成を目的とする」に沿って次のように設定した。

「英語を学ぶことを通して，自国や他国の文化，歴史，価値観などに対する理解を深め，自主的に国際社会に貢献できる人の育成を目指す。」

② 第Ⅱ期具体的到達目標

四技能（聞く，話す，読む，書く）にそれぞれ到達目標を設定し，最後に客観テストの目標スコアを具体的に表した。

① 相手が伝えようとしている内容を聞いて，おおよそのことが即座に正しく理解できるようにする。（聞く力）

② 簡単な英語を使って，自分が伝えたいことを正確にかつ適切に話すことができるようにする。（話す力）

③ 平易な英語で書かれた物語，説明文などの内容や，ホームページからの情報の大切な部分を正確に読み取れることができるようにする。（読む力）

④ 自分の意見や気持ち，感想などを，読み手にわかるように簡単な英語を使って正確にかつ適切に書くことができるようにする。（書く力）

⑤ コミュニケーションテスト能力テスト（GTEC）の平均スコア400点をめざす。

③ 第Ⅱ期学年別目標

初等部5年生から中等部2年生までの学年別の目標を設定した。これも前述した四技能の第Ⅱ期全体の到達目標を具体的に表したものであり，設定当時に国立教育政策研究所が発表した評価の観点を参考にしている。

① 意欲，関心，態度について，

② 表現の力（話す，書く）

③ 理解の力（聞く，読む）

④ 言葉の構造（文法）や文化について（国際理解）

■初等部5年生

① 初歩的な英語の文章を聞いて，内容を理解し積極的にコミュニケーションをしようとする。簡単な詩を書写し，辞書を使って自ら理解しようとする。

② スキットに自分のことばを加えて演じることができ，また初歩的な会話を学習し，その中から自分自身のことや，気持ちについて質疑応答ができる。

③ 簡単な文章を読み，内容を理解できる。また物語や録音教材で言っている会話のストレスや，イントネーションなどを正しく聞き分けることができる。

④ 多様な文化の中で生きる人々に関心を寄せたり，学習する作品の背景や，著者，場所について，コンピュータや書物などの資料を使い，調べ，国際理解を深める。

■初等部6年生

① やさしい内容のビデオを見て，その中の単語や文，内容に関心をもち，大要を理解したいと努力する。

② 今まで学習したスキットにアイディアを取り入れ，役割を決めて発表する。自分の家族のことや自分の将来のことについて4～5の文をつくって書き写し，話すことができる。

③ 150～200語レベルの語彙で書かれた本を自分で選んで読み，内容を理解できる。

④ 世界の国々の地理や文化などをコンピュータや書物などの資料を使い，調べ，発表し，世界の平和について考えることができる。

■中等部1年生

① 伝えられた内容がよく聞き取れなかったり，書かれた内容の意味がわからないときでも，聞き返したり，読み返したりしながら正確に理解しようとする態度や意欲を育成する。

② 与えられた会話を覚え，言葉を自由に加えながら，相手に伝えたい内容を正確に話したり，英語で正確に5，6文の文章を書くことができる。

③ 200～300語レベルの語彙で書かれた話を聞いたり，読んだりして，内容を正確に理解できる。

④ 学校や家庭での日常的な話題を題材とし，自国との文化のちがいを理解し，自ら国際理解を深める。

■中等部2年生

① 知らない単語や熟語が文章に出てきても聞き返してその意味を理解したり，文脈から意味を読み取ったりしようとする態度や意欲を育成する。

② 与えられた会話をもとに，言葉を自由に替えたり加えたりしながら，自分が伝えたい内容や気持ちを10文程度の英語で正確に話すことができ，また簡単な手紙や説明文を正確に書くことができる。

③ 400～600語レベルの語彙で書かれた英文を聞いたり，読んだりして大切な部分の大要を即座に，かつ正確に理解することができる。

④ 日常的な話題を題材とし，読んだり聞いたりしながら言語や文化についての知識を身につけ，自国とのちがいを理解し，自ら自国の文化を紹介できる。

④ 第Ⅱ期の方法論

■四技能のバランス

「「語彙」（認知・発表）の拡大を図りながら，第Ⅰ期では，主に英語学習の楽しさと「言語の場面と働き」を意識した基礎的かつ多面的な言語活動を行い，BICS（四技能のうち特にListening/Speaking）の基礎を築き，第Ⅱ期ではBICSをベースにしながらCALP（四技能のうち特にReading/Writing）の基礎を築く。第Ⅲ期ではBICSからCALPへの比重移動を行い，最終的にはBICSとCALPの融合による伝達能力の育成を図りつつ，一貫制英語教育の最終目標とする」と，現センター長の木村松雄教授が報告書の中で幾度となく執筆されている。第Ⅱ期は上記のとおりBICSと

CALPの比重が変わる時期である。

■第Ⅱ期全体を通して

歌や劇，スキットなどをとおして第Ⅰ期において培われた英語学習に対する楽しさや，言語活動への積極性をベースとして，第Ⅱ期においては音声，画像，映像そして文字を効果的に取り入れ，四技能の向上をめざす。第Ⅱ期前半（小学校5，6年生）では，四技能のうちで特にリスニングとスピーキングの学習に比重を置き，後半（中学校1，2年生）においては第Ⅲ期へスムーズに移行できるようにリーディングとライティング能力の向上に努める。さらに知的好奇心が旺盛になる5，6年生の時期から英語を言葉の学習としてとらえ，言葉の知識，構造など文型，文法項目の特定化を図る。

■授業において

① スピーキング・リスニング力向上のために

・積極的に発話できる環境の構築。さらに間違いを恐れずに積極的に発話できるような態度の育成に努める。

・ICT機器の整備。電子黒板，プロジェクター，コンピュータ，タブレット，デジタルカメラ，ビデオカメラなどを整備し，教科書の会話文をただ音声として聞くだけでなく，あらかじめ作成した教材用のスキットの映像を見せることにより，創造力が膨らみ，言葉の働き（機能）と場面，および人間関係が理解しやすくなる。

・教科書の会話文を基本にし，言葉の働き（機能），場面，人間関係を意識した自分自身のスキットをつくり発表する。

② リーディング・ライティング力向上のために

・教科書にある読み物に対し課題を与え，音読，精読をしながら内容理解に努める。

・多読を授業で取り入れ，自分のレベルにあった本から読み始める。

・ある程度の長い文のおおまかな内容を把握できるように速読も意識させる。

・初等部５，６年生では自分のことについて文を書けるようにする。
・中等部１，２年生では自分が伝えたいことを正確に書けるようにする。

③ 語彙力・文法力向上のために

・学習した文法，また語彙を使ってタスクを解決させる。そのためには教師側の実際に効果的なタスクの設定が重要となる。

④ メタ認知力の向上のために

・学習指導要領において，「生きる力」を生徒につけさせることがうたわれている。英語の学習においても自ら目標，課題等の設定を行い，自ら課題解決の方法を考え，実行し，最後にフィードバックしながら自分に対してまたは友だちに対しての評価ができる力を養えるようなタスクを設定する。

⑤ 第Ⅱ期の評価論

英語で何がどのくらいできるようになったかを教師側からの評価と，生徒自身の自己評価，さらにスキットの発表などでは生徒同士が評価しあい，フィードバックして，英語学習への態度，意欲を高める。各課終了後に観点別に絶対評価で評価する。比重としては教師の評価を60～70%，生徒の自己評価を15～20%，生徒同士の評価を15～20%とする。

（２）教科書作成までのみちのり

2002年度のセンターの報告書に，各期の目的論，方法論，評価論が発表され，いよいよ教科書作成に取り掛かることとなった。教科書をつくることは片手間でできることではないことを十分に理解はしていたが，実際に作成に取り掛かると想像していた以上に忙しく，細かな作業が多く，そして，何よりも予算の多さをみるだけで，青山学院がこのプロジェクトにかける期待の大きさと，失敗は許されないという責任重大なプロジェクトであることが実感されるようになった。自分たちが作成した教科書で授業ができると想像したときの喜びと，その反面本当にできるのだろうかという不安とプレッシャーで心が折れそうになった時期もあった。しかし，将来の青山学院の英語教育のため，また英語教育に携わっていく教師のため，そして何よりも青山学院の児童・生徒のためという使命感をもって，センターの運営委員は教科書作成を始めることとなった。

以下，教科書作成に関する主な活動をセンター設立時より時系列で振り返ってみる。

英語教育研究センターのおもな活動

1995年	深町正信元院長（現名誉院長）の提案により「英語教育検討委員会」が発足。 委員は院長の委嘱により，初等部，中等部，高等部，女子短大，大学各部から代表者が選ばれ，以下のことについて検討された。 ① 各部の現状と課題 ② 一貫制英語教育について
1998年	「英語教育研究センター」が発足。
1999年	本学大学の木村松雄教授より方法論として4－4－4制英語教育の提案（初等部1年生から高等部3年生までの12年間を4年ごとにひと区切りとし3期に分ける）。以後この案を軸とし検討を開始。 第Ⅰ期：初等部1年生から4年生 第Ⅱ期：初等部5年生から中等部2年生 第Ⅲ期：中等部3年生から高等部3年生 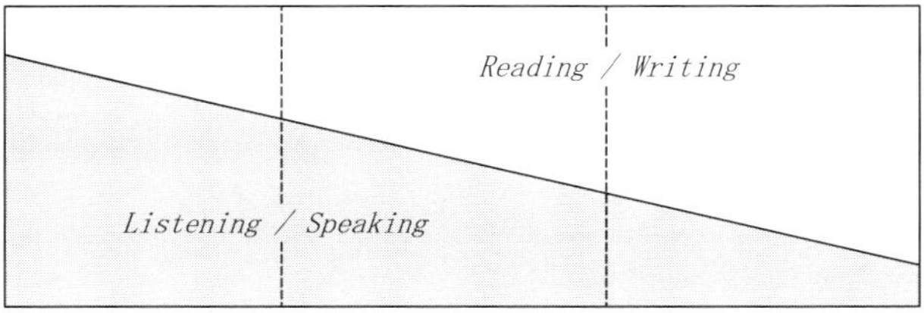 （ 第Ⅰ期 ）　（ 第Ⅱ期 ）　（ 第Ⅲ期 ） 第Ⅰ期においては，Listening / Speakingの割合を多くし（BICS），年齢が上がるにしたがってReading / Writingに比重を移していく（CALP）。
2000年	シラバスづくりのためには，まず生徒および教員側のneeds analysisが必要であるという西川教諭（現高等部部長）の提案により2種類のneeds analysisを実施。1つは学習意識調査と学習方略調査。そしてもう1つは，生徒がどのようなテーマを英語の授業で学びたいか，また教員側がどのようなテーマを教えたいか，また，教えるべきかを調査するトピック調査である。 ①学習意識・学習方略調査：初等部，中等部，高等部の生徒はどのような意識またストラテジーを使って英語学習をしているかを調査した。この年以

	降3年に一度調査することとなる。 ②トピック調査：調査用紙の項目にあたっては，図書館で用いられている日本十進法分類表をもとに，検定教科書などで用いられている項目や更に必要と思われる項目を追加する方法で行った。第1回は高等部の生徒および中等部3年生のみを対象とした。
2001年	初・中・高一貫制英語教育の制度とシラバスの研究を開始した。上記に記した目的論，方法論，評価論の研究をシンポジウム等で発表した。さらに2001年は対象とする生徒を初等部・中等部・高等部と広げ第2回トピック調査を実施した。
2002年	田辺教諭（高等部）の提案により「青山語彙リスト」（AVL）の第1次思案を発表。下記リストを参考に全リストの最初の1000語レベルに該当する語彙の中で，3つ以上の語彙リストに重複している語彙を Level 1 の語彙とした。 ① 北海道大学語彙リスト ② JACET4000　(2002年当時) ③ アルク（Standard Vocabulary List） ④ 杉浦リスト ⑤ 東京書籍フェイバリット語彙リスト ⑥ Side by Side（Pearson Longman）Book 1, 2, 3 語彙リスト
2003年	第2回学習意識調査，学習方略調査を実施した。 AML（Aoyama Media Lab）によるマルチメディア型教材（語彙習得ゲーム）を開発。 第3回初・中・高等部の生徒へのトピック調査を実施。
2004年	教材研究の開始。12年一貫した教科書の作成に取り掛かった。 ■シラバスの設計 ①言語使用の場面，②言語の働き（機能），③文法の3点をいかに関連づけて，どのようなシラバスが考えられるかが検討課題となる。検討の結果，以下のような組み合わせによるシラバスを決定し，そこにトピック調査で選定したトピックを加え，教材開発を行うこととした。 ① 第Ⅰ期：　場面と機能 ② 第Ⅱ期：　場面と文法　　＋　トピック ③ 第Ⅲ期：　機能と文法 ■初・中・高12年間の文法事項の配列を検討し決定。 ■2003年に発表されたトピック調査の結果より，各学年のトピックを選定した。
2005年	初等部1年生用，5年生用の教科書の概要の完成。 カラー印刷を行うことにより，印刷費が膨大になることが見積もり概算によってわかり，教科書のページ，カラー，イラストなどについてセンターで再検討を行った。
2006年	深町元院長・本名信行前センター長の尽力で，(株)アルクに編集業務を委託することとなり，2007年より本格的に教科書原案の作成と（株）アルクの編集担当者の協力のもと編集を行った。 第3回学習意識調査，学習方略調査を実施した。

2007年	初等部1年生用教科書，5年生用教科書の作成を開始した。 深町前院長により新教科書の名前を「SEED」とした。一貫制英語教育を聖書マタイ13章31～32節の“A Mustard Seed”（一粒のからし種）の話にたとえられ命名された。
2008年	SEED BOOK 1とBOOK 5が完成し，4月より初等部1年生にSEED BOOK 1，5年生にSEED BOOK 5を使用しながら授業を行った。 以後，順次導入予定。
2009年	初等部2年生にSEED BOOK 2，6年生にSEED BOOK 6を導入，使用開始した。 第4回学習意識調査，学習方略調査を実施した。
2010年	SEED BOOK 3とSEED BOOK 7が完成し，中等部においては64期生が入学し，64期生よりSEED BOOK 7を使っての授業が開始された。初等部ではSEED BOOK 3を3年生が使用開始。
2011年	SEED BOOK 4とSEED BOOK 8が完成し，初等部4年生，中等部2年生においてSEED BOOKSを使用した授業が始まった。2011年をもって第Ⅰ期と第Ⅱ期で使用を予定していた教科書がすべて完成した。
2012年	SEED BOOK 9が完成し，第Ⅲ期の初めの学年である中等部3年生に導入した。これにより中等部全学年がSEED BOOKSを使用しての授業となった。SEED BOOK 9に関しては中等部3年生のために高等部の教員の編集によるものであったが，中等部2年生から3年生になって急に難易度をあげることのないよう，SEED BOOK 8と同じようなかたちで作成されている。 第5回学習意識調査，学習方略調査を実施した。
2013年	SEED BOOK 10の完成により，高等部でもSEED BOOKSを導入し，中等部から高等部への橋渡しとなった。
2014年	SEED BOOK 11が完成。
2015年	SEED BOOK 12が完成。 第6回学習意識調査，学習方略調査実施予定。

（3）実際の取り組み

4-4-4一貫制英語教育の第Ⅱ期の後期にあたる中学1年生が，いよいよ『SEED BOOK 7』を使用して英語学習をスタートしたのが2010年。春休み中に授業で使用する単語のフラッシュカードをつくり，授業のスケジュールを決定した。4月の学年保護者会でも担当教師が英語教育研究センターのプロジェクトと『SEED BOOK 7』の使用についての説明を行い，保護者の理解を求めた。中学1年生の英語を担当する教員たちにとって『SEED BOOK 7』に関しては，すべてが初めのことなので失敗が許されないといういつも以上に緊張感のある年度初めとなった。英語学習歴がちがうという点からクラスは初等部出身クラスと中学受験入学者のクラスに分けることとした。

■初等部出身クラス

はじめは担当教師が様子をみるようにスローペースで授業を進めていたが，英語に6年間慣れ親しんできただけに，物おじせず大きな声で英語を発話し，内容も聞き取れることがわかった時点で，教科書以外に，飛び込み教材を使ったり，スキットをつくって発表させたり，歌を導入したり，昨年まで使用していたビデオ教材を見せたりといろいろなことに挑戦させることができた。気心の知れた同じ仲間で英語を勉強してきているので，友だちの発話や英語に対しての抵抗はなく，伸び伸び授業に参加しているようだ。英語での指示も容易に理解できるのでネイティブスピーカーの教師もテンポよく授業を進めることができた。しかし，誰もが英語に慣れているため，既習事項に関しては授業へのモチベーションがさがってしまうこともあったので，今後の課題として飽きさせない授業の展開が求められる。

■中等部から入学した生徒のクラス

90%以上の生徒は小学校のときになんらかのかたちで英語を学んでいる。しかし，学んだ英語の内容を聞くと，小学校のときに5，6年生で週に1回，担任の先生による授業であったり，受験のときに通っていた塾で中学校入学前の準備として，問題集などで単語を書いたり，文法を教えてもらったという生徒が多く，スピーキングやリスニングに関してはまったくやっていないようであった。そこで繰り返し英語を発話させるスピーキングから導入することにした。実際 Lesson 1 に約20時間もかけたが，それは初めて英語を習う生徒たちに大きな声を出させる練習に多くの時間を費やしたためである。クラス内の雰囲気としては英語学習歴がちがってはいたが，授業へのモチベーションも高く，恥ずかしがることなく大きな声で発話する場面も多く見受けられた。ネイティブスピーカーの教師による授業においても，一生懸命聞き取ろうと努力し，授業を楽しんで受けることができたようだ。文字においてもアルファベットは小学校時代にすでに習っている者が多く，さらに，入学前の宿題としてアルファベットを書く宿題を課したため，導入がスムーズに行われた。

（4）今後の活動と課題

① 改訂版の作成

2015年には，初・中・高12年間の教科書がすべて完成することになる。とても喜ばしいことではあるが，実際に使用してみてわかった不具合などを記録し，改訂版ではさらによい教科書になるように常に検討しなければならない。改訂版は紙媒体の教科書なのか，デジタル化したものにするのかなどの話し合いが今後のテーマになってくるだろう。

② 評価尺度の作成（Can-Do リストも作成）

今後，この教科書を使用して勉強した生徒が，英語についてどのようなことが，どの位できるようになったかがわかる評価尺度，学習者の自己評価の指針としての Can-Do リストの作成に取り掛からなければならない。

③ 語彙の定着：語彙（受容語，発表語）の問題について

低学年においてはまだ生活語彙が多かったので，生徒もあまり抵抗もなく比較的定着率もよいようであったが，学年が上がるにつれて抽象的なことがテーマとなり，それに伴って抽象的語彙が増えてくる。また検定教科書にでている語彙とは量も異なるので，検定教科書内にでてくる語彙と専門的な語彙をあわせて指導することになる。日本語ではよく使われる単語なので意味は難なく理解でき，語彙としては問題ないが，これが英語となると，定着率が下がる。このように授業で扱っている語彙が増えることはよいことだと感じているが，教員がどの単語は受容語なのか，発表語なのかを選別し，統一した教員間のコンセンサスと語彙定着の方法が必要となる。何をもってある単語が生徒に定着したといえるのか。現在は各レッスンにおいてテスト形式で定着を図ってはいるが，テスト方法，評価方法等の検討も必要と思われる。

④ ICT を一貫制英語教育に

教科書がデジタル化すれば自然と ICT 化は進む。生徒が自主的に ICT 機

器を使ってより深く英語を勉強していけることができるように，どのように効果的にICTを取り入れていくか検討する必要がある。

⑤ 教育効果測定について

現在は，GTEC for Students（ベネッセコーポレーション）というテストを全学年に実施している（1年生はListeningのみ）。今後，英語力を客観的に測定できるテストを続けることにより，生徒にとっては今後の勉強方法を考える材料となり，彼らのモチベーションが上がることを期待したい。われわれ教員にとっても毎年各学年のデータがわかり，学年比較や経年的なデータ分析も可能となる。今後の英語指導の貴重な資料となり，また指針になると考えているので今後も続けていきたい。

（5）おわりに

学校制度としての中学教育課程は3年間であるが，センターで考えている英語教育は，中等部2年生は第Ⅱ期の最後の年に，また中等部3年生は第Ⅲ期の最初の年に位置づけられている。学校制度の6－3－3制という区切りにセンターで考えている4－4－4制をあてはめなければならないので，当然のことながら初等部教員が5，6年生（第Ⅱ期の後半）を，また中等部教員が中学3年生（第Ⅲ期最初）を教えることになる。これは制度上致し方ないことであるが，この問題を解決するためには各部で積極的な人事交流を行い，初・中・高という枠組みにとらわれない柔軟な指導が必要だと感じる。

従来高等学校で教えられている過去完了形，未来完了形などを中等部3年生のBook 9で教え，高等部の早い学年で文法項目の練習は終えて，高等部3年生ではESPに移っていくという理想を現実化しようとしている流れを考えると，中学3年生の指導が大きなポイントとなると感じる。

4－4－4一貫制において，中学2年生は第Ⅱ期最後の集大成の年として何をどれだけできるようにするのかを再確認し，そして，中学3年生では第Ⅲ期のはじめとして高等部への橋渡しができるように英語力をつけさせるにはどうしたらよいか，われわれ教員が各部と連携をとりつつ，日々検討しながら指導していかなければならない。毎年考えさせられる大きな課題である。

公立小学校で本格的に英語教育が始まろうとしている昨今，本学における一貫英語教育もまだまだ始まったばかりではあるが，本学で英語を勉強した生徒が，英語が好きになり，自分のもっている創造力をおおいに発揮し，英語を使って少しでも社会に貢献できる人間に育ってくれることを心から願う。

小田 文信　　青山学院中等部教諭

2－3　第Ⅲ期

ここでは，4－4－4制に基づく一貫制英語教育を標榜する青山学院の独自英語教科書『SEED BOOKS』（全12巻）のうち，第Ⅲ期（中等部3年次～高等部3年次）で使用する4冊について，その構成と内容を紹介することを通して，第Ⅲ期でめざした英語教育の在り方について述べていく。

（1）『SEED』第Ⅲ期教科書の初期計画と現段階での構成案

『青山学院英語教育研究センター2004年度報告書』「Ⅳ　4－4－4制に基づく一貫制英語教育の提案」では，「第Ⅲ期では，BICSからCALPへの比重移動を行ない，最終的にはBICSとCALPの融合によるcommunicative competence（伝達能力）の育成を図りつつ，一貫制英語教育の最終目標とする」（木村松雄「4－4－4制に基づく一貫制英語教育構想及び今後の展望」78頁）としたうえで，より具体的な目的論・方法論・評価論を展開した。その詳しい内容をここに再録する紙幅はないが，この初期計画をふまえて，まず下記のように第Ⅲ期各学年の位置づけを定めた。

第Ⅲ期第1学年（中等部3年，以下Ⅲ－1）Start-up / Daily-use Level
第Ⅲ期第2学年（高等部1年，以下Ⅲ－2）Lower Intermediate Level
第Ⅲ期第3学年（高等部2年，以下Ⅲ－3）Higher Intermediate Level
第Ⅲ期第4学年（高等部3年，以下Ⅲ－4）Introductory Academic Level

中学３年次を，課程の終わりでなく，高度な知的言語使用の段階へのスタートアップとして位置づけることができるのは中高一貫校ならではのことである。そして大学進学を視野に入れつつ，アカデミックなレベルに対応できるだけの英語力を高校３年次には身につけることを目標として，その準備段階である高校１，２年では，中学から継続した文法シラバスを終了させ，さらには総合的な英語使用の練習を積み重ねる，というのが第Ⅲ期英語教育のおおまかな見取図であるといえよう。

また，こうした各学年の位置づけを技能分野などに反映させた，次のようなガイドラインが策定された。

① 四技能

① 読む：Ⅲ−１は日常的な言語使用場面を想定する。文体的にもなるべく早くからさまざまな文体に触れさせるように配慮する。ただし，１つの文章の長さやそこで用いられる語彙などについては，各段階の習熟度に配慮しつつ調整する。Ⅲ−２ではパラグラフ構成法についての理解を深める。Ⅲ−３には，十分な分量の英文を生徒自ら進んで読むことができるような環境を用意すると同時に，さまざまな読みの技法を統合的に身につけることをめざす。Ⅲ−４では，大学教育への導入（高大連携）を意識し，さまざまな学問領域に取材した英文を主要な教材とする。

② 書く：Ⅲ−１ではパラグラフの概念を身につけ，Ⅲ−２では主要なパラグラフ構成法を学ぶ。Ⅲ−３・４では議論や説得に必要な修辞的技法の基礎を随時導入していく。

③ 聞く：Ⅲ−１では日常的使用の場面を重視し，Ⅲ−２以降は，特定の情報を聞き取ったり，main idea を把握したりするスキルを磨く

④ 話す：Ⅲ−１は日常的使用場面を想定した発話に習熟することをめざす。Ⅲ−２では公的な場など，人前で話をする技法を学ぶ。Ⅲ−３ではさらに深くコミュニケーション方略を学び，Ⅲ−４ではこれまでに学んだ技法すべてを統合的することをめざす。

② 語彙の学習

Ⅲ－1：日常生活に密着した語彙に習熟すること

Ⅲ－2：語彙力増強のストラテジーに習熟すること（word parts と語源への配慮や，辞書使用の技術など）

Ⅲ－3：語彙力増強のストラテジーに習熟すること（mind map 方式を利用した方策など）

Ⅲ－4：さまざまな学問領域の初歩的な用語や，抽象的な議論を展開するのに必要な語彙などに習熟すること

③ 文法事項

Ⅲ－2（高等部1年）には，主要な文法項目の学習を終える。以降はすべての文法項目の総合的な復習と理解の深化をはかる（複数の文法項目が組み合わされた表現をスムーズに理解できるようにするなど）。

④ 場面シラバス・機能シラバス

上記「四技能」の「話す」の項で触れたとおり，基本的にはより日常的・具体的な場面から，より公共性と抽象度の高い場面と機能を想定する流れとする。また，各学年で例年行われている学校行事をふまえたトピックなどを取り込むことにより，生徒が自分たちの経験と英語学習とを自然に結びつけることができるよう配慮する。

⑤ 年間プロジェクト

当初，年間を通して，具体的な目標を抱いて学習を進められるよう，年間プロジェクトを設定することを企図していた。具体的には，朗読コンテストやスピーチコンテストなど，イベントを開催したり成果物をつくったりするかたちのプロジェクトである。『Book 9』では導入の実現はむずかしかったのだが，『Book 10』ではこのような考え方をある程度取り入れることができた。またそれが1冊丸ごとプロジェクト型教科書である『Book 11』の構想につながった面もある。年間・学期など長期的なプロジェクトを設定することは，英語を使うことを学習者に意識させるうえで有効ではないかというのが，今回編集にたずさわった中高の先生方と共有した考え方であった。

（2）学年ごとの教科書の内容

以下学年ごとに教科書の内容を紹介しつつ，その特色を述べていこう。

①『SEED BOOK 9』（中等部3年次）

第Ⅲ期の最初の教科書となる『BOOK 9』は，中等部3年生を対象とする教科書であるが，第Ⅲ期4年間をひとまとまりと考える立場から，実際の編集作業は，短大所属の松村をコンビーナーとしつつ，おもに高等部に所属する当センター運営委員を中心に進められた。一口に「編集」作業といっても，文法シラバスや語彙シラバスの作成，トピックの選定などから，リーディング用文章・リスニング教材のスクリプト・その他の課題の作成まで，多岐にわたる作業を含むと同時に，大量の文書作成を伴う作業である。歴代の高等部所属運営委員がそれぞれに苦心を重ねて，これにあたってきた。文法シラバスのうえでは，受動態・完了形・関係詞といった，生徒がつまずきやすいと思われる事項が含まれる。これらの事項については，『Book 8』までで重視されていた対話型のパターン・プラクティスを踏襲することにより，生徒たちが慣れ親しんだ方法で習熟できるよう配慮した。

ただ，当然ながら，『Book 8』までとは性質の異なる問題点も多々発生した。たとえば，現在完了形のような日本語にはない時制の感覚を，イラストを見ながらの構文練習で，どのように学ばせればよいのか。また，関係詞を用いた文章を，二人一組の会話で練習させるのは，かなり工夫しないと不自然な発話になりかねない。使える自然な英語に触れさせることと，構文パターンに習熟させることとの間の微妙なバランスに，つねに配慮する必要があった。

②『SEED BOOK 10』（高等部1・2年次）

基本的な構成としては，『Book 9』までに積み残した文法項目を取り上げて，第Ⅱ期から継続してきた文法シラバスを完成させることに主眼をおいた。

当然ながら，初等部・中等部と異なる高等部ならではの事情もあり，『Book 10』の制作にあたっては，それも考慮に入れることとなった。高等部の英語に独自教科書を導入するうえでとくに考慮しなければならなかったのが，第一に検定教科書との併用（使い分け）の問題であり，第二に英語授業をレベル別にクラス分けして実施している高等部の特殊事情であった。検定教科書との併用については，ある意味では，『SEED BOOKS』（全12巻）を利用して英語を学習してきた中等部からの内部進学者と高等部から入学した生徒との間の「ギャップ」（優劣というより，受けてきた英語教育の質的なちがい）をどう乗り越えるかという問題ともかかわっている。また，高等部では，海外帰国子女をはじめ，特に英語の堪能な生徒は特別なクラスで授業を行っている。これら2点については，結論としては，検定教科書との併用を前提として『Book 10』を制作することで対応した。具体的には，従来高等部で行ってきた英語の授業時間の一部で『SEED BOOKS』を用いること，そして『SEED BOOKS』に検定教科書では飽き足らない学力層の生徒を意識した発展課題（Project）を加えることとした。

各レッスンは，一貫した内容のリーディング素材をメインとしつつ，それを4つのパートに分け，各パートに関連する語彙学習・内容把握問題・発展学習，および文法や文型に関する学習事項（Focus on Forms）を添えるという構成をとっている。なお，『Book 10』では，これまでの巻よりイラスト数を大幅に減らしたり，背表紙の紙名等を書き込む欄の書体を変えたりしたほか，“Focus on Forms” のタイトル部には，文法項目の日本語訳をあえて添えるなど，細部にわたって生徒の年齢に配慮した変更が加えられている。

Lesson 1 “A Trip to Canada” は，2002年度より高等部で実施しているカナダホームステイプログラムの経験をふまえている。Lesson 2 “Relationships in Nature” は，科学系のトピックを盛り込んだもの。Lesson 3 “Helen Keller” は偉人伝であり，特にあまり知られていない日本とのかかわりにも触れた。Lesson 4 “Good-bye, Mr. Chips” は，いうまでもなく著名な文学作品の再話ではあるが，高等部が1995年から実施している英国リーススクールとの短期交換留学制度も念頭において英国パブリックスクール文化の紹介も意図されている。なお，巻末のリーディング素材は，2004年高等部在学生がライティング課題として書いた物語である。イラストは現役高等部生がこの教科書のために新たに描きおこした。

③『SEED BOOK 11』（高等部２・３年次）

『Book 11』の編集方針には大きな紆余曲折があった。中等部１年生用となる『Book 7』から高等部１年生用の『Book 10』までは，おおむね中高で学習すべき文法シラバスに則って構成されている。一方，『Book 12』が，高大連携を視野に入れて，大学各学部の授業内容をふまえた英語読み物となることは，早々に決まっていた。したがって，『Book 11』が「それまでに学習した事柄を復習しつつ，入門的な Academic English への準備となる」という役割を果たすべきことは明白だったのだが，では実際そこにどのような一貫性のある内容を具体的に盛り込むべきかについては，あまりにも漠然としていて，イメージがなかなかまとまらなかったのである。

あわせて高等部では，三段階の能力別クラス編成をとっていること，独自英語教科書作成後も検定教科書を併用しなければならないことなどの前提条件があった。当初われわれはこれらを制約，足かせととらえていたため，具体案の策定はいっそう困難であった。

結局，大きなヒントとなったのが，高等部の英語授業の実態に立ち戻ったことだった。高等部の英語の授業では，上述のとおり，帰国子女などへの対応として，３レベルにクラス分けして学習者レベルに合わせて授業内容を調整しつつ，原則として英語で授業を行っていること，また，教材は検定教科書に準拠しつつ，それとは別に，日本人教員・外国人教員とも，独自のプログラムを展開していることなどを聞いていた。特にこの独自プログラムが，生徒の英語使用を動機づけ，促していくうえで，大変すぐれたものであると，私のような「部外者」には強く感じられた。

ただそれらは，どうしてもアドホックに，個々の教員の努力で進められている感が否めなかった。もちろん，教員間での情報共有に向けた十分な努力はなされていたし，また，アドホックに教材を作成しているからこそ，時々の状況に応じた素材を用意できたというプラスの面もあっただろう。とはいえ，部外者の目には，それらの間に一定の体系性もみてとれ，いっそそれらを一冊の教科書にまとめてみたらどうかという考えに至った。つまり，従来高等部で実践されてきたさまざまな英語教育プログラムという「教育資産」を洗い出し，それらを精査した内容から生まれたのが『SEED BOOK 11』であった。結果として，画期的な高校英語教科書が完成したといえるだろう。身内贔屓をおそれずに言い換えれば，青山学院高等部で実践されていた英語教育がすでに先進的だったのであり，今回それが誰の目にも見えるようになったのである。

『SEED BOOK 11』の特徴は，個々の生徒のBasic Interpersonal Communication Skills（BICS）とCognitive Academic Language Proficiency（CALP）を融合することをめざした，タスク／プロジェクト主導型の英語教育実践を前提として構成されていることである。具体的には，① Writing，② Role Play/Discussion/Debate，③ Presentationという三部から成り，それぞれに必須な技法を概略した後，いくつかのProjectを生徒たちが実践するための手順を示している。ちなみに，巻頭には，これらのProjectを実践していくうえで，あらかじめ身につけてほしいスキルとして，Extensive Readingと図書館利用に関する一般的な指導を配した。

たとえば，第1部Writingでは，まずパラグラフの構成について説明した後で，“Book Report” “Opinion Essays” “Survey Report” “Fairy Tale” “Job Application” という5つのProjectsを設け，それぞれについて具体的な事例に沿って書き方，組み立て方を説明していき，自力で課題に取り組むことを促している。

なお，『Book 11』の冒頭に注記されているとおり，教科書内のそれぞれのプロジェクトは独立しており，また各プロジェクトの中でも，達成すべきレベルは，クラスの状況に応じて設定可能となるよう配慮されている。これは，青山学院高等部での使用状況に合致していると同時に，全国のさまざまな教育現場でそれぞれの実情に応じて使用されることも，念頭においた設計である。

生徒が自ら英語を使用する作業を前提とした，この発信型の英語教科書が，学院内外で今後どのように使用され，どのような学習効果をもたらしていくのか，大きな期待を込めて見守るとともに，客観的な調査・分析を進めていくことは，当センターの今後の課題の１つである。

④『SEED BOOK 12』（高等部３年次）

最終巻『SEED BOOK 12』は，本節執筆時には未刊であるため，詳述は避けたい。ただ，はっきりいえるのは，この教科書が，高大連携を念頭において青山学院大学各学部の協力を得ながら作成され，大学入学までに身につけてほしい英語力の水準を示しつつ，知っておいてほしい事柄，考えてほしい事柄を取り上げたリーディング素材を収録したものとなるということである。基本的には，青山学院大学の教員がそれぞれの学問分野の魅力を伝える内容の英文を執筆する。そしてそれを理解し，さらには生徒自身が発展的に関心を広めていくことを助けるような各種課題が付加されることになっている。なお，『Book 12』制作についてはその性質上，木村松雄センター所長が企画・調整にあたった。

（３）まとめ

本節をまとめるにあたり，自分がこれまで書いてきた年次報告を読み返して気づいたことは，毎年のようにいかに苦心したかという愚痴が多いこと，またそれと裏腹であるが，いっしょに作業した中等部・高等部の先生方や編集とデザインを担当した業者の皆さんへの感謝が必ず記されていることだった。苦労話も何かの参考になるかもしれないので，どんな点に困難があったのか，要点のみ書き残しておきたい。

第Ⅲ期ならではの困難さの原因となったのは，まさにその後発性であった。執筆が後から始まったために，当初の予定どおりに進まないことや，それ以前の巻で生じた変更の影響を強く受けたりすることが多々あった。より具体的にいえば，すでに準備していたリーディング素材が陳腐化してしまったために再度書き直さなければならなくなったケースや，前の巻に盛り込めなかった文法項目が順送りで第Ⅲ期にもち越しとなったため，文法シラバスを見直さなければならなかったケースなどである。念のため付け加えれば，一課分変更が生じれば，ヴォキャブラリーや例文のシチュエーションなど，他の課についても見直しや変更の必要が生じる。また，そのようにして古い要素と新しい要素が複雑に入り交じってしまったのを随時再整理する必要もあった。まさにスクラップ・アンド・ビルドの連続であった。とりわけ，寄稿していただきながら，さまざまな事情で掲載できないと判断せざるを得なくなることが幾度かあったのは，まことに忸怩たる思いであった。

過去はさておき，今後この第Ⅲ期の教科書は，またそれを用いた英語教育の在り方はどうなるだろうか。第Ⅱ期までの成果をふまえ，コミュニカティヴなアプローチを用いて文法・語彙等に習熟させる一方で，個々の生徒の知的関心を呼び覚ます，という基本的な方針は変える必要はないように思われる。もちろん，トピックや必要とされる語彙の範囲などの変化には対応しなければならない。語彙学習については，もう少し体系的なアプローチを加えてもよいだろう。とはいえ，目の前の生徒と向き合い，生徒一人ひとりの英語使用を促す授業を，引き続き展開していくことが肝要と思われる。昨今，急激な少子化に対応した新しい大学入試の在り方についての議論が進んでいるようであるが，その新しい入試の在り方のほうから青山学院高等部の教育実践のほうに近づいてくるのではないだろうか。

松村 伸一　　青山学院女子短期大学教授

3

SEED BOOK 完成に至るまでの道のり

—とくに教科書のトピック選定にあたって—

（1）中等部・高等部の連携と一貫制シラバス

1970年代の終わりから1980年代初頭にかけて，青山学院中等部と高等部の間で，両部の英語科間に教授法をめぐる相違が存在し，英語教育に関し必ずしも十分な成果が得られないという事態が生じていた。中等部では科全体で斬新なオーラル重視の授業に取り組み，アメリカの教科書を用いて，文法は教えず，訳読は行わず，パターンプラクティスなど口頭の練習を多く取り入れた授業を行っていたとのことである。その当時，高等部では，ネイティブスピーカー教員によるオーラルの授業が1年生で週1時間存在していたものの，日本人の先生による授業は訳読方式であり，文法用語を用いて日本語で解説を行っていた。高等部の側では中等部出身の生徒は高等部から入ってきた生徒に比べテストで点が採れていないと批判し，片や中等部の側では高等部の昔ながらの訳読方式の教授法を批判して，英語教授法をめぐって双方の英語科間に対立が生じていた。

1986年に中等部・高等部が合同して高中部となり，教科間で人事交流も行われるようになって，少しずつではあるが，双方の理解も進んで，高等部のほうからも中等部の方式を取り入れる方向性も出てきた。たとえば中等部では2クラスを3分割して少人数で英語を教えるという先駆的な取り組みを行っていたが，それを高等部も導入することにした。さらに日本人の授業も訳読一辺倒ではなく，徐々に授業の中で英語を用いるようになってきた。また，中等部でも文法の指導を中等部教師が独自に作成したプリントなどを用いて行うようになってきた。

1990年代初頭に，なんとか英語教育における一貫性を高めようという思いから，高中部長から中高一貫校で広く使われている『Progress in English』を使ったらどうかという提案が出されたことがあった。これに関しては両部の教員で検討した結果，受験校ではない青山学院には不向きであるとの結論になった。かくて『Progress in English』を使って中等部・高等部をつなげようという高中部長の思いは実現せず，表向きの組織は「高中部」として1つの学校になったものの，教員は中高それぞれの部署に所属し，人事交流も一部のみにとどまる状態となり，両部の英語科の交流もいわば「足踏み」状態となった。

そのようなとき，1995年であったが当時の深町青山学院院長の提案で，学院の一貫制英語教育について考える「英語教育検討委員会」が設立された。青山学院大学国際政治経済学部教授・本名信行先生を座長として，現英語教育研究センター所長の木村松雄先生らが最初からメンバーとして名前を連ね，高等部からは最初は故五十嵐元篤先生がメンバーとして出られ，間もなく筆者もそこに加わるようになった。初等部から大学に至るまでの各設置学校からそれぞれ委員がでて12名のメンバーで構成された組織としてスタートした。最初は各学校がどのような英語教育を行っているかの報告から始まり，やがてさまざまな英語教育に関する話題を共有した。検討委員会を通し，少なくともメンバーである中高の教員の間では，より密に英語教育について話し合う機会をもつことができるようになってきた。やがて一貫制英語教育をどのように実施していくか，具体的に話し合いがもたれるようになった。「検討委員会」は1999年に「英語教育研究センター」として青山学院の中に正式に位置づけられ，青山学院の初等部から大学に至るまでの英語教育の在り方の討議が行われるようになった。その中で検討されたのが「一貫制シラバス」であった。

同年11月に行われた青山学院英語教育研究センター主催シンポジウムでは，筆者がパネリストの一人として発表する機会が与えられた。そのときに一貫制のシラバス作成の取り組みにあたって述べたものを引用する。

「研究センターの大きなプロジェトの１つとして，一貫したシラバス，特に今考えているのは小・中・高の一貫したシラバス，何をどう教えるかという教授細目を作成していこうということが１つの課題となっています。

現場の，とくに小・中・高のセカンダリー教員がシラバス作成に深くかかわるということはあまりないと思いますし，私どもは経験がありませんので，まず，とっかかりとしては，基本的なことを学んでいこうということで，中・高の教員が夏休みにかけて勉強会をもち，『カウンシル・オブ・ヨーロッパ』（Council of Europe）という，これはヨーロッパの文化・教育などを考える機関ですが，それの出した『スレッシュホールド・レベル』（Threshold Level）というヨーロッパの成人の言語教育のために書かれた言語の機能及び概念別に組み立てられたシラバスを読み，それからあとは，シラバスのつくり方に関するテキストで，デイビッド・ヌナンという人の『シラバス・デザイン』という本の読書会を行いました。（中略）その中で１つ学んだことは，シラバスをつくっていくうえで，学習者や社会的要請といったことに関するニーズ・アナリシスが必要であるということでした。２年前に行われたシンポジウムの際に，木村松雄先生が本学院の生徒および他校の生徒に関して実施されたアンケートをもとに研究発表が行われましたが，その結果において，青山学院の生徒の英語学習の目的や期待するものが，他校，とくに公立の学校の生徒のそれとかなりちがった傾向を示しているということを述べられました。シラバスというものを作成するうえでも，その学校などの状況を正確に把握することが必要だということ，まず，このニーズ・アナリシスをやろうということになりました。」

この一貫したシラバス作成に向けての取り組みで，スレッシュホールド・レベルをどう用いるかということについては，結局結論のようなものは出なかったが，ニーズ・アナリシスを行うということ，そして同時に青山学院として「このような生徒を育てたい」という方向性との関連がなされなくてはならないということが確認された。さらにシンポジウムで，そのことを述べたので引用する。

「一貫したシラバス作成のうえで，私が１つ重要なこととして考えなければならないと思うことは，この青山学院の場合は，学校のキリスト教主義が，英語教育の目的と関係すると思うんですね。（中略）これはイギリスの応用言語学者ヘンリー・ウイドーソン（Henry Widdowson）という人が，その著書の *Aspects of Language Teaching* の中でいっていることなのですが，言語を用いてコミュニケーションを行ううえでの必要な知識として２つ，システミック・ノリッジ（Systemic Knowledge）とスキマティック・ノリッジ（Schematic Knowledge）というものがあるとしています。ウイドーソンによりますと，システミック・ノリッジというのは，その言語そのものの中にある，文法的・言語学的知識であるのに対して，スキマティック・ノリッジというのは英語で引用しますと“common shared experience and conventionally sanctioned reality”直訳すると，共有の経験と慣習的にその存在が認められている現実についての共通の知識と訳せるでしょうか。簡単にいえば，現実の世界に関する一般的知識ということだと思います。ある事柄に関して，学習者のスキマティック・ノリッジが大きければ，システミック・ノリッジ，（あるいは）文法的・語彙的な知識の不足があっても相手のメッセージの理解が可能ということにもなりますし，このスキマティック・ノリッジが足りない場合，つまり何かむずかしい，自分の経験とかけ離れた内容を話しているような場合は，そのシステミック・ノリッジ，言葉そのものに焦点を当てて，そこをよく考えてみる。そこに頼る部分が大きくなるというふうに述べるわけです。

ウイドーソンは，さらに，学習というのはこのシステミック・ノリッジを用いながら，スキマティック・ノリッジを拡張，変更していくプロセスであると述べます。そのことは，われわれが学習者のシステミック・ノリッジの育成，すなわち言語の学習を通し，どのようなスキマティック・

ノリッジをもつように教育を行っていくのか，ということが大きく問われる問題ではないかと思います。言い換えるなら，これは他の教科についてでも同様でしょうが，学習者に対して世界に対するどのような認識をもたせ，それによってこの世界とどうかかわれるか，どうコミュニケートできるようになることをめざすのかということを問うことから英語教育も出発しなければいけないのではないかと考えます。

キリスト教主義の理念との関係でいうならば，その教えの根本にある聖書の中で述べられている隣人愛という考えは，自分という枠組み，あるいは自分を取り巻く世界，文化といった枠組みから外に出て，まったくちがった人間とのかかわりをもとうという姿勢を表しているように思います。学習者が英語を学びながら外の世界への認識を広げ，最終的には具体的により広い世界とのかかわりをもち，主体的にこの世界に対して責任をもつようになることをめざして，他の教科や学校内のさまざまなプログラムとの関連も念頭において学習者の認識を外へ広げることのできるようなトピックをどう発達段階に応じてつみかさねていくべきかが，一貫教育における英語教育の1つの出発点として，考えていくべきことだと思います。」

（2）トピックの選定

ヘンリー・ウイドーソンのいうところのスキマティック・ノリッジに関し，学習者がどのようなそれを身につけたいと思っているか，そして，教師の側でどのようなことを生徒に身につけさせ，さらにどの分野のスキマティック・ノリッジを拡張していくべきと考えるかということに関し，2000年の6月にアンケート調査を実施した。これは図書館で用いている日本十進分類表をもとに文科省の検定教科書や市販の英語教材でトピックとしてよく用いられるものを当てはまる項目のもとに組み込み，さらに英語教育研究センターで検討したトピックを加えて117の項目に関し，それぞれ5段階のスケールで重要度を聞いてみた。

結果は表3.1のとおりであるが，青山学院中等部3年生，高等部1年生，

２年生，３年生それぞれ各学年75名から90名に対して，自分が英語を学ぶうえで授業で取り上げたら興味がわくテーマを５段階のスケールで，最大を５，最小を１としてつけるものであった。一方，教員の側は何を学ばせたいか，学ばせるべきかという観点でまったく同じ項目に同様に５段階のスケールで○をつけてもらった。中等部・高等部の英語科教員を中心に20名から回答を得た。結果は項目ごとにすべて足したものを100点満点のスケールで表した。

このときの結果であるが，「心理」「友人」「恋愛」「犯罪」といった項目が高い数値を表していた。それに続くのが「インターネット」「音楽」「旅行」「ポピュラーソング」「映画」「オリンピック」「買い物」「趣味」「職業」「テレビ」「アルバイト」「ファッション」「美容」といったところである。この調査では年齢に応じて一定の法則性が明らかになると期待していたものの，それはあまり見られなかった。一方，教員のほうは大体どの項目も全体的に高い数値を示しているが，特に生徒のものより大きく上回っているものとしては，「家族」「結婚」（このあたりは大人として生徒の将来のことを扱っておくべきという考えが現れているのであろうが）「キリスト教」（これは教員全体がクリスチャンではないものの，キリスト教主義の学校でそれを扱うべきであるという意志が現れていると考えられる），そして「世界史」「近現代史」「国際政治」「社会福祉」「マスコミ」「エネルギー問題」「環境問題」「人権」「差別」「貧富の格差」「海外援助」「その他の言語」「異文化間コミュニケーション」「言語と文化」「言語と社会」「学校教育」「学校生活」といった項目が高い数値を示したものであった。

このトピックに関する調査は2001年に項目を96に絞って中等部３年生と高等部１年生～３年生に実施し，さらには初等部の４年生～６年生の児童各学年120名に対し，平易な表現に変えて，さらに項目も67に絞ったものを実施した。またその２年後の2003年にも同じ調査を実施した。結果は表3.2のとおりである。2001年と2003年の調査において，中等部生，高等部生に関し，その結果には大きな経年的変化はみられなかった。しかし，2003年度の結果を横断的にみると大変興味深い傾向が浮かび上がってきた。上位項目，すな

表3.1　トピックに関するアンケート調査の集計結果（2000年度）

	中等部３年	高等部１年	高等部２年	高等部３年	教　員
Ⅰ　*人　間*	*60.7*	*64.2*	*64.4*	*60.4*	*70.2*
1　人体	51	53	51	56	59
2　心理	67	74	75	75	71
3　家族	59	61	61	61	78
4　友人	72	78	70	70	82
5　恋愛	67	78	73	72	75
6　結婚	58	68	66	63	71
7　性	56	61	63	61	67
8　健康	57	60	63	62	66
9　高齢化	51	46	56	44	65
10　死	69	63	66	40	68
Ⅱ　*哲学・宗教*	*41.8*	*37.7*	*42.3*	*40.7*	*53.7*
11　キリスト教	48	42	50	46	76
12　仏教	41	38	40	40	52
13　イスラム教	37	31	37	35	47
14　その他の宗教	37	36	38	37	43
15　東洋哲学	44	39	48	41	49
16　西洋哲学	44	40	41	45	55
Ⅲ　*歴　史*	*58.5*	*49.75*	*54.75*	*57.5*	*63.25*
17　日本の歴史	59	55	54	56	61
18　世界史	62	49	59	58	70
19　古代史	56	48	54	54	51
20　近現代史	57	47	52	62	71
Ⅳ　*地理・自然*	*61*	*52*	*58*	*61*	*63.5*
21　世界各地の自然	64	52	59	63	65
22　日本国内の自然	58	52	57	59	62
Ⅴ　*社会（科学）*	*59.7*	*52.2*	*54*	*58.6*	*65.3*
23　日本の政治	55	46	50	53	63
24　国際政治	60	52	57	63	72
25　経済	58	51	51	55	62
26　法	60	51	57	60	58
27　社会福祉	57	49	50	54	78
28　マスコミ	67	60	59	67	75
29　広告	65	55	56	63	62
30　交通	50	45	43	48	55
31　軍事・安全保障	52	47	48	54	63
32　宇宙開発	73	66	69	69	65
Ⅵ　*時事・社会問題*	*62.3*	*54.2*	*57.9*	*62.1*	*70.5*
33　民族対立	58	51	54	57	66
34　エネルギー問題	56	49	50	58	72
35　環境問題	64	56	61	68	83
36　人口爆発	56	50	54	58	65
37　犯罪	75	68	73	76	70

38 人権	60	54	59	59	72
39 差別	68	55	60	65	78
40 貧富の格差	61	53	53	69	75
41 AIDS	59	57	60	64	66
42 遺伝子操作	74	59	66	68	70
43 医療問題	67	58	57	64	68
44 失業	56	47	50	47	58
45 覚醒剤	61	53	62	59	65
46 海外援助	58	49	51	57	79
Ⅶ *自然科学*	*56.4*	*48.5*	*50.4*	*51.5*	*54.4*
47 物理	53	44	48	46	53
48 化学	58	44	49	44	53
49 生物	53	46	53	54	57
50 医学	62	56	56	60	64
51 薬学	65	49	53	53	48
52 天文学	61	55	54	59	56
53 地質学	48	44	45	43	47
54 気象	50	48	49	52	53
55 自然災害	61	49	54	58	60
56 海洋	54	47	46	50	53
57 数学	56	51	47	47	54
Ⅷ *技術・工学*	*67.2*	*57.6*	*62.4*	*61.8*	*63.2*
58 土木	44	41	46	40	45
59 建築	56	47	54	53	47
60 航空・宇宙	73	61	68	67	66
61 コンピューター	79	68	69	73	79
62 インターネット	84	71	75	76	79
Ⅸ *産業*	*45*	*38.5*	*40.25*	*40.5*	*52*
63 工業	43	37	40	39	52
64 農林水産業	43	38	39	40	52
65 製造業	44	39	39	39	49
66 各国の産業	50	40	43	44	55
Ⅹ *芸術*	*60.1*	*59*	*66*	*60.3*	*60.7*
67 絵画	63	59	70	62	62
68 彫刻	51	55	62	55	54
69 書道	46	43	51	47	53
70 演劇	61	58	65	61	61
71 写真	62	63	68	63	55
72 音楽	81	80	85	78	73
73 伝統芸能	57	55	61	56	67
Ⅺ *趣味・娯楽*	*67*	*66*	*70.4*	*70.4*	*64.2*
74 釣り	47	46	46	44	48
75 キャンプ	56	50	65	59	59
76 旅行	71	72	78	81	71
77 ポピュラーソング	77	79	80	81	71
78 映画	84	83	83	87	72

XII *スポーツ*	*54.8*	*51.8*	*55.1*	*54.8*	*54*
79 サッカー	67	59	63	67	61
80 プロ野球	64	62	55	63	61
81 相撲	40	41	44	46	55
82 ラグビー	45	46	50	47	53
83 登山	38	34	43	37	47
84 テニス	60	55	62	63	51
85 オリンピック	76	72	73	74	71
86 ゴルフ	47	40	45	45	48
87 自動車レース	45	42	47	41	46
88 スキー	61	61	61	61	50
89 その他	60	58	63	59	51
XIII *言語*	*59.1*	*57.6*	*60.9*	*65.6*	*76.7*
90 日本語	71	61	64	71	69
91 英語	69	69	72	72	78
92 その他の言語	63	63	64	65	71
93 異文化間コミュニケーション	60	58	63	67	89
94 言語と文化	50	51	56	63	82
95 言語と社会	48	49	53	60	81
96 言語学習	53	52	54	61	67
XIV *文学*	*55.75*	*50*	*54.25*	*55.75*	*57.25*
97 日本文学	59	52	57	56	52
98 外国文学	59	57	62	60	66
99 現代文学	60	50	57	60	63
100 古典	45	41	41	47	48
XV *生活*	*68.1*	*64.1*	*68.2*	*69.6*	*64.6*
101 住宅	60	56	62	60	59
102 買い物	74	69	74	73	65
103 趣味	82	74	73	78	74
104 地域	50	47	50	53	68
105 家事	59	54	58	59	60
106 料理	68	65	70	75	63
106 運転	62	61	63	65	53
108 子育て	60	60	66	68	62
109 職業	73	65	73	77	74
110 テレビ	76	71	72	74	72
111 アルバイト	80	69	71	75	66
112 ファッション	74	79	81	77	68
113 美容	67	70	74	71	59
XVI *教育*	*56.75*	*50.5*	*56.75*	*59.5*	*68.25*
114 学校教育	57	51	60	59	73
115 学習・勉強	52	47	52	57	66
116 受験	52	44	48	55	56
117 学校生活	66	60	67	67	78

表3.2 トピックに関する調査の集計結果（2003年度）

	小4	小5	小6	中1	中2	中3	高1	高2	高3
1	50. スキー 98	33. コンピューター 79	34. インターネット 78	4. 友人 62	65. 映画 70	65. 映画 66	65. 映画 77	65. 映画 78	65. 映画 84
2	33. コンピューター 95	34. インターネット 79	33. コンピューター 75	65. 映画 61	84. 趣味 61	84. 趣味 64	93. ファッション 71	93. ファッション 67	92. アルバイト 75
3	34. インターネット 93	43. 映画 77	43. 映画 75	91. テレビ 61	60. 音楽 60	60. 音楽 62	60. 音楽 70	2. 心理 65	64. ポピュラーソング 72
4	43. 映画 93	9. 神様のこと 67	64. テレビ 72	54. インターネット 58	64. ポピュラーソング 59	91. テレビ 61	84. 趣味 66	60. 音楽 65	84. 趣味 72
5	49. オリンピック 92	41. 旅行 65	41. 旅行 62	53. コンピューター 57	91. テレビ 58	92. アルバイト 61	92. アルバイト 66	91. テレビ 65	2. 心理 71
6	48. テニス 86	50. スキー 65	50. スキー 62	60. 音楽 57	92. アルバイト 58	90. 職業 60	91. テレビ 65	92. アルバイト 65	33. 犯罪 71
7	40. キャンプ 85	64. テレビ 64	60. 趣味 61	66. サッカー 57	4. 友人 57	4. 友人 58	64. ポピュラーソング 64	64. ポピュラーソング 64	63. 旅行 71
8	41. 旅行 84	13. 自然 59	42. 流行歌 60	63. 旅行 56	63. 旅行 57	64. ポピュラーソング 57	90. 職業 64	5. 恋愛 63	83. 買い物 71
9	18. 宇宙旅行 83	18. 宇宙旅行 59	49. オリンピック 58	70. オリンピック 56	70. オリンピック 57	93. ファッション 57	2. 心理 63	33. 犯罪 63	93. ファッション 71
10	28. 星 81	49. オリンピック 59	40. キャンプ 57	71. スキー 55	2. 心理 56	54. インターネット 56	63. 旅行 63	94. 美容 63	5. 恋愛 69
11	30. 海洋 79	30. 海洋 58	16. 法律 56	84. 趣味 55	33. 犯罪 56	5. 恋愛 55	74. 英語 61	22. 法 61	70. オリンピック 69
12	9. 神様のこと 77	40. キャンプ 58	18. 宇宙旅行 55	69. テニス 54	45. 生物 56	70. オリンピック 55	83. 買い物 61	84. 趣味 61	90. 職業 68
13	13. 自然 76	48. テニス 58	48. テニス 55	8. 健康 53	73. 日本語 56	2. 心理 54	4. 友人 60	87. 料理 61	60. 音楽 66
14	27. 理科 76	4. 友達 57	51. その他のスポーツ 54	90. 職業 53	74. 英語 56	63. 旅行 54	87. 料理 60	4. 友人 60	74. 英語 65
15	29. 天気 76	28. 星 57	62. 料理 51	95. 学習・勉強 53	46. 医学・薬学 55	33. 犯罪 53	94. 美容 60	10. 死 60	94. 美容 65
16	42. 流行歌 75	51. その他のスポーツ 57	4. 友達 50	28. 宇宙開発 51	90. 職業 55	53. コンピューター 53	33. 犯罪 59	70. オリンピック 60	10. 死 64
17	35. 絵画 74	12. 世界の歴史 56	13. 自然 50	74. 英語 51	14. 世界史 54	74. 英語 53	70. オリンピック 58	63. 旅行 59	35. 差別 64
18	44. サッカー 74	27. 理科 54	30. 海洋 50	83. 買い物 51	53. コンピューター 54	14. 世界史 52	5. 恋愛 57	90. 職業 59	66. サッカー 64
19	64. テレビ 74	29. 天気 52	38. 写真 50	92. アルバイト 50	22. 法 53	94. 美容 52	75. その他の言語 57	66. サッカー 58	76. 異文化間コミュニケーション 64
20	26. 海外援助 71	23. 貧困 51	44. サッカー 50	72. その他のスポーツ 49	28. 宇宙開発 53	10. 死 51	52. 航空・宇宙 56	95. 学習・勉強 58	24. マスコミ 63
21	37. 劇 70	42. 流行歌 51	12. 世界の歴史 49	93. ファッション 49	54. インターネット 53	31. 環境問題 51	28. 宇宙開発 55	35. 差別 57	25. 広告 63
22	39. 音楽 70	15. お金の働き 50	15. お金の働き 48	3. 家族 48	66. サッカー 53	71. スキー 51	46. 医学・薬学 55	28. 宇宙開発 55	91. テレビ 63
23	4. 友達 68	22. 犯罪 50	28. 星 47	87. 料理 48	83. 買い物 53	89. 子育て 51	66. サッカー 55	20. 国際政治 54	6. 結婚 62
24	36. 彫刻 68	39. 音楽 50	39. 音楽 47	10. 死 47	87. 料理 53	95. 学習・勉強 51	72. その他のスポーツ 55	24. マスコミ 54	87. 料理 62
25	38. 写真 68	62. 料理 50	59. 買い物 47	73. 日本語 47	93. ファッション 52	28. 宇宙開発 50	95. 学習・勉強 55	41. 覚醒剤 54	4. 友人 61
26	12. 世界の歴史 67	3. 家族 48	9. 神様のこと 46	88. 運転 47	34. 人権 51	35. 差別 50	54. インターネット 54	72. その他のスポーツ 54	54. インターネット 61
27	23. 貧困 67	19. 国際紛争 48	53. 英語 46	94. 美容 47	39. 医療問題 51	83. 買い物 50	8. 健康 53	74. 英語 54	72. その他のスポーツ 61
28	45. プロ野球 67	24. エイズ 48	54. その他の言語 45	33. 犯罪 46	67. プロ野球 51	34. 人権 49	24. マスコミ 53	83. 買い物 54	22. 法 60
29	60. 趣味 67	35. 絵画 48	65. ファッション 44	39. 医療問題 46	69. テニス 51	52. 航空・宇宙 49	47. 天文・地質学 53	6. 結婚 53	75. その他の言語 60
30	15. お金の働き 66	60. 趣味 48	19. 国際紛争 43	67. プロ野球 46	80. 外国文学 51	73. 日本語 49	73. 日本語 53	37. AIDS 53	89. 子育て 60
31	62. 料理 66	16. 法律 47	45. プロ野球 41	96. 学校生活 46	8. 健康 50	8. 健康 48	76. 異文化間コミュニケーション 53	54. インターネット 53	34. 人権 59
32	51. その他のスポーツ 64	26. 海外援助 47	22. 犯罪 40	14. 世界史 45	75. その他の言語 50	69. テニス 48	14. 世界史 52	59. 写真 53	20. 国際政治 58
33	16. 法律 63	59. 買い物 47	52. 日本語 40	46. 医学・薬学 45	76. 異文化間コミュニケーション 50	3. 家族 47	25. 広告 52	75. その他の言語 53	53. コンピューター 58
34	53. 英語 61	38. 写真 45	63. 仕事(職業) 40	52. 航空・宇宙 45	86. 家事 50	15. 古代史 47	10. 死 51	76. 異文化間コミュニケーション 53	28. 宇宙開発 57
35	11. 日本の歴史 60	44. サッカー 45	3. 家族 37	75. その他の言語 45	16. 近現代史 49	20. 国際政治 47	22. 法 51	88. 運転 53	73. 日本語 57
36	17. 乗り物 59	54. その他の言語 45	29. 天気 37	82. 住宅 45	35. 差別 49	72. その他のスポーツ 47	58. 演劇 50	8. 健康 52	77. 言語と文化・社会 56
37	31. 算数 59	11. 日本の歴史 44	57. 外国文学 37	2. 心理 44	47. 天文・地質学 49	75. その他の言語 47	81. 現代文学 50	21. 経済 52	8. 健康 55
38	54. その他の言語 59	53. 英語 44	23. 貧困 36	5. 恋愛 44	52. 航空・宇宙 49	80. 外国文学 47	35. 差別 49	34. 人権 52	14. 世界史 55
39	8. 健康 58	8. 健康 43	26. 海外援助 36	17. 世界各地の自然 44	56. 絵画 49	87. 料理 47	45. 生物 49	38. 遺伝子操作 51	67. プロ野球 55
40	59. 買い物 58	57. 外国文学 43	35. 絵画 36	62. キャンプ 44	71. スキー 49	16. 近現代史 46	53. コンピューター 49	25. 広告 50	80. 外国文学 54
41	3. 家族 57	37. 劇 42	8. 健康 35	64. ポピュラーソング 44	72. その他のスポーツ 49	56. 絵画 46	59. 写真 49	39. 医療問題 50	95. 学習・勉強 54
42	57. 外国文学 57	17. 乗り物 41	11. 日本の歴史 35	16. 近現代史 42	94. 美容 49	59. 写真 46	80. 外国文学 49	3. 家族 49	13. 日本の歴史 53
43	19. 国際紛争 56	20. 公害 41	25. 病気 35	18. 日本国内の自然 42	95. 学習・勉強 49	66. サッカー 46	3. 家族 48	14. 世界史 49	29. 民族対立 53
44	25. 病気 56	21. 差別 41	37. 劇 35	31. 環境問題 42	3. 家族 48	13. 日本の歴史 45	6. 結婚 48	16. 近現代史 49	82. 住宅 53
45	32. 建築 56	58. 家庭 41	14. 政治 34	81. 現代文学 42	5. 恋愛 48	17. 世界各地の自然 45	20. 国際政治 48	27. 軍事・安全保障 49	36. 貧富の格差 52
46	56. 日本文学 56	61. 家庭の仕事 41	24. エイズ 34	13. 日本の歴史 41	13. 日本の歴史 48	29. 民族対立 45	67. プロ野球 47	36. 貧富の格差 49	37. AIDS 52

47	24.エイズ 55	25.病気 40	47.ラグビー 34	35.差別 41	17.世界各地の自然 48	46.医学・薬学 45	89.子育て 47	52.航空・宇宙 49	52.航空・宇宙 52
48	47.ラグビー 55	36.彫刻 39	21.差別 33	44.化学 41	31.環境問題 48	61.伝統芸能 45	16.近現代史 46	53.コンピューター 49	58.演劇 52
49	46.相撲 52	45.プロ野球 39	36.彫刻 33	45.生物 41	81.現代文学 48	76.異文化間コミュニケーション 45	39.医療問題 46	73.日本語 49	21.経済 51
50	22.犯罪 51	63.仕事(職業) 39	17.乗り物 32	50.海洋 41	88.運転 48	81.現代文学 45	71.スキー 46	78.言語学習 49	46.医学・薬学 51
51	66.学校 51	66.学校 39	27.理科 31	51.数学 41	20.国際政治 47	6.結婚 44	77.言語と文化・社会 46	89.子育て 49	59.写真 51
52	52.日本語 50	52.日本語 38	58.家庭 31	59.写真 41	41.覚醒剤 47	22.法 44	78.言語学習 46	29.民族対立 48	81.現代文学 51
53	58.家庭 50	65.ファッション 38	66.学校 29	19.日本の政治 40	43.物理 47	27.軍事・安全保障 44	79.日本文学 46	42.海外援助 48	88.運転 51
54	63.仕事(職業) 50	10.仏様のこと 33	10.仏様のこと 28	22.法 40	44.化学 47	32.人口爆発 44	82.住宅 46	67.プロ野球 48	7.性 50
55	21.差別 48	47.ラグビー 33	20.公害 27	24.マスコミ 40	50.海洋 47	42.海外援助 44	38.遺伝子操作 45	69.テニス 48	19.日本の政治 50
56	61.家庭の仕事 48	2.心 32	32.建築 27	27.軍事・安全保障 40	59.写真 47	47.天文・地質学 44	48.気象 45	96.学校生活 48	31.環境問題 50
57	20.公害 47	14.政治 32	55.言語学習 26	36.貧富の格差 40	61.伝統芸能 47	78.言語学習 44	49.自然災害 45	7.性 47	38.遺伝子操作 50
58	67.勉強 46	31.算数 32	56.日本文学 26	80.外国文学 40	96.学校生活 47	96.学校生活 44	13.日本の歴史 44	56.絵画 47	39.医療問題 50
59	55.言語学習 45	32.建築 32	2.心 24	34.人権 39	38.遺伝子操作 46	18.日本国内の自然 43	17.世界各地の自然 44	58.演劇 47	61.伝統芸能 50
60	65.ファッション 45	56.日本文学 32	46.相撲 24	40.失業 39	49.自然災害 46	21.経済 43	36.貧富の格差 44	71.スキー 47	69.テニス 50
61	10.仏様のこと 44	55.言語学習 31	61.家庭の仕事 24	49.自然災害 39	79.日本文学 46	24.マスコミ 43	56.絵画 44	12.哲学 46	78.言語学習 50
62	14.政治 44	67.勉強 31	31.算数 23	78.言語学習 39	82.住宅 46	36.貧富の格差 43	69.テニス 44	31.環境問題 46	71.スキー 49
63	7.男女の違い 40	46.相撲 25	67.勉強 21	86.家事 39	85.地域 46	38.遺伝子操作 43	34.人権 43	46.医学・薬学 46	3.家族 48
64	2.心 39	1.人間のからだ 24	5.好きな子 18	9.高齢化 38	15.古代史 45	39.医療問題 43	86.家事 43	77.言語と文化・社会 46	12.哲学 48
65	5.好きな子 37	5.好きな子 20	1.人間のからだ 15	20.国際政治 38	18.日本国内の自然 45	44.化学 43	88.運転 43	81.現代文学 46	23.社会福祉 48
66	1.人間のからだ 34	7.男女の違い 16	6.結婚 11	21.経済 38	21.経済 45	62.キャンプ 43	12.哲学 42	13.日本の歴史 44	41.覚醒剤 48
67	6.結婚 25	6.結婚 15	7.男女の違い 8	58.演劇 38	48.気象 45	25.広告 42	18.日本国内の自然 42	17.世界各地の自然 44	45.生物 48
68				42.海外援助 37	58.演劇 45	30.エネルギー問題 42	31.環境問題 42	19.日本の政治 44	56.絵画 48
69				47.天文・地質学 37	62.キャンプ 45	51.数学 42	96.学校生活 42	61.伝統芸能 44	1.人体 47
70				79.日本文学 37	30.エネルギー問題 44	58.演劇 42	42.海外援助 41	80.外国文学 44	17.世界各地の自然 47
71				25.広告 36	32.人口爆発 44	19.日本の政治 41	21.経済 40	23.社会福祉 43	86.家事 47
72				38.遺伝子操作 36	37.AIDS 44	57.彫刻 41	29.民族対立 40	32.人口爆発 43	16.近現代史 46
73				56.絵画 36	10.死 43	67.プロ野球 41	50.海洋 40	82.住宅 43	32.人口爆発 46
74				61.伝統芸能 36	19.日本の政治 43	77.言語と文化・社会 41	61.伝統芸能 40	47.天文・地質学 42	42.海外援助 46
75				76.異文化間コミュニケーション 36	24.マスコミ 43	86.家事 41	37.AIDS 39	57.彫刻 42	49.自然災害 45
76				85.地域 36	27.軍事・安全保障 43	7.性 40	7.性 38	79.日本文学 42	79.日本文学 45
77				43.物理 35	29.民族対立 43	11.キリスト教 40	19.日本の政治 38	86.家事 42	15.古代史 44
78				48.気象 35	36.貧富の格差 43	23.社会福祉 40	41.覚醒剤 38	1.人体 41	30.エネルギー問題 44
79				77.言語と文化・社会 35	42.海外援助 43	37.AIDS 40	43.物理 38	30.エネルギー問題 41	85.地域 44
80				89.子育て 35	77.言語と文化・社会 43	40.失業 40	62.キャンプ 38	48.気象 41	47.天文・地質学 43
81				15.古代史 34	40.失業 40	43.物理 40	1.人体 37	49.自然災害 41	96.学校生活 42
82				26.交通 34	51.数学 40	48.気象 40	23.社会福祉 37	85.地域 41	18.日本国内の自然 41
83				29.民族対立 34	89.子育て 40	50.海洋 40	15.古代史 36	18.日本国内の自然 40	27.軍事・安全保障 40
84				30.エネルギー問題 34	9.高齢化 39	79.日本文学 40	44.化学 36	45.生物 40	57.彫刻 40
85				23.社会福祉 33	78.言語学習 39	82.住宅 40	51.数学 36	50.海洋 40	9.高齢化 39
86				41.覚醒剤 33	1.人体 38	12.哲学 39	27.軍事・安全保障 35	15.古代史 38	40.失業 39
87				57.彫刻 33	6.結婚 38	45.生物 39	40.失業 35	9.高齢化 37	50.海洋 39
88				11.キリスト教 32	55.各国の産業 38	49.自然災害 39	57.彫刻 35	26.交通 37	62.キャンプ 39
89				37.AIDS 32	23.社会福祉 37	85.地域 39	30.エネルギー問題 34	40.失業 37	26.交通 35
90				6.結婚 30	25.広告 37	41.覚醒剤 38	32.人口爆発 33	55.各国の産業 37	68.相撲 34
91				12.哲学 30	57.彫刻 37	26.交通 37	55.各国の産業 33	62.キャンプ 37	48.気象 33
92				32.人口爆発 30	12.哲学 35	1.人体 36	85.地域 33	44.化学 33	55.各国の産業 33
93				68.相撲 29	7.性 34	9.高齢化 36	26.交通 32	51.数学 32	44.化学 31
94				7.性 28	26.交通 34	55.各国の産業 36	9.高齢化 28	43.物理 31	43.物理 30
95				55.各国の産業 27	68.相撲 32	68.相撲 28	11.キリスト教 27	11.キリスト教 24	51.数学 30
96				1.人体 25	11.キリスト教 28	88.運転 18	68.相撲 18	68.相撲 23	11.キリスト教 29

わち多くの児童が大事に思うと選んだものが初等部から中等部に上がる時点で大きく変化して，半数近い項目が上位から姿を消していたということである。さらに年齢が上がるにつれて，上位にあった項目は下位に移動し，最終的に高等部３年生では上位50の中に初等部４年で上位15番以内にあった項目は６つしか残らなくなっていた。初等部生が選んだトピックはいわば「外側」に目が向けられているのに対し，中等部２年から高等部３年にかけての生徒は自分自身および自分のすぐ周りの世界に目が向けられているのがわかった。この結果の解釈としては，１つには自我の芽生えと共に自己というものに感心をもつようになることの表れといえるかもしれない。「心理」「ファッション」「恋愛」といった項目が，年齢が上がるにつれて高い位置にくるのはその表れといえると考えられる。調査の結果，生徒の関心をより重視することが確認された。

特に小学校４年以降において，各学年でのテキストのトピック選定にあたっては，この調査結果を考慮するという作業がなされた。教師の側で教えるべきと考えるもの，また文法項目との関連などの要素も取り入れつつ，そして初等部・中等部・高等部で行っている行事と関連づけつつ，さらには発達段階に応じてBICS（Basic Interpersonal Communication Skills）からCALP（Cognitive Academic Language Proficiency）の育成にウエイトを移行することを考慮したうえ，生徒が関心をもっていると考えられる調査結果の数値が比較的高いものの中から，全体のバランスなども考えて選ぶようにされた。たとえば，初等部の『Books ５，６』では，海洋，宇宙，キャンプ，映画，テレビといったテーマ，中等部の『Books ７，８，９』では友人，健康，音楽，職業，ファッションなどといったものを取り上げた。また，初等部，中等部から高等部までのどの段階においても生徒の関心の高いテーマとして「旅行」というものがあったが，初等部では，オーストラリアホームステイ，フィリピン訪問プログラムがあり，中等部では沖縄に修学旅行に行き，また高等部では夏休みにカナダのホームステイプログラムを実施しているということから，それらに関連したレッスンを作成した。さらに実際のテキストの執筆の際は，それを担当する教員（初等部・中等部・高等部・短大・大学の現場で働いている教員）ができる可能な内容ということで作業が進められた。結果としてでき上がったトピックは以下のとおりである（初等部4年生以降）。

■ SEED BOOK 4

1. Chores Are Fun
2. At the School Fair
3. Camping
4. Think about Our Planet
5. After School Activities
6. The Book Report

■ SEED BOOK 5

1. A New Friend in America
2. Travel in Space
3. The Aquarium is Fun
4. Friends on the Soccer Field
5. I Like Australia
6. Let's Get Together

■ SEED BOOK 6

1. Our Friends in the Philippines
2. I Like Watching TV
3. The Weekend
4. The Movies
5. What's Your Favorite Sport?

■ SEED BOOK 7

1. We're friends!
2. What Are You Doing Right Now?
3. Health
4. Around School
5. Family Rules
6. Shopping
7. World Heritage Site
8. What Did You Do in Singapore?

■ SEED BOOK 8

1. What Were You Doing?
2. Our Future
3. The Environment
4. Jobs
5. Energy
6. Guide Dogs
7. Challenge Yourself — The Life of Hoshino Nichio
8. Australia
9. China Town

■ SEED BOOK 9

1. Okinawa
2. Renewable Energy
3. Hong Kong
4. Fashion
5. "I Have a Dream" – Martin Luther King —
6. Inventions
7. The Beatles
8. Jobs
9. Memory

■ SEED BOOK 10

1. A Trip to Canada
2. Relationships in Nature
3. Hellen Keller
4. Good-bye, Mr. Chips

Reading

5. The Picture of Pegasus

■ SEED BOOK 11（プロジェクト集）

Part 1 Writing

1. Writing a Book Report
2. Opinion Essays
3. Survey Report
4. Creating and Presenting a Fairy Tale
5. Job Application

Part 2 Role Play/Discussion/Debate

1. Role Play
2. Discussion
3. Debate

Part 3 Presentation

1. Icebreaker — Introduce Your Partner to the Class
2. Recitation Contest
3. My Hero/Heroine
4. Introduce Your Culture
5. Global Issues

■ SEED BOOK 12

1. Christian Education for the 21st Century
2. Globalized Society and the World Wide Web
3. Glen Gould, Music and Media
4. Learning Law in the Globalizing World
5. What is Economic Analysis?
6. Genes and Environment: nature and nurture in biological terms
7. The Role of Technology
8. International Cooperation

高等部段階では，文部科学省のテキストを全員買わせるためにそれとの併用ということも行わなくてはならないという英語科の方針であったので，高校1年生の『Book 10』では限定された範囲の内容となった。また，高校2年生の『Book 11』ではReading主体のテキストではなく，これまで高等部の授業で実践されてきたプロジェクトをまとめたものとなった。そして高等部3年生の『Book 12』はリーディングのテキストであるが，大学のさまざまな学部の教授の方々に，それぞれの学問分野の紹介，あるいはその分野におけるテーマについて執筆していただいた。このテキストを使うことで，高等部生徒は，高校の段階である程度大学で学ぶ内容の知識を「先取り」することができ，またこれが高大連携の取り組みの出発点の1つとすることができることを目論んだ。

現場の教師が大きくかかわった「手づくり」のこの教科書がどのような実りをもたらすか今後その成果を十分検証し，今後より望ましいものへと改訂を重ねていけるよう研究を継続していくことが望まれる。

（3）おわりに

19世紀に生きたデンマークのキリスト者の哲学者キルケゴールは，真理は人間の外から与えられるのではなく「人間の内側にある」と述べている。この見方は，おそらく現代の世界の教育の方向性にある意味大きく影響を与えているものであろう。すなわち，教育というものにおいて教師は真っ白な白紙状態にある子どもに大人の側で知識与えて「書き入れる」ように教え込み，どれだけ多量の知識を効率よく覚えさせるかということをめざすのではなく，学習者である児童・生徒，あるいは学生一人ひとりの個としての存在を大事にし，そちらの側をむしろ主体として，もっているものを引き出すのがその役割である，という考え方である。同時に，それに加えて教師も，児童・生徒，学生との相互作用によって内側にある「真理」が引き出されて，「出会い」の中で，双方が共に「育っていく」のが現代の教育のあるべき姿ではないかと私は考える。英語教育の教材作成にあたっても，学習者と教師が内側に「何をもっているのか」「何を望んでいるのか」「どのような文化的コンテキストにあり，どのような生活を送っているのか」を知ることが必要で，そのような面を考慮したのがこの『SEED BOOKS』（全12巻）であったと考える。

西川 良三　　青山学院高等部教諭

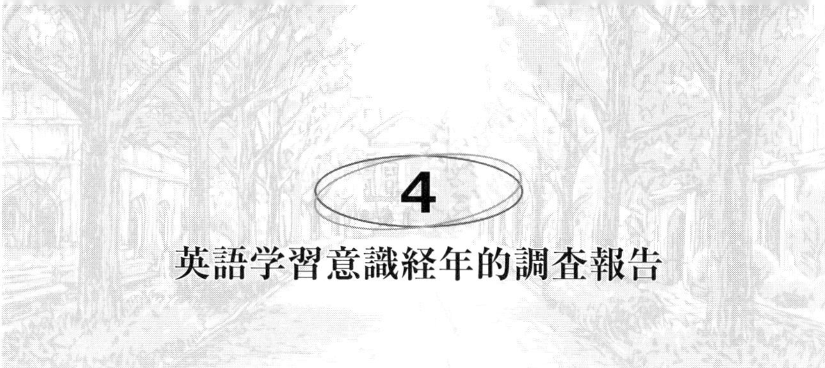

4

英語学習意識経年的調査報告

■はじめに

神奈川県藤沢市では，市内の中学生を対象に定期的に学習を含む生活意識調査を実施している。これにならい，青山学院英語教育研究センターでは，2000年度より，３年間隔で，４−４−４一貫制英語教育の対象となる初等部・中等部・高等部の全生徒を対象に，同一質問項目による英語学習の意識と生徒が用いる学習方略に関する調査分析を行い，一貫制英語教育を受ける学習者の英語学習の意識と学習方略の変化を追っている。研究当初の命題は，以下のとおりであった。

① 出身と学年により学習意識に変動が見られるか。
② 一貫教育の程度（出身）により学習意識に変動が見られるか。
③ 生徒のビリーフ（beliefs）と教師のビリーフに差は見られるか。
④ 出身により学習方略の使用に変動が見られるか。
⑤ 出身と性別により学習方略の使用に変動が見られるか。
⑥ 青山学院高等部生と一般校生徒との間で学習方略の使用に変動があるか。
⑦ 出身と学年により英語力は変動するか。
⑧ 内部進学者の出身による英語力の変動はあるか。
⑨ 学習意識により英語力は変動するか。
⑩ 学習意識と出身により英語力は変動するか。
⑪ 学習方略の使用程度，出身・性別により英語力は変動するか。

以下は，2012年度に行った「英語学習経年的意識調査」の報告（「青山学院英語教育研究センター2013年度研究活動報告書」：発表済）に加筆・修正を施したものである。

4－1　被調査者

2000，2003，2006，2009年度に引き続き，2012年度に，青山学院初等部，中等部，高等部の児童・生徒を対象に英語学習の意識および使用方略に関する調査を行った。有効回答の得られた対象者数を表5.1に示す。なお，全質問項目への回答のうち90% 以上が同一の者（たとえばすべての項目に４と回答する），記入漏れ・欠損値が４箇所以上ある者，２つの調査への回答がそろっていない者は対象から外した。

分析にあたっては，４－４－４制の学齢区分を採用し，［小学１年生～小学４年生］［小学５年生～中学２年生］［中学３年生～高校３年生］それぞれを１つの区分としたが，［小学１年生～小学４年生］に対しては本調査を実施していないため，学齢区分の比較は［小学５年生～中学２年生］と［中学３年生～高校３年生］との間で行った。

また，児童・生徒がこの間に青山学院の英語教育を経験していく中で，学習意識や学習方略がどのように変化してきたかを検討するのだが，これらは３年間隔の調査なので同一児童・生徒が複数の測定に参加していることになる。たとえば，2000年度の中学１～３年生は，2003年度には高校１～３年生となっている。厳密にいえば，対応のあるデータが一部含まれている。しかし，進学時には内部だけではなく外部からの入学者もおり，また調査実施にあたっては個人を特定してデータを対応づけていないため，測定年度間の相違を検討する際には，便宜的に独立標本としての検定を施すこととする。

4－2　調査項目

（1）学習意識

学習意識を調べるために用意した質問項目は，表4.2の全部で50問であっ

表4.1　調査対象者

学　年	2000年度			2003年度			2006年度		
	男子	女子	総和	男子	女子	総和	男子	女子	総和
初等部５年生	—	—	—	—	—	—	57	53	110
初等部６年生	—	—	—	—	—	—	56	58	114
中等部１年生	125	128	253	136	135	271	134	131	265
中等部２年生	129	136	265	133	131	264	120	129	249
中等部３年生	127	132	259	132	131	263	125	131	256
高等部１年生	191	227	418	137	179	316	90	139	229
高等部２年生	185	237	422	184	202	386	138	193	331
高等部３年生	148	211	359	67	118	185	126	115	241
総和	905	1071	1976	789	896	1685	846	949	1795

学　年	2009年度			2012年度		
	男子	女子	総和	男子	女子	総和
初等部５年生	58	54	112	61	58	119
初等部６年生	56	60	116	56	56	112
中等部１年生	134	136	270	122	122	244
中等部２年生	131	130	261	122	125	247
中等部３年生	127	131	258	135	131	266
高等部１年生	79	88	167	107	126	233
高等部２年生	79	100	179	97	80	177
高等部３年生	86	76	162	152	176	328
総和	750	775	1525	852	874	1726

表4.2　学習意識を調べるために用意した質問項目

1. 英語の本，雑誌，新聞などを読む力を伸ばしたいと思う。
2. 英語で手紙やＥメールなどを書く力を伸ばしたいと思う。
3. 外国の人と英語で話す力を伸ばしたいと想う。
4. ラジオ，テレビまた映画の英語を聞く力を伸ばしたいと思う。
5. 受験に必要な英語力を伸ばしたいと思う。

---

6. 海外旅行のために英語学習は必要だと思う。
7. 将来の留学のために英語学習は必要だと思う。
8. アメリカ，カナダ，イギリス，オーストラリアの人々とコミュニケーションをとるために英語学習は必要だと思う。

9. アメリカ，カナダ，イギリス，オーストラリア以外の人々とコミュニケーションをとるために英語学習は必要だと思う。
10. 将来の仕事のために英語学習は必要だと思う。
11. 受験や進学のために英語学習は必要だと思う。
12. 学校の授業にあるから英語学習は必要だと思う。
13. インターネットで情報を得るために英語学習は必要だと思う。
14. 外国の映画を見たり，歌を歌ったりするために英語学習は必要だと思う。
15. 外国人の友達を作るために英語学習は必要だと思う。

16. 授業が楽しいから英語の学習は好きである。
17. 授業が分かるから英語の学習は好きである。
18. 英語自体が好きだから英語の学習は好きである。
19. 将来役立つと思うから英語の学習は好きである。
20. 外国人の先生とコミュニケーションがとれるから英語の学習は好きである。
21. 先生が好きだから英語の学習は好きである。

22. 一人で英語を学習するのが好きである。
23. ペアで英語を学習するのが好きである。
24. 小さな数人のグループで英語を学習するのが好きである。
25. クラス全員で英語を学習するのが好きである。
26. 学校以外で英語を学習するのが好きである。

27. CD，MD やカセットテープを使って英語を学習したいと思う。
28. テレビやラジオの放送を使って英語を学習したいと思う。
29. 教科書を使って英語を学習したいと思う。
30. 外国の人と英語で話しながら学習したいと思う。
31. 進学塾で英語を学習したいと思う。
32. 英会話スクールで英語を学習したいと思う。
33. 留学して外国で英語を学習したいと思う。
34. 英語以外の教科を英語で学習してみたいと思う。
35. パソコンを使って英語を学習したいと思う。
36. 親類，知人，家庭教師に教えてもらいながら英語を学習したいと思う。

37. 学校の授業では英語を読む力をつけさせてもらいたい。
38. 学校の授業では英語を書く力をつけさせてもらいたい。
39. 学校の授業では英語を話す力をつけさせてもらいたい。
40. 学校の授業では英語を聞く力をつけさせてもらいたい。

41. 授業で発音練習は大切である。
42. 授業で新しく習う項目の説明は大切である。
43. 授業で会話の練習は大切である。
44. 授業で間違えたところの訂正は大切である。
45. 授業で語いを増やすことは大切である。
46. 授業で CD やカセットテープを聞いたり使ったりすることは大切である。
47. 授業で生徒自身が間違いを発見することは大切である。
48. 授業で写真，ビデオ，映画などを使うことは大切である。
49. 授業中ペアで活動することは大切である。
50. 授業でゲームをすることは大切である。

た。内容により７つのグループに分けられる。すなわち，項目番号１～５は，どのような英語力を伸ばしたいかを問う項目グループ，項目番号６～15は何のために英語学習が必要なのかを問う項目グループ，項目番号16～21はなぜ英語学習が好きなのかを問う項目グループ，項目番号22～26はどのように学ぶのが好きなのかを問う項目グループ，項目番号27～36はどのように学びたいか（方法，教材など）を問う項目グループ，項目番号37～40は学校の授業ではどのような英語力をつけさせてもらいたいかを問う項目グループ，項目番号41～50は授業ではどのような指導が大切かを問う項目グループである。

回答にあたっては，各質問項目に対して，５段階（５：おおいにあてはまる～４：あてはまる～３：いくらかあてはまる～２：あてはまらない～１：全くあてはまらない）で答えるよう教示されている。数値が大きいほど当該の意識が高いことを示す。

回答された数値をそのまま各項目の個人得点とし，対象集団について平均値を算出して傾向を記述するものとする。上述の項目グループに関しては，個人ごとに各グループに属する質問項目の評定値を平均し，それをその個人の項目グループ得点とする。

（２）学習ストラテジー

英語学習のために使用しているストラテジーを測定するためには，Oxford（1990）の開発したSILLを実施した。これも全部で50項目から構成されている（表4.3）。回答は意識調査と同様５段階で評定するように求められているので，回答された数値をそのまま各項目の個人得点（ストラテジー使用得点）とする。数値が大きいほど当該のストラテジーを使用することを示す。

また，ここで使用するストラテジーインベントリーの開発者であるOxfordの分類に従って，６つのストラテジーカテゴリー領域（記憶ストラテジー，認知ストラテジー，補償ストラテジー，メタ認知ストラテジー，情意ストラテジー，社会的ストラテジー）にも得点を集約する。カテゴリー毎の得点化

表4.3　Oxford（1990）の開発したSILL

01	英語ですでに知っていることと新しく学習したことの関係を考える
02	覚えやすいように文の中で新語を使う
03	単語を覚えるために，新語の音とその単語のイメージや絵を結びつける
04	単語が使われる場を心に描いて新語を覚える
05	新語を覚えるのに韻を使う
06	新語を覚えるのに単語カードなどを使う
07	新語を身体で表現して覚える
08	授業の復習をよくする
09	新語を覚えるのにその語があった本のページ，黒板，あるいは道路標識などの位置を記憶しておく
10	新語を数回書いたり言ったりする
11	英語のネイティブ・スピーカーのように話すよう心掛ける
12	英語の発音練習をする
13	知っている単語をいろいろな文脈で使う
14	積極的に英語で会話を始める
15	英語のテレビ番組や英語の映画を見る
16	英語で読むのが楽しい
17	英語でメモ，メッセージ，手紙，報告を書く
18	英語の章節をまずスキミングし，再び，前に戻って注意深く読む
19	英語の新語に似た語を自国語の中に探す
20	英語の中にパターンを見つけようとする
21	むずかしい英単語は分解して，意味を知ろうとする
22	逐語訳はしないよう心掛ける
23	読んだり聞いたりしたことを英語で要約する
24	知らない語を理解しようと推測する
25	英語での会話中適切な語が思いつかないとき，ジェスチャーを使う
26	英語で適切な語が分からないとき新語を作る
27	英語を読むとき，一語一語調べない
28	他の人が次に英語で何というか推測しようと心掛ける
29	英語の単語が思いつかないとき，同じ意味を持つ語や句を使う
30	いろいろな方法を見つけて英語を使うよう心掛ける
31	自分の英語の間違いに気づき，そこから学んで上達しようと努力する
32	他の人が英語を使っているときは，集中する
33	優れた英語学習者になるためにどうしたらよいか心掛ける
34	スケジュールを立て英語の学習に十分時間をあてる
35	英語で話しかけることのできる人を探す
36	できるだけ英語で読む機会を探す
37	英語の技能を高めるための明確な目標がある
38	自分の英語学習の進歩について考える
39	英語を使うのに自信がないときは，いつもリラックスするよう心掛ける

40 間違いを恐れず英語を話すよう自分を励ます
41 うまくいったとき，自分を褒める
42 英語を勉強しているときや使っているときに，緊張しているか神経質になっているか気づく
43 その都度計画表などに自分の感情などを書き留める
44 英語を勉強しているとき，自分がどう感じているか他の人に話す
45 英語が分からないとき，ゆっくり話してもらうか，もう一度言ってもらう
46 話しているとき，英語のネイティブ・スピーカーに間違いを直してもらう
47 他の人と英語の練習をする
48 困ったとき，英語のネイティブ・スピーカーからの助けを求める
49 英語で質問する
50 英語話者の文化を学ぶよう心掛ける

にあたっては，個人ごとに各カテゴリーに属する質問項目の評定値を平均し，それをその個人のストラテジー使用得点とする。

4－3　英語学習意識について

（1）2012年度の概要

学齢区分・男女別に，各調査項目への回答の平均値，および項目グループごとの平均値を求めた。まず，項目グループに関する結果を図4.1に示す。

2つの学齢区分および男女を通して，「学校の授業ではどのような力をつけさせてもらいたいか」と「どのような英語力を伸ばしたいか」の得点が高く，次いで「授業ではどのような指導が大切か」「何のために英語学習が必要なのか」が4.0前後の得点を取っている。英語は必要であり，学校でそれらの技能を伸ばしてほしいと思っていると解釈されよう。一方，「なぜ英語学習が好きなのか」「どのように学ぶのが好きなのか」「どのように学びたいか」は3.0前後の値になっている。低くはないが，高いともいいがたい。これらの3グループは自分が学ぶ立場に立ったときの意識であり，英語学習の理由，自分にあった学習のスタイル，自分にあった学習方法・教材に対し，与えられた教育環境下では，さほど主体的な意識は強くなさそうである。他者依存的な願望を主体的・自主的なものに変化させることが今後の課題といえよう。

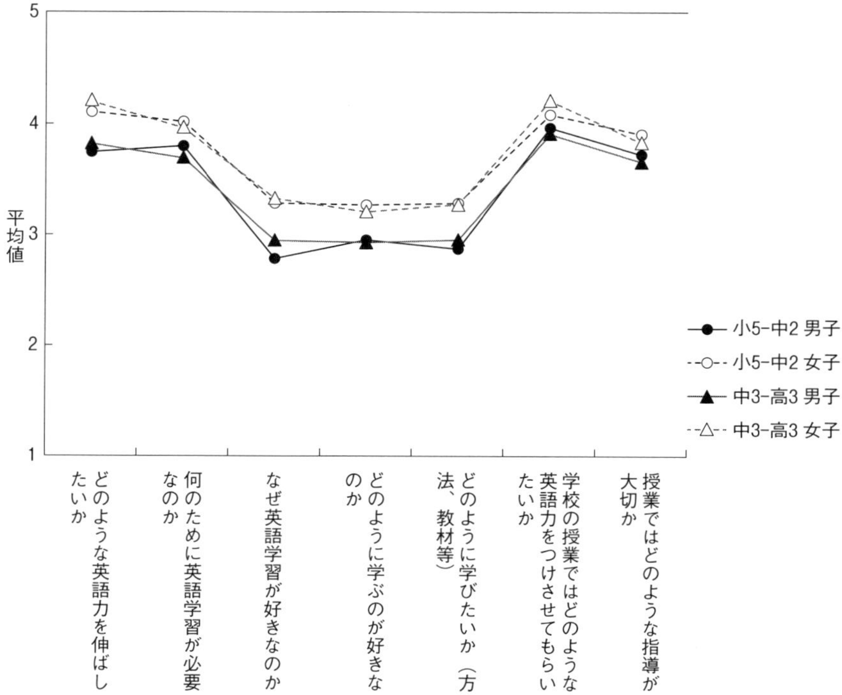

図4.1　項目グループごとに関する結果

学齢区分に関しては,「どのような英語力を伸ばしたいか」と「なぜ英語学習が好きなのか」の項目グループでは［中３～高３］のほうが［小５～中２］よりも意識の得点が有意に高く,「何のために英語学習が必要なのか」の項目グループでは,［小５～中２］のほうが［中３～高３］よりも意識の得点が有意に高かった。他の項目グループでは学齢区分の差は検出されなかった。

性別に関しては，すべての項目グループで，女子のほうが男子よりも意識の得点が有意に高いという結果が得られた。とりわけ「なぜ英語学習が好きなのか」「どのように学ぶのが好きなのか」「どのように学びたいか」の３グループでは男子生徒の得点は3.0以下になっており，男子生徒の英語学習へ

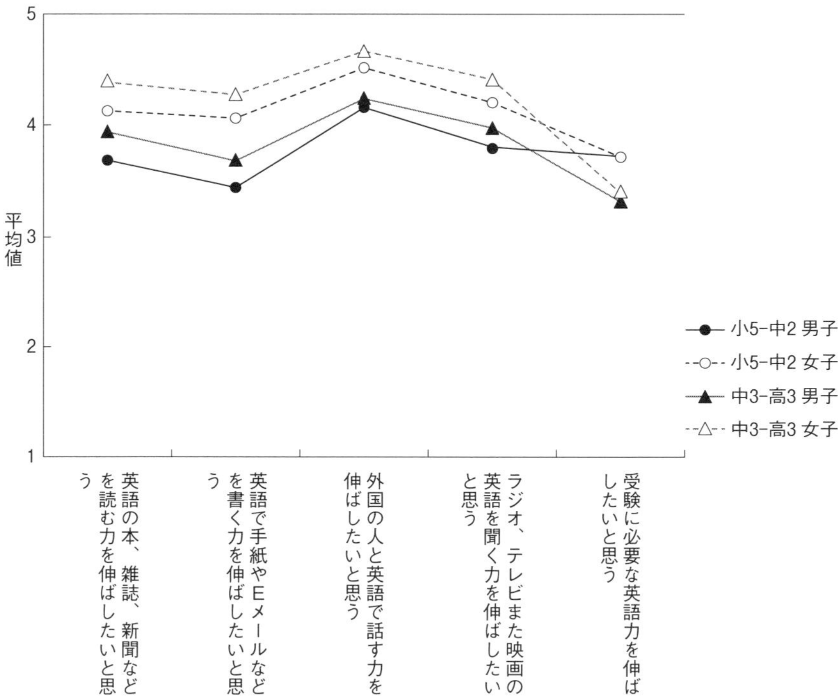

図4.2 「どのような英語力を伸ばしたいか」項目グループごとの傾向

の動機づけの低さが問題視されよう。

つぎに，項目グループごとに傾向を概観すると，まず「どのような英語力を伸ばしたいか」項目グループについては，図4.2のような結果になった。全体としては高い意識レベルとなった。最も伸ばしたいと思っているのは「話す力」で，次いで「聞く力」「読む力」，やや低くなるが「書く力」となっている。「受験に必要な英語力」は５つの中では（最も低い点数でも3.0以上ではあるが）一番低い得点となった。多くの生徒が内部進学するという実態に対応する結果可能性もある。学齢区分に関しては，「読む力」「書く力」「話す力」「聞く力」のいわゆる四技能では［中３～高３］のほうが［小５～中２］よりも高得点となり，学齢区分が上がるにつれて，技能を身につ

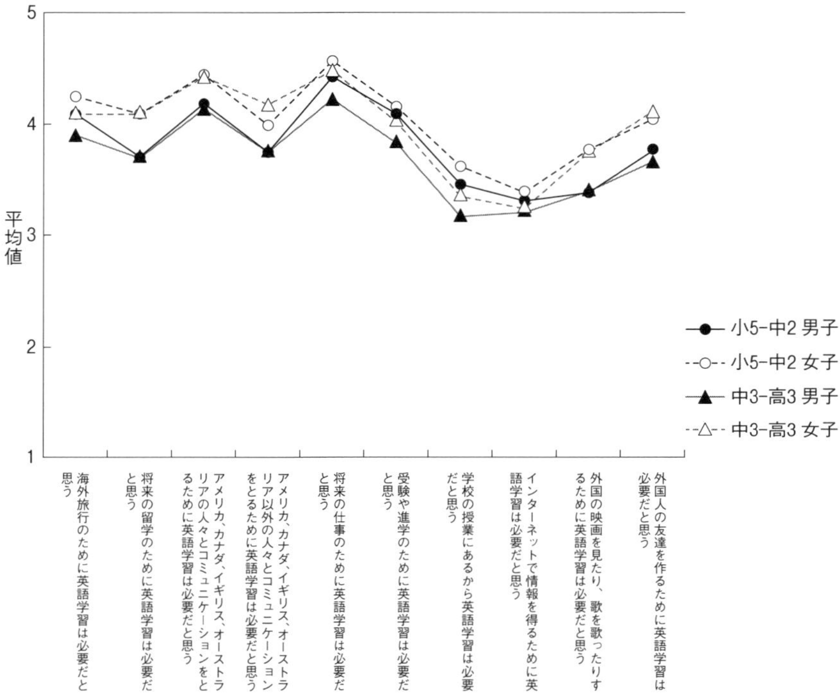

図4.3 「何のために英語学習が必要なのか」項目グループごとの傾向

けるのだという認識がなされるようになったことの反映であろう。一方,「受験に必要な英語力」では逆に［小５～中２］のほうが［中３～高３］よりも高得点となった。性別に関しては，ほぼ一貫して，女子のほうが男子よりも意識が高いが「受験に必要な英語力」では性差は検出されなかった。

「何のために英語学習が必要なのか」項目グループでは（図4.3),「将来の仕事のために英語学習は必要だと思う」が最も得点が高く,「アメリカ，カナダ，イギリス，オーストラリアの人々とコミュニケーションをとるために英語学習は必要だと思う」「海外旅行のために英語学習は必要だと思う」「受験や進学のために英語学習は必要だと思う」がそれについで高い得点となった（4.0以上)。つぎに,「アメリカ，カナダ，イギリス，オーストラリア以外の人々とコミュニケーションをとるために英語学習は必要だと思う」「将来の留学のために英語学習は必要だと思う」「外国人の友達を作るために英語学習は必要だと思う」が続いている。「学校の授業にあるから英語学習は必要だと思う」「インターネットで情報を得るために英語学習は必要だと思う」の値は3.0以上ではあるが，それらに対して高い目的意識をもっているとはいいがたい。学齢区分に関しては，10項目中４項目（海外旅行のために英語学習は必要だと思う／将来の仕事のために英語学習は必要だと思う／受験や進学のために英語学習は必要だと思う／学校の授業にあるから英語学習は必要だと思う）では［小５～中２］のほうが［中３～高３］よりも意識の得点が高く，１項目（アメリカ，カナダ，イギリス，オーストラリア以外の人々とコミュニケーションをとるために英語学習は必要だと思う）では［中３～高３］のほうが［小５～中２］よりも高得点となった。残りの半数の５項目では差は検出されず，学齢区分による差はあまり顕著なものではない。性別に関しては，10項目中９項目で女子のほうが男子よりも意識の得点が高く，グラフ上でもその差ははっきりみてとれる。

「なぜ英語学習が好きなのか」項目グループに関しては（図4.4），全体としてみると3.0の上下に分布しており，4.0に達する項目はない。男女の差がはっきりと出ており，女子はどの学齢区分であっても概して中点より意識は高いが，男子は「将来役立つと思うから」以外では中点にも満たない状態である。女子で最も高いのも「将来役立つと思うから」であるが，4.0以下である。英語学習の必要性は十分に感じ取っているものの，英語学習を非常に好んで主体的に行っているという実態はみえない。設定した項目では計り知れないより社会性の高い具体的な学習動機を考える必要があろう。学齢区分では，６項目中１項目（授業が分かるから英語の学習は好きである）では［小５～中２］のほうが［中３～高３］よりも意識の得点が高く，２項目（外国人の先生とコミュニケーションがとれるから英語の学習は好きである／先生が好きだから英語の学習は好きである）では［中３～高３］のほうが［小５～中２］よりも高得点となり，他の３項目では有意差は認められなかった。学齢

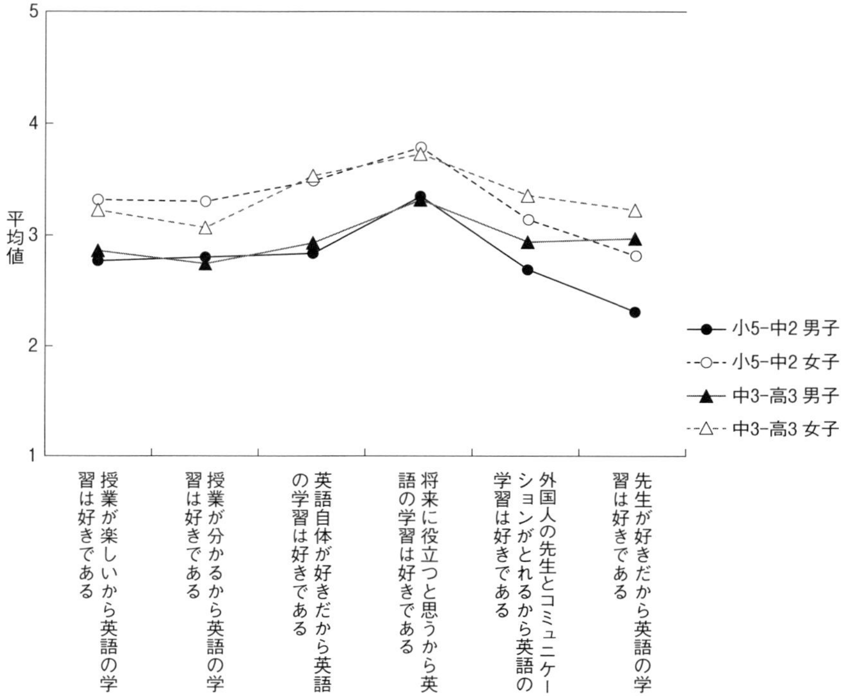

図4.4 「なぜ英語学習が好きなのか」項目グループごとの傾向

区分による相違には一貫性はみられない。

「どのように学習するのが好きか」項目グループに関しても（図4.5），「なぜ英語学習が好きなのか」項目グループと同様に中点の上下に男女の得点が分布しており，かつ変動の幅はきわめて小さい。性別に関しては一貫して女子が男子よりも得点が有意に高い。学齢区分に関しては，「クラス全員で英語を学習するのが好きである」では［小５〜中２］のほうが［中３〜高３］よりも意識の得点が高く，「一人で英語を学習するのが好きである」では［中３〜高３］のほうが［小５〜中２］よりも高得点となり，他の３項目では有意差は検出されなかった。ここでも，学齢区分の参与は明確にはならなかった。

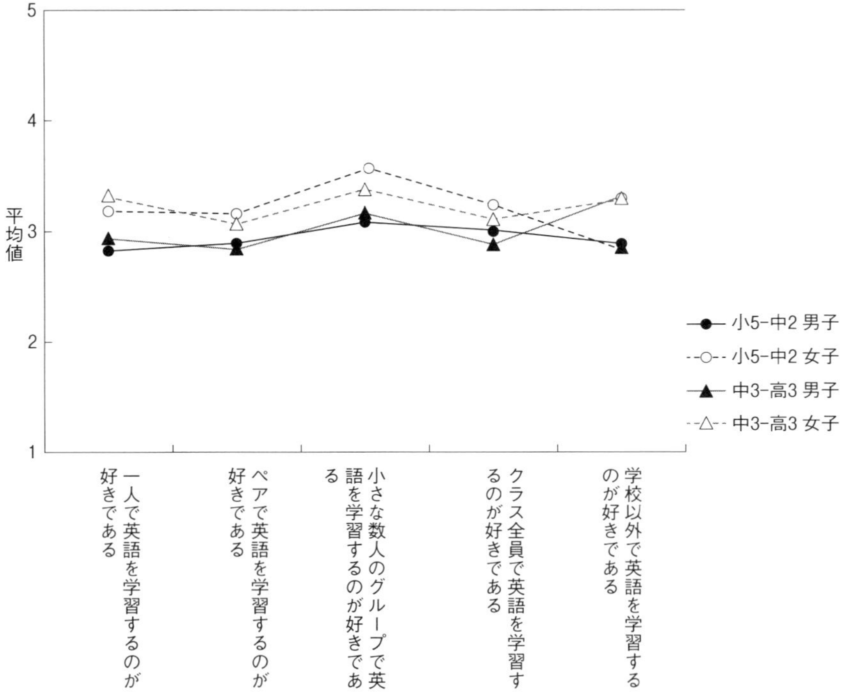

図4.5 「どのように学習するのが好きか」項目グループごとの傾向

「どのように学びたいか」項目グループに関しても（図4.6），4.0に達する項目はなく，学びたいという意識が旺盛であるとはいえない。比較的高いものとしては「外国の人と英語で話しながら」「CD，MDやカセットテープを使って」「留学して外国で」3.5程度の得点となっている。音声として英語を受容することによって，英語を効果的に学べるのはないかと期待している可能性がある。一方，「英語以外の教科を」と「進学塾で」は3.0を下回っており，これ以上の負荷は避けたいということかもしれない。性別に関しては，すべての項目で女子のほうが男子よりも得点が高い。学齢区分に関しては，10項目中３項目（CD，MDやカセットテープを使って／パソコンを使って／親類，知人，家庭教師に教えてもらいながら）では［小５～中２］のほうが［中３～

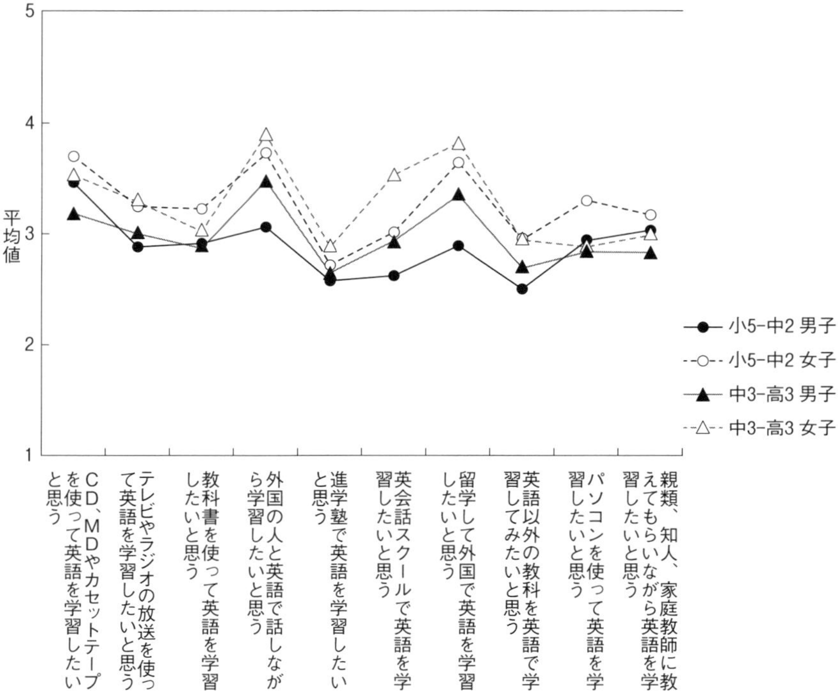

図4.6 「どのように学びたいか」項目グループごとの傾向

高3］よりも意識の得点が高く，４項目（外国の人と英語で話しながら／進学塾で／英会話スクールで／留学して）では［中３～高３］のほうが［小５～中２］よりも高得点となり，他の３項目では有意差は認められなかった。学齢区分の上の者のほうが，現実の会話場面をより望んでいる傾向がうかがえる。

「学校の授業ではどのような力をつけさせてもらいたいか」項目グループについては（図4.7），学齢区分，性別にかかわりなく，一貫して高い値となっており，四技能の中では「話す」「聞く」の値がとりわけ高い。グラフ上４本の折れ線が接近しているが，性別に関しては，すべて女子が男子よりも得点が有意に高くなっている。一方，学齢区分に関しては，「学校の授業では英語を聞く力をつけさせてもらいたい」でのみ［中３～高３］のほうが

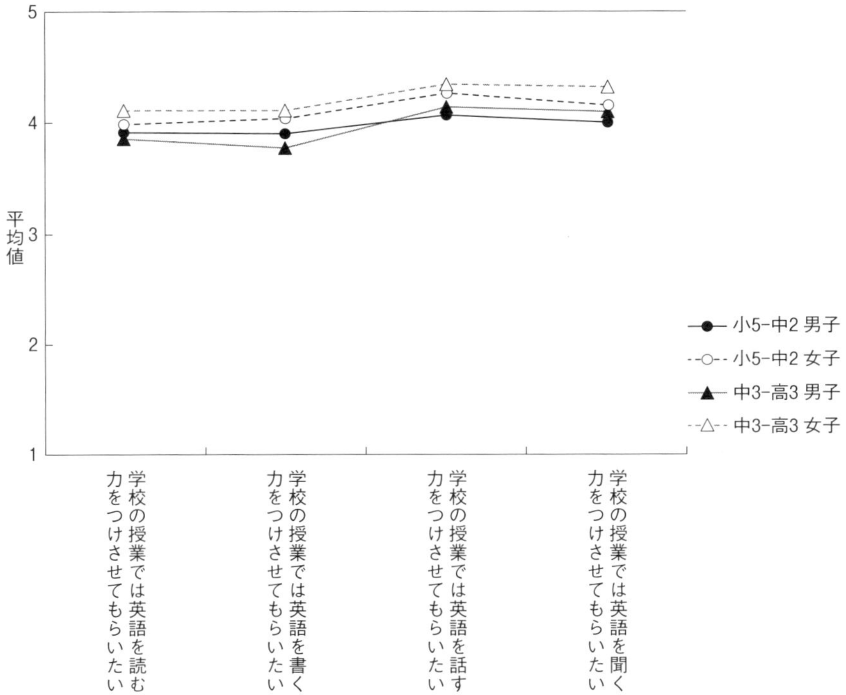

図4.7 「学校の授業ではどのような力をつけさせてもらいたいか」項目グループごとの傾向

[小５～中２] よりも得点が高くなっている。

「授業ではどのような指導が大切か」項目グループでは（図4.8），比較的高得点の項目が並んでいる。とりわけ「語彙を増やすこと」「間違えたところの訂正」「新しく習う項目の説明」は4.0を越え，「生徒自身が間違いを発見すること」「会話の練習」「発音練習」「写真，ビデオ，映画などを使うこと」もそれに近い得点となっている。「ペアで活動すること」「ゲームをすること」「CD やカセットテープを聴いたり使ったりすること」は相対的には特に重視されてはいない。アクティブな学習よりも，机上の「勉強」が重要視されているのであろうか。あるいはまた，生活の中での ICT 化が進み多面的かつ双方向的なことばの習得が進む一方で，授業内における従来型の機

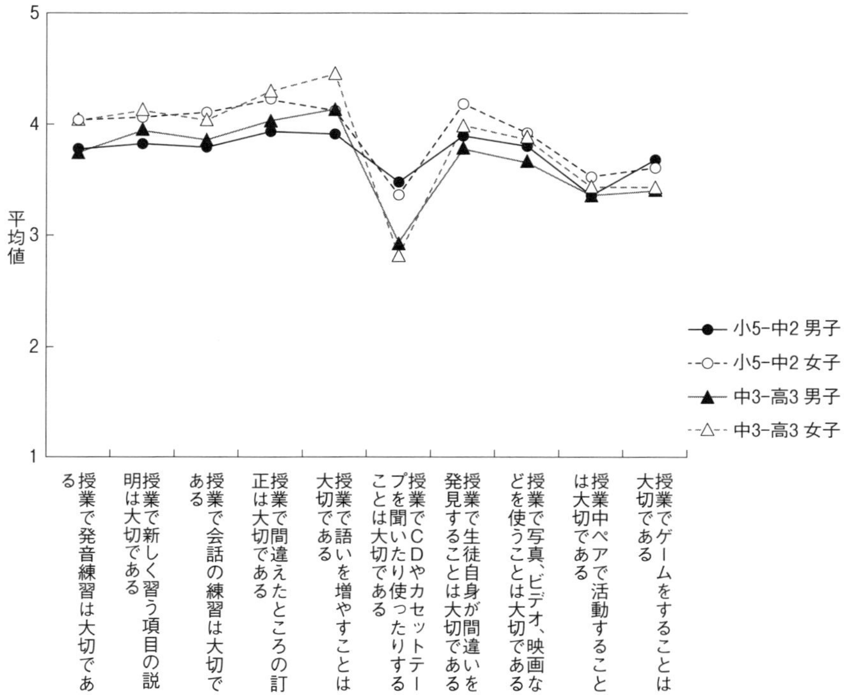

図4.8 「授業ではどのような指導が大切か」項目グループごとの傾向

器を用いた受信的な言語活動が中心ではすでに満足していない状況を物語っているのであろうか。今後の大きな検討改題となろう。性別については，「ゲームをすること」で差が検出されず，「CD やカセットテープを聴いたり使ったりすること」では男子のほうが女子よりも得点が高いが，それ以外の8項目では女子が男子よりも得点が高くなっている。学齢区分に関しては，「語いを増やすことは大切である」では［中３～高３］のほうが［小５～中２］よりも得点が高く，「CD やカセットテープを聞いたり使ったりすること」「生徒自身が間違いを発見すること」「授業でゲームをすること」では［小５～中２］のほうが［中３～高３］よりも意識の得点が高くなっている。

全項目について，男子全体の得点をまとめて4.0以上のものをあげると，

「将来の仕事のために英語学習は必要だと思う」「外国の人と英語で話す力を伸ばしたいと想う」「アメリカ，カナダ，イギリス，オーストラリアの人々とコミュニケーションをとるために英語学習は必要だと思う」「学校の授業では英語を話す力をつけさせてもらいたい」「学校の授業では英語を聞く力をつけさせてもらいたい」「授業で語いを増やすことは大切である」の６項目，女子全体では「外国の人と英語で話す力を伸ばしたいと想う」「将来の仕事のために英語学習は必要だと思う」「アメリカ，カナダ，イギリス，オーストラリアの人々とコミュニケーションをとるために英語学習は必要だと思う」「ラジオ，テレビまた映画の英語を聞く力を伸ばしたいと思う」「授業で語いを増やすことは大切である」「学校の授業では英語を話す力をつけさせてもらいたい」「英語の本，雑誌，新聞などを読む力を伸ばしたいと思う」「授業で間違えたところの訂正は大切である」「学校の授業では英語を聞く力をつけさせてもらいたい」「英語で手紙やＥメールなどを書く力を伸ばしたいと思う」「海外旅行のために英語学習は必要だと思う」「授業で新しく習う項目の説明は大切である」「アメリカ，カナダ，イギリス，オーストラリア以外の人々とコミュニケーションをとるために英語学習は必要だと思う」「将来の留学のために英語学習は必要だと思う」「受験や進学のために英語学習は必要だと思う」「外国人の友達を作るために英語学習は必要だと思う」「学校の授業では英語を書く力をつけさせてもらいたい」「授業で会話の練習は大切である」「授業で生徒自身が間違いを発見することは大切である」「学校の授業では英語を読む力をつけさせてもらいたい」「授業で発音練習は大切である」の21項目があがり，女子のほうが全般的に英語学習意識が高いといえる。

学齢区分については，［小５～中２］全体で得点が4.0以上のものは「将来の仕事のために英語学習は必要だと思う」「外国の人と英語で話す力を伸ばしたいと想う」「アメリカ，カナダ，イギリス，オーストラリアの人々とコミュニケーションをとるために英語学習は必要だと思う」「学校の授業では英語を話す力をつけさせてもらいたい」「海外旅行のために英語学習は必要だと思う」「受験や進学のために英語学習は必要だと思う」「学校の授業では英語を聞く力をつけさせてもらいたい」「授業で間違えたところの訂正は大切である」「授業で生徒自身が間違いを発見することは大切である」「授業で語いを増やすことは大切である」「ラジオ，テレビまた映画の英語を聞く力を伸ばしたいと思う」の11項目，［中３～高３］全体では「外国の人と英語で話す力を伸ばしたいと想う」「将来の仕事のために英語学習は必要だと思う」「授業で語いを増やすことは大切である」「アメリカ，カナダ，イギリス，オーストラリアの人々とコミュニケーションをとるために英語学習は必要だと思う」「学校の授業では英語を話す力をつけさせてもらいたい」「学校の授業では英語を聞く力をつけさせてもらいたい」「ラジオ，テレビまた映画の英語を聞く力を伸ばしたいと思う」「英語の本，雑誌，新聞などを読む力を伸ばしたいと思う」「授業で間違えたところの訂正は大切である」「授業で新しく習う項目の説明は大切である」「海外旅行のために英語学習は必要だと思う」の11項目があげられ，両者に重複するものが多い。

全対象者を総合して4.0以上になる項目は，「将来の仕事のために英語学習は必要だと思う」「外国の人と英語で話す力を伸ばしたいと想う」「アメリカ，カナダ，イギリス，オーストラリアの人々とコミュニケーションをとるために英語学習は必要だと思う」「学校の授業では英語を話す力をつけさせてもらいたい」「授業で語いを増やすことは大切である」「学校の授業では英語を聞く力をつけさせてもらいたい」「授業で間違えたところの訂正は大切である」「ラジオ，テレビまた映画の英語を聞く力を伸ばしたいと思う」「海外旅行のために英語学習は必要だと思う」「英語の本，雑誌，新聞などを読む力を伸ばしたいと思う」「受験や進学のために英語学習は必要だと思う」「授業で新しく習う項目の説明は大切である」であった。生徒たちは，英語をコミュニケーションのツールとして認識し，会話スキルを身につけたいと思っている様子がうかがえる。

（2）経年比較

青山学院の児童・生徒を対象として，2000年より行っている英語学習の意識と方略使用に関する5回の調査を通覧し，測定年度による変動について検討する。なお，分析のデザインは，測定年度（2000年，2003年，2006年，2009年，2012年）×学齢区分（小5～中2，中3～高3）×性別（男子，女子）の5×2×2の三要因配置とする。

まず『測定年度』に関し，全体としては，2012年度に意識が高くなっている傾向が通覧できる。もう少し細かく述べると，①2012年度のみが他の年度よりも高い項目として15項目（アメリカ，カナダ，イギリス，オーストラリアの人々とコミュニケーションをとるために英語学習は必要だと思う／アメリカ，カナダ，イギリス，オーストラリア以外の人々とコミュニケーションをとるために英語学習は必要だと思う／将来の仕事のために英語学習は必要だと思う／受験や進学のために英語学習は必要だと思う／将来役立つと思うから英語の学習は好きである／先生が好きだから英語の学習は好きである／一人で英語を学習するのが好きである／テレビやラジオの放送を使って英語を学習したいと思う／英語以外の教科を英語で学習してみたいと思う／学校の授業では英語を読む力をつけさせてもらいたい／授業で語いを増やすことは大切である／授業で生徒自身が間違いを発見することは大切である／授業が楽しいから英語の学習は好きである／授業が分かるから英語の学習は好きである／授業で新しく習う項目の説明は大切である），②それに類似して2009年度と2012年度が高いのが3項目（授業が楽しいから英語の学習は好きである／授業が分かるから英語の学習は好きである／授業で新しく習う項目の説明は大切である），③2000年度には高かったものの2003，2006，2009年度と下降し2012年度に再度高くなった（緩やかなU字型の分布を示す）ものが14項目（英語の本，雑誌，新聞などを読む力を伸ばしたいと思う／英語で手紙やEメールなどを書く力を伸ばしたいと思う／インターネットで情報を得るために英語学習は必要だと思う／外国の映画を見たり，歌を歌ったりするために英語学習は必要だと思う／外国人の友達を作るために英語学習は必要だと思う／留学して外国で英語を学習したいと思う／パソコンを使って英語を学習したいと思う／学校の授業では英語を話す力をつけさせてもらいたい／学校の授業では英語を聞く力をつけさせてもらいたい／授業で発音練習は大切である／授業で会話の練習は大切である／授業で写真，ビデオ，映画などを使うことは大切である／授業中ペアで活動することは大切である／授業でゲームをすることは大切である），④年度を追うごとに意識が高くなっているものが10項目（受験に必要な英語力を伸ばしたいと思う／学校の授業にあるから英語学習は必要だと思う／ペアで英語を学習するのが好きである／小さな数人のグループで英語を学習するのが好きである／クラス全員で英語を学習するのが好きである／CD，MDやカセットテープを使って英語を学習したいと思う／教科書を使って英語を学習したいと思う／進学塾で英語を学習したいと思う／親類，知人，家庭教師に教えてもらいながら英語を学習したいと思う／外国人の先生とコミュニケーションがとれるから英語の学習は好きである）となっている。これらとやや異なる傾向として，2009年度に最も意識が低くなっているものとして５項目（外国の人と英語で話す力を伸ばしたいと想う／ラジオ，テレビまた映画の英語を聞く力を伸ばしたいと思う／海外旅行のために英語学習は必要だと思う／外国の人と英語で話しながら学習したいと思う／英会話スクールで英語を学習したいと思う）があげられる。前回の2009年度の結果では授業に関連する項目の得点はある程度高く，授業以外の場面で英語を使用しようという意識は低くなっていたが，今回の結果では，意識の内容に一定の傾向があるわけではなく，全般的に2012年度に数値が上昇しており，2009年度とはかなり異なっている。項目グループにまとめた場合もほぼ同様に，2012年度で意識が高くなっている。

『学齢区分』に関しては，［小５～中２］のほうが［中３～高３］よりも意識の得点が高い項目群と，［中３～高３］のほうが［小５～中２］よりも意識の得点が高い項目群とに二分される。前者（［小５～中２］＞［中３～高３］）には24項目（将来役立つと思うから英語の学習は好きである／先生が好きだから英語の学習は好きである／学校の授業では英語を読む力をつけさせてもらいたい／授業で生徒自身が間違いを発見することは大切である／授業が楽しいから英語の学習は好きである／授業が分かるから英語の学習は好きである／授業で

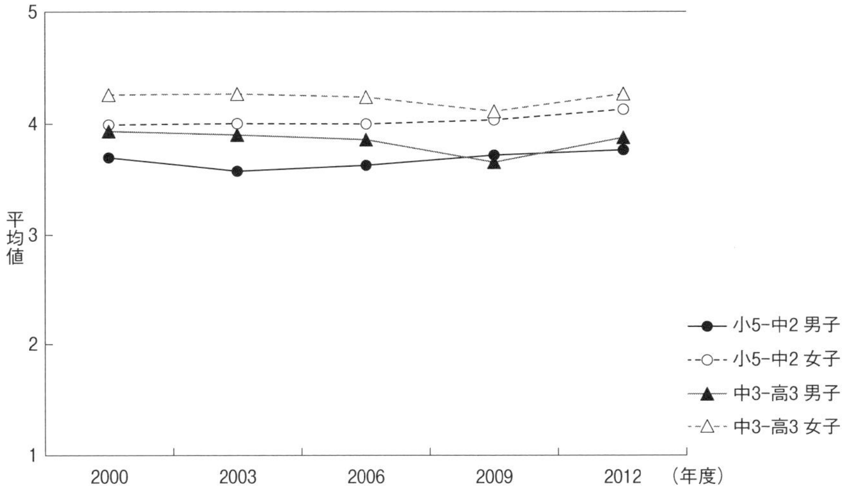

図4.9 「どのような英語力を伸ばしたいのか」の経年変化

新しく習う項目の説明は大切である／海外旅行のために英語学習は必要だと思う／パソコンを使って英語を学習したいと思う／学校の授業では英語を話す力をつけさせてもらいたい／授業で発音練習は大切である／授業で会話の練習は大切である／授業で写真，ビデオ，映画などを使うことは大切である／授業中ペアで活動することは大切である／授業でゲームをすることは大切である／授業でCDやカセットテープを聞いたり使ったりすることは大切である／受験に必要な英語力を伸ばしたいと思う／学校の授業にあるから英語学習は必要だと思う／ペアで英語を学習するのが好きである／小さな数人のグループで英語を学習するのが好きである／クラス全員で英語を学習するのが好きである／CD，MDやカセットテープを使って英語を学習したいと思う／教科書を使って英語を学習したいと思う／親類，知人，家庭教師に教えてもらいながら英語を学習したいと思う）が属し，比較的「学校」で英語を学習する意識が高いと概括できそうである。それに対して後者（［中３～高３］＞［小５～中２］）には12項目（アメリカ，カナダ，イギリス，オーストラリアの人々とコミュニケーションをとるために英語学習は

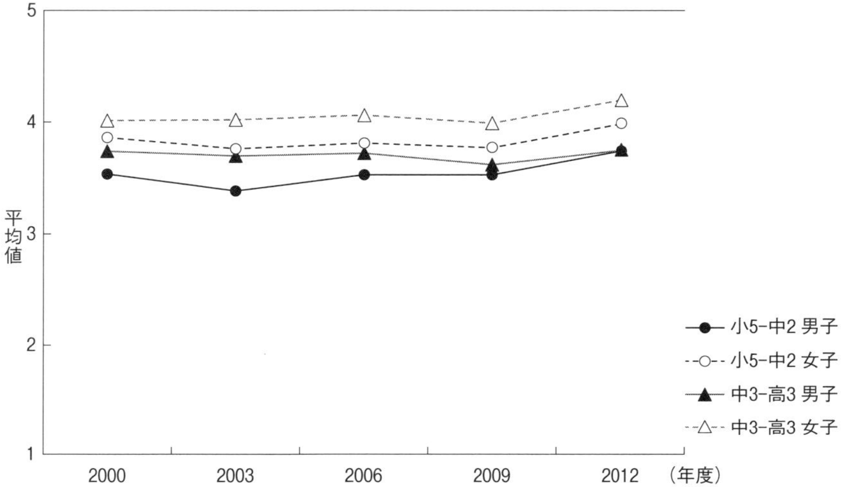

図4.10 「アメリカ，カナダ，イギリス，オーストラリア以外の人々とコミュニケーションをとるために英語学習は必要だと思う」の経年変化

必要だと思う／アメリカ，カナダ，イギリス，オーストラリア以外の人々とコミュニケーションをとるために英語学習は必要だと思う／一人で英語を学習するのが好きである／授業で語いを増やすことは大切である／外国の人と英語で話す力を伸ばしたいと想う／ラジオ，テレビまた映画の英語を聞く力を伸ばしたいと思う／外国の人と英語で話しながら学習したいと思う／英会話スクールで英語を学習したいと思う／英語の本，雑誌，新聞などを読む力を伸ばしたいと思う／英語で手紙やＥメールなどを書く力を伸ばしたいと思う／留学して外国で英語を学習したいと思う／進学塾で英語を学習したいと思う）が属し，「学校以外」の場面での習得や使用にかかわる項目が多い。学校以外での英語学習への動機づけが高まっていると同時に，学校での英語学習への動機づけは低まっているとみることもできる。

項目グループでは，「なぜ英語学習が好きなのか」「どのように学ぶのが好きなのか」「学校の授業ではどのような英語力をつけさせてもらいたいか」「授業ではどのような指導が大切か」で［小５〜中２］のほうが［中３〜高

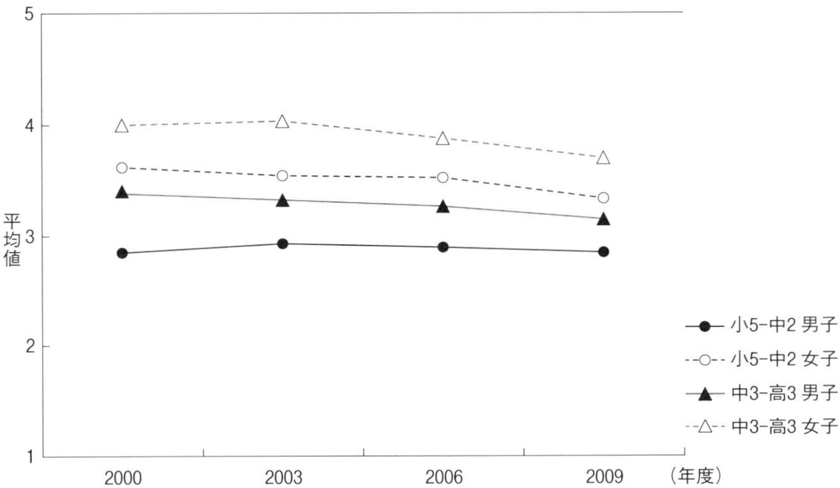

図4.11 「留学して外国で英語を学習したいと思う」の経年変化

3］よりも意識の得点が高く，「どのような英語力を伸ばしたいか」で［中3～高3］のほうが［小5～中2］よりも意識の得点が高かった。

「性別」に関しては，50項目中45項目で，女子のほうが男子よりも数値が有意に高かった。男子のほうが値が高いのは前回報告時と同様「50. 授業でゲームをすることは大切である」の1項目だけであった。男女差が認められなかったのは4項目（35. パソコンを使って英語を学習したいと思う／49. 授業中ペアで活動することは大切である／05. 受験に必要な英語力を伸ばしたいと思う／13. インターネットで情報を得るために英語学習は必要だと思う）で，特に一貫した傾向は認められない。項目グループでは，すべて女子のほうが男子より高意識となった。

4－4　学習ストラテジーについて

（1）2012年度の概要

学齢区分・男女別に，各ストラテジー項目への回答の平均値，およびカテゴリーごとの平均値を求めた。まずカテゴリーに関する結果を示すと図5.12

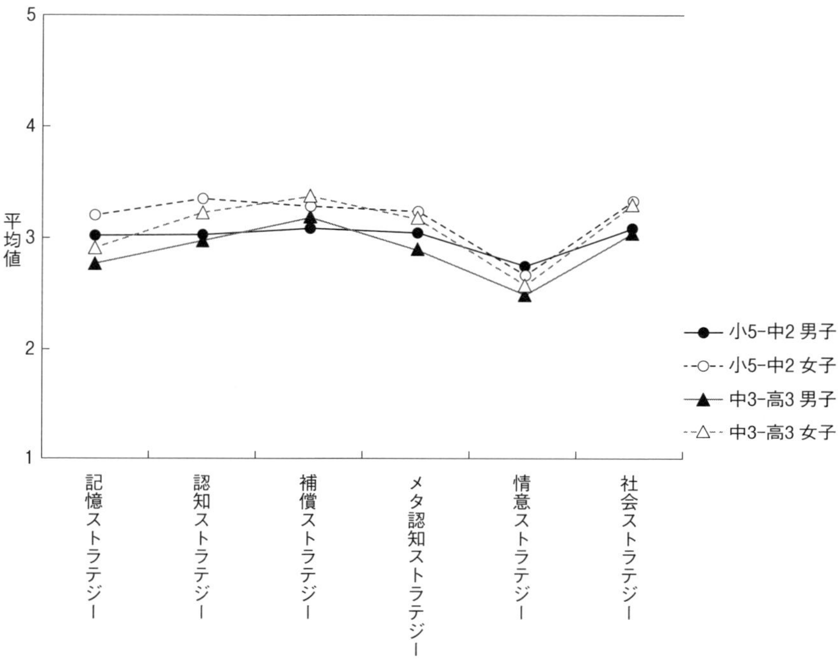

図4.12　カテゴリーに関する結果

が得られる。

全体として3点前後の値となっており，特に顕著に使用する方略は見当たらない。その中では「補償」ストラテジーが最も高く，次いで，「社会」ストラテジー，「認知」ストラテジーと続いている。「記憶」と「メタ認知」は中点程度だが，「情意」ストラテジーは全ケースで3.0を下回っており，あまり使用される方略ではないようである。「情意」ストラテジーを多用しないこの傾向は，大学生を対象にした学習方略調査においても認められている。

性別に関しては，「情意」で性差が検出されなかったが，それ以外のすべての方略で，女子が男子より有意に高得点となっている。学齢区分に関しては，「記憶」「メタ認知」「情意」では［小5～中2］のほうが［中3～高3］よりも得点が高く，「補償」では［中3～高3］のほうが［小5～中

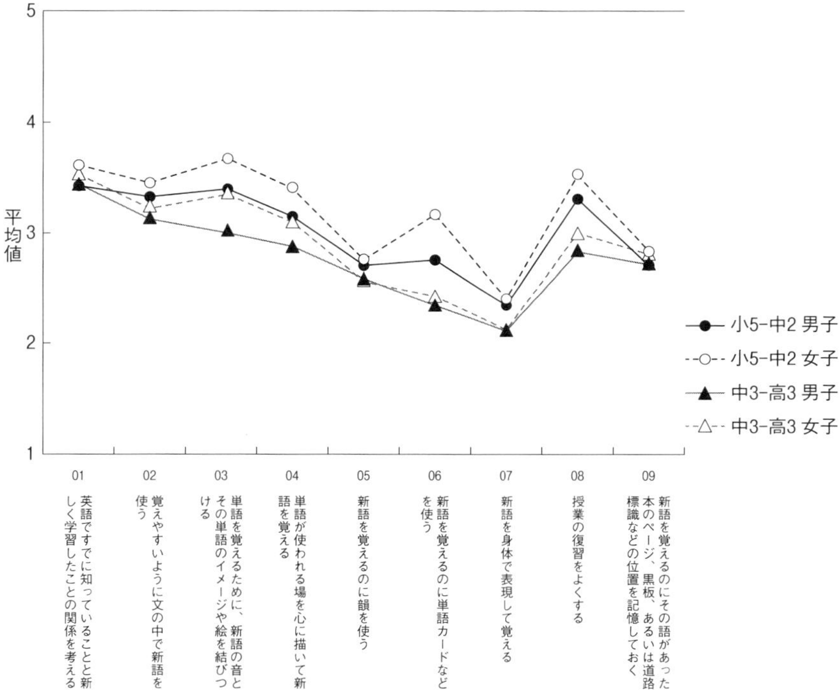

図4.13 「記憶」ストラテジーに属する項目

2］よりも得点が高い。「認知」と「社会」では学齢区分による有意差は認められなかった。

カテゴリーごとに個別にみていくと，まず「記憶」ストラテジー（図4.13）では，「英語ですでに知っていることと新しく学習したことの関係を考える」「単語を覚えるために，新語の音とその単語のイメージや絵を結びつける」「覚えやすいように文の中で新語を使う」がやや値が高く，「単語が使われる場を心に描いて新語を覚える」と「08．授業の復習をよくする」が中点よりも少し高い程度である。イメージと連合したり文脈に位置づけたりといった，すでに知っていることと新しい情報とを“頭の中で”“発声しないで”結びつける方略がやや多く使用されているようである。一方，「新語を身体で表現して覚える」はかなり使用頻度が低く，外国語の学習に身体活動を随伴させる効果は期待できない。性別に関しては，９項目中６項目（英語ですでに知っていることと新しく学習したことの関係を考える／覚えやすいように文の中で新語を使う／単語を覚えるために，新語の音とその単語のイメージや絵を結びつける／単語が使われる場を心に描いて新語を覚える／新語を覚えるのに単語カードなどを使う／新語を身体で表現して覚える／授業の復習をよくする）で女子のほうが男子より多く使用していた。学齢区分に関しては，９項目中７項目（覚えやすいように文の中で新語を使う／単語を覚えるために，新語の音とその単語のイメージや絵を結びつける／単語が使われる場を心に描いて新語を覚える／新語を覚えるのに韻を使う／新語を覚えるのに単語カードなどを使う／新語を身体で表現して覚える／授業の復習をよくする）ですべて［小５～中２］のほうが［中３～高３］よりも多く使用するという結果となった。

「認知」ストラテジーに属する項目（図4.14）では，まず「新語を数回書いたり言ったりする」のみが4.0前後の高い使用度を示している。前回報告（2010年度版）でも指摘したことであるが，この項目をOxfordは「認知」ストラテジーの中の１つとして位置づけているが，記銘材料を繰り返しリハーサルすることは最も基本的な記憶方略であるので，「記憶」と「認知」の２ストラテジーにまたがるものとしてとらえたほうがよいだろう。他の項目では突出したものはなく，「英語のネイティブ・スピーカーのように話すよう心掛ける」「英語の発音練習をする」「知っている単語をいろいろな文脈で使う」「英語のテレビ番組や英語の映画を見る」「英語の章節をまずスキミングし，再び，前に戻って注意深く読む」「英語の中にパターンを見つけようとする」「むずかしい英単語は分解して，意味を知ろうとする」が，ある程度の使用頻度を示している。これに対し，「読んだり聞いたりしたことを英語で要約する」「英語でメモ，メッセージ，手紙，報告を書く」は中点を下回り，自分の言葉として英語を使用することはあまり実践されていないことを示している。性別に関しては，「英語の中にパターンを見つけようとする」以外の13項目で女子のほうが男子よりも有意に使用程度が高かった。学齢区

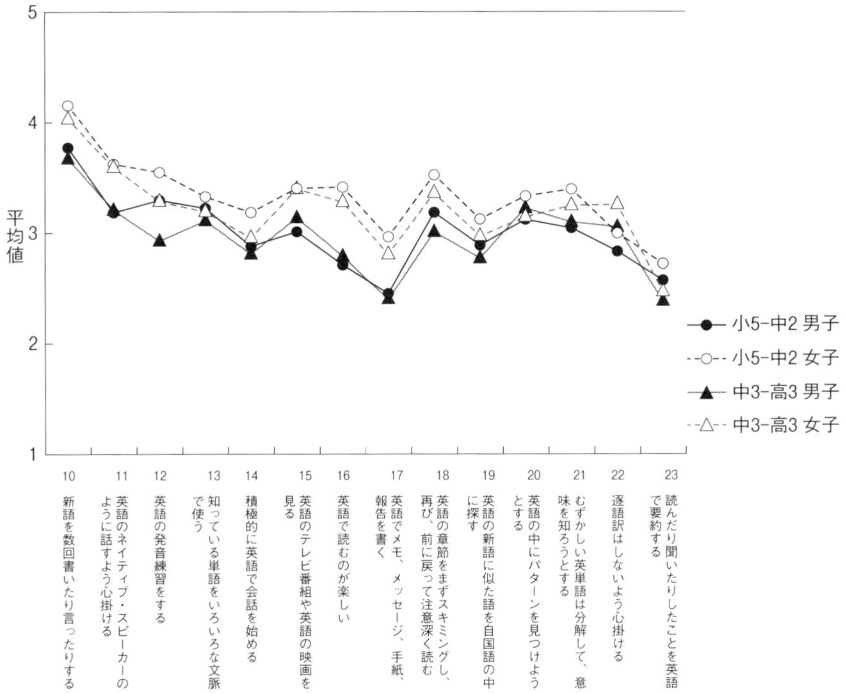

図4. 14 「認知」ストラテジーに属する項目

分に関してはあまり顕著な結果は得られず，14項目中３項目（英語の発音練習をする／英語の章節をまずスキミングし，再び，前に戻って注意深く読む／読んだり聞いたりしたことを英語で要約する）で［小５～中２］のほうが［中３～高３］よりも多く使用し，１項目（逐語訳はしないよう心掛ける）で［中３～高３］のほうが［小５～中２］よりも多く使用していた。ただし一部に有意差が検出された程度で，全体としては，学齢の変化により認知の枠組みが変化したというほどの傾向はみられない。

「補償」ストラテジー（図4. 15）では，「英語の単語が思いつかないとき，同じ意味を持つ語や句を使う」「知らない語を理解しようと推測する」「英語での会話中適切な語が思いつかないとき，ジェスチャーを使う」の使用程度

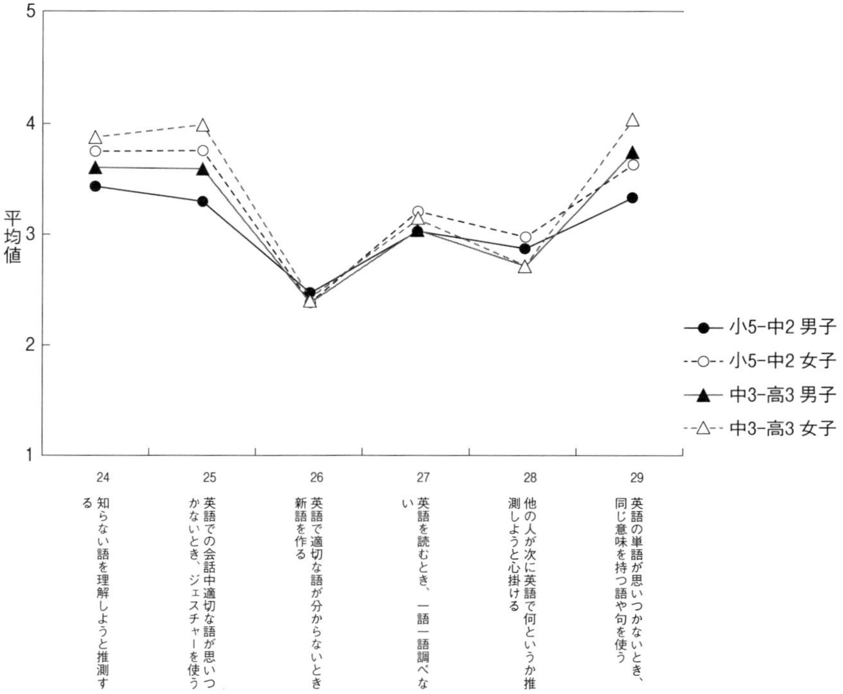

図4. 15 「補償」ストラテジーに属する項目

が比較的高い。代替によりコミュニケーションを計ろうとする方略であるが，言語学習方略として「ジェスチャーを使う」ことの妥当性は検討しなければならないだろう。また「英語で適切な語が分からないとき新語を作る」の使用程度がかなり低いが，これも新語をつくったからといって英語学習やコミュニケーションが促進するとは考えられないので，この項目の点数の低さを問題視する必要はなかろう。ただし，適切な語が即思い浮かばないときに，既知の語を代替として使用する力はコミュニケーションを持続・継続する際に重要であることは忘れてはならない。性別に関しては，６項目中４項目（知らない語を理解しようと推測する／英語での会話中適切な語が思いつかないとき，ジェスチャーを使う／英語を読むとき，一語一語調べない／英語の単語が思いつかないとき，同じ意味をもつ語や句を使う）で，女子のほうが男子よりも多く使用していた。学齢区分に関しては，１項目（他の人が次に英語で何というか推測しようと心掛ける）で［小５～中２］のほうが［中３～高３］よりも多く使用し，３項目（知らない語を理解しようと推測する／英語での会話中適切な語が思いつかないとき，ジェスチャーを使う／英語の単語が思いつかないとき，同じ意味をもつ語や句を使う）で［中３～高３］のほうが［小５～中２］よりも多く使用していた。後者は全体として高得点を記録した項目と同じものであるが，逆にいえば，学齢があがっても男女ともにこの方略を頻繁に採り続けていたことになり，そのような方略は他には「認知」の「新語を数回書いたり言ったりする」と後述の「社会」の「英語が分からないとき，ゆっくり話してもらうか，もう一度言ってもらう」しか見当たらない。

「メタ認知」ストラテジー（図4.16）では，全体として3.0前後の得点となっており，顕著な特徴は認められない。比較的多く使用するものとしては「自分の英語の間違いに気づき，そこから学んで上達しようと努力する」「他の人が英語を使っているときは，集中する」「自分の英語学習の進歩について考える」「英語の技能を高めるための明確な目標がある」など真面目に英語を勉強しようという態度表明が並んでいる。「メタ認知」ストラテジーは，SL（Successful Learners: 言語学習に成功する学習者）が，最も頻繁に使用する間接ストラテジーの１つであり，政府が主導する「自己教育力」の定義と酷似するものなので，この数値が今後上昇するような言語活動の見直しが大きな課題となろう。性別に関しては，９項目中７項目（いろいろな方法を見つけて英語を使うよう心掛ける／自分の英語の間違いに気づき，そこから学んで上達しようと努力する／他の人が英語を使っているときは，集中する／優れた英語学習者になるためにどうしたらよいか心掛ける／できるだけ英語で読む機会を探す／英語の技能を高めるための明確な目標がある／自分の英語学習の進歩について考える）で女子のほうが男子よりも高かった。学齢区分に関しては，９項目中３項目（いろいろな方法を見つけて英語を使うよう心掛ける／スケジュールを立て英語の学習に十分時間をあてる／英語で話しかけることのできる人を探す）

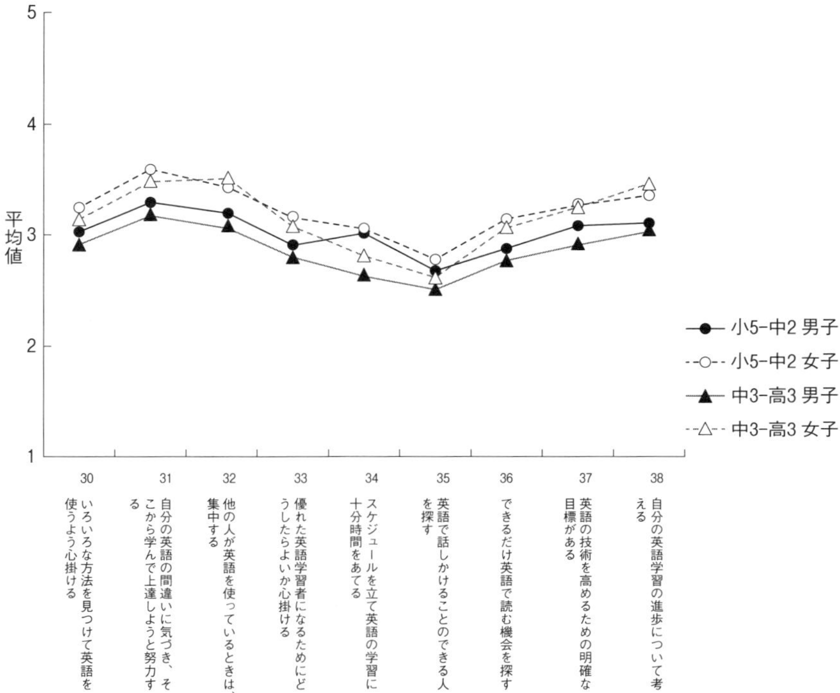

図4.16 「メタ認知」ストラテジーに属する項目

で［小５～中２］のほうが［中３～高３］よりも多く使用していたが，得点そのものはいずれも3.0前後であるので，学齢による特徴というほどのものではない。

「情意」ストラテジー（図4.17）では，ほとんどが3.0以下に位置し，とりわけ「その都度計画表などに自分の感情などを書き留める」と「英語を勉強しているとき，自分がどう感じているか他の人に話す」は著しく低得点となっている。自分の感情状態を過剰に意識するのはむしろ学習に対して妨害的に働くことも懸念されるので，後者の低得点は問題視するにあたらない。しかし「英語を使うのに自信がないときは，いつもリラックスするよう心掛ける」「間違いを恐れず英語を話すよう自分を励ます」「うまくいったとき，

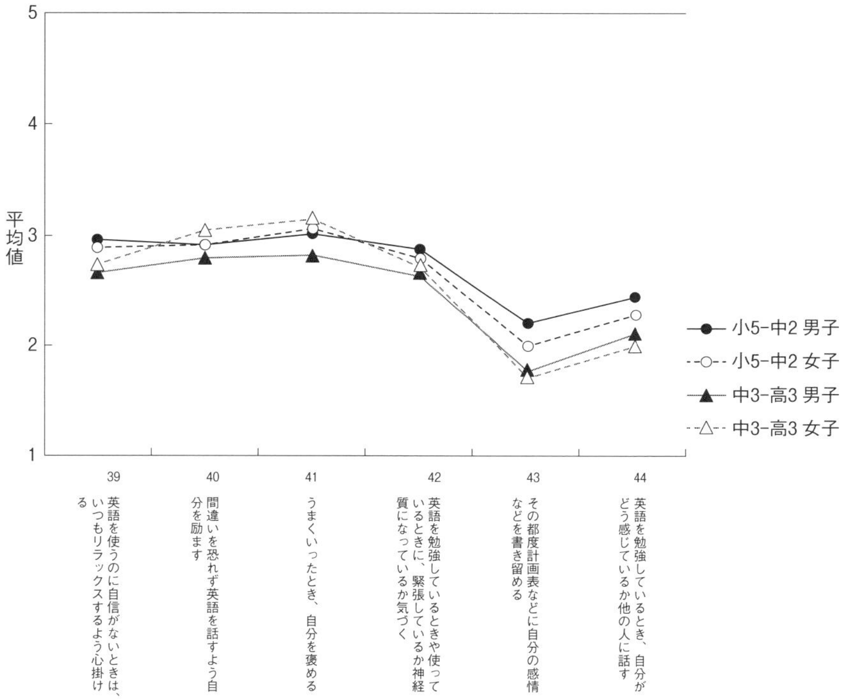

図4.17 「情意」ストラテジーに属する項目

自分を褒める」で中点程度ということは，あまりリラックスできておらず，間違えることを恐れてもいるということであり，おそらく英語学習の成果が教師主導のテストの点数を中心に評価されていることの弊害として現れているのであろうか。青山学院一貫制英語教育においては，掲げた到達目標を意識した主体的な英語学習を勧めることはあっても，受験を意識した学習指導を行う必要はないのであるから，学習のプロセスとその成果を学習者自らが評価する方式（例：Self-evaluation,Peer Evaluation など）をさらに充実する必要があろうかと思われる。性差に関しては，6項目中2項目（間違いを恐れず英語を話すよう自分を励ます／うまくいったとき，自分を褒める）で女子のほうが男子より得点が高く，6項目中2項目（その都度計画表などに自分の感情などを書き留める／英語を勉強しているとき，自分がどう感じているか他の人に話す）では逆に男子のほうが女子よりも得点が高い。全項目を通じても男子のほうが有意に得点が高いのはこの２項目だけであるが，いずれも得点自体が高くない（低い）ので，男子固有の方略として記述するほどの特徴とはいえない。学齢区分に関しては，６項目中４項目（英語を使うのに自信がないときは，いつもリラックスするよう心掛ける／英語を勉強しているときや使っているときに，緊張しているか神経質になっているか気づく／その都度計画表などに自分の感情などを書き留める／英語を勉強しているとき，自分がどう感じているか他の人に話す）で［小５～中２］のほうが［中３～高３］よりも多く使用していたが，得点自体はほとんどが3.0以下であるので，上記の「メタ認知」と同様，学齢による特徴として記すべき事項はない。

「社会」ストラテジー（図4.18）では，「英語が分からないとき，ゆっくり話してもらうか，もう一度言ってもらう」が4.0前後の高い値になっており，不明な点を問い直すのは学習の基本であるので，高得点となったことは妥当な結果である。一方，他の項目は3.0前後に位置しており，高くはないが，「ネイティブ・スピーカー」や英語で対話する相手がいなければ「ふつう」程度の回答も得られないであろう。対話を通して英語学習を行う教育条件はある程度整備されていると推測される。性別に関しては，すべての項目で女子のほうが男子よりも有意に高得点となっている。学齢区分に関しては一貫した傾向はみられず，１項目（他の人と英語の練習をする）は［小５～中２］のほうが［中３～高３］よりも多く使用し，１項目（困ったとき，英語のネイティブ・スピーカーからの助けを求める）では［中３～高３］のほうが［小５～中２］よりも多く使用していた。

全項目について，男子全体の得点をまとめて3.5以上のものをあげると，「英語が分からないとき，ゆっくり話してもらうか，もう一度言ってもらう」「新語を数回書いたり言ったりする」「英語の単語が思いつかないとき，同じ意味を持つ語や句を使う」「知らない語を理解しようと推測する」の４項目，女子全体では「英語が分からないとき，ゆっくり話してもらうか，も

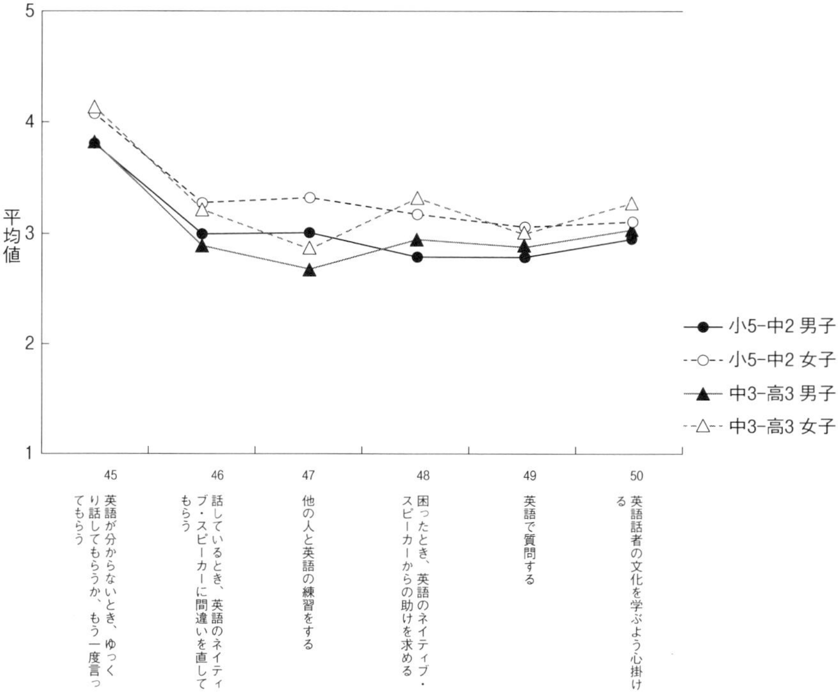

図4.18 「社会」ストラテジーに属する項目

う一度言ってもらう」「新語を数回書いたり言ったりする」「英語での会話中適切な語が思いつかないとき，ジェスチャーを使う」「英語の単語が思いつかないとき，同じ意味を持つ語や句を使う」「知らない語を理解しようと推測する」「英語のネイティブ・スピーカーのように話すよう心掛ける」「英語ですでに知っていることと新しく学習したことの関係を考える」「自分の英語の間違いに気づき，そこから学んで上達しようと努力する」では８項目があがり，女子のほうがより多くの方略を採用していることがうかがえる。

学齢区分については，［小５～中２］全体で得点が3.5以上のものは「新語を数回書いたり言ったりする」「英語が分からないとき，ゆっくり話してもらうか，もう一度言ってもらう」「知らない語を理解しようと推測する」「英語ですでに知っていることと新しく学習したことの関係を考える」「英語での会話中適切な語が思いつかないとき，ジェスチャーを使う」「単語を覚えるために，新語の音とその単語のイメージや絵を結びつける」の６項目，［中３～高３］全体では「英語が分からないとき，ゆっくり話してもらうか，もう一度言ってもらう」「英語の単語が思いつかないとき，同じ意味を持つ語や句を使う」「新語を数回書いたり言ったりする」「英語での会話中適切な語が思いつかないとき，ジェスチャーを使う」「知らない語を理解しようと推測する」「英語ですでに知っていることと新しく学習したことの関係を考える」の６項目があげられる。

全対象者を総合して3.5以上になる項目は，「英語が分からないとき，ゆっくり話してもらうか，もう一度言ってもらう」「新語を数回書いたり言ったりする」「英語の単語が思いつかないとき，同じ意味を持つ語や句を使う」「英語での会話中適切な語が思いつかないとき，ジェスチャーを使う」「知らない語を理解しようと推測する」「英語ですでに知っていることと新しく学習したことの関係を考える」であった。生徒たちが，まじめに英語学習に取り組んでいることがうかがえるが，英語を使うことをさらに楽しんだり，自らの生活の中に積極的に英語を組み込んだりする様子は概してみられない。学習そのものをさらに主体的な「学びの場」に変えていく必要が示唆されている。

（２）経年比較

学習意識と同様，５回の調査結果を総合し，測定年度による相違がみられるかどうかを検討する。分析のデザインは，測定年度（2000年，2003年，2006年，2009年，2012年）×学齢区分（小５～中２，中３～高３）×性別（男子，女子）の５×２×２の三要因配置とする。

まず『測定年度』に関しても，2012年度に多くの項目で上昇がみられる。細かくみると，①2012年度に得点が高くなった12項目（英語ですでに知っていることと新しく学習したことの関係を考える／知っている単語をいろいろな文脈で使う／積極的に英語で会話を始める／英語でメモ，メッセージ，手紙，報告を書く／英語の中にパターンを見つけようとする／逐語訳はしないよう心掛ける／知らない語を理解しようと推測する／英語を読むとき，一語一語調べない／自分の英語の間違いに気づき，そこから学んで上達しようと努力する／英語の技能を高めるための明確な目標がある／自分の英語学習の進歩について考える／英語話者の文化を学ぶよう心掛ける），②2009年度と2012年度に得点が高い14項目（覚えやすいように文の中で新語を使う／単語を覚えるために，新語の音とその単語のイメージや絵を結びつける／単語が使われる場を心に描いて新語を覚える／新語を覚えるのに単語カードなどを使う／新語を覚えるのにその語があった本のページ，黒板，あるいは道路標識などの位置を記憶しておく／読んだり聞いたりしたことを英語で要約する／他の人が次に英語で何というか推測しようと心掛ける／いろいろな方法を見つけて英語を使うよう心掛ける／英語で話しかけることのできる人を探す／英語を勉強しているとき，自分がどう感じているか他の人に話す／話しているとき，英語のネイティブ・スピーカーに間違いを直してもらう／他の人と英語の練習をする／困ったとき，英語のネイティブ・スピーカーからの助けを求める／授業の復習をよくする），③2000年度には高かったものの2003，2006，2009年度と下降し2012年度に再度高くなった（緩やかなU字型の分布を示す）ものが12項目（英語のネイティブ・スピーカーのように話すよう心掛ける／英語での会話中適切な語が思いつかないとき，ジェスチャーを使う／英語で適切な語が分からないとき新語を作る／英語の単語が思いつかないとき，同じ意味を持つ語や句を使う／他の人が英語を使っているときは，集中する／優れた英語学習者になるためにどうしたらよいか心掛ける／できるだけ英語で読む機会を探す／英語を使うのに自信がないときは，いつもリラックスするよう心掛ける／間違いを恐れず英語を話すよう自分を励ます／うまくいったとき，自分を褒める／英語を勉強しているときや使っているときに，緊張しているか神経質になっているか気づく／英語で質問する），④年度を追うごとに意識が高くなっているものが6項目（新語を覚えるのに韻を使う／新語を身体で表現して覚える／英語の新語に似た語を自国語の中に探す／むずかしい英単語は分解して，意味を知ろうとする／スケジュールを立て英語の学習に十分時間をあてる／その都度計画表などに自分の感情などを書き留める）である。やや異なる傾向として「英語の発音練習をする」と「英語で読むのが楽しい」では2003年度で低くなっており，年度変化に関しては大きな特徴はみられない。一方，「英語が分からないとき，ゆっくり話してもらうか，もう一度言ってもらう」では，2000年度以降徐々に減少傾向がみられ，2012年度にややもち直したかたちとなっている。

方略のカテゴリーでは，ほとんどのカテゴリーが緩いＵ字型か，2009年度および2012年度に得点が高くなる傾向を示している。カテゴリーの種類によって，年度変化の様子が異なるということはなく，どの方略使用も類似した変化を示している。

『学齢区分』に関しては，［小５～中２］のほうが［中３～高３］よりも方略使用の得点が高い項目群と，［中３～高３］のほうが［小５～中２］よりも方略使用の得点が高い項目群とに二分される。前者（［小５～中２］＞［中３～高３］）には33項目（英語ですでに知っていることと新しく学習したことの関係を考える／知っている単語をいろいろな文脈で使う／積極的に英語で会話を始める／英語でメモ，メッセージ，手紙，報告を書く／英語の中にパターンを見つけようとする／自分の英語の間違いに気づき，そこから学んで上達しようと努力する／英語の技能を高めるための明確な目標がある／英語の発音練習をする／授業の復習をよくする／覚えやすいように文の中で新語を使う／単語を覚えるために，新語の音とその単語のイメージや絵を結びつける／単語が使われる場を心に描いて新語を覚える／新語を覚えるのに単語カードなどを使う／新語を覚えるのにその語があった本のページ，黒板，あるいは道路標識などの位置を記憶しておく／読んだり聞いたりしたことを英語で要約する／他の人が次に英語で何というか推測しようと心掛ける／いろいろな方法を見つけて英語を使うよう心掛ける／英語で話しかけることのできる人を探す／英語を勉強しているとき，自分がどう感じているか他の人に話す／他の人と英語の練習をする／他の人が英語を使っているときは，集中する／できるだけ英語で読む機会を探す／英語を使うのに自

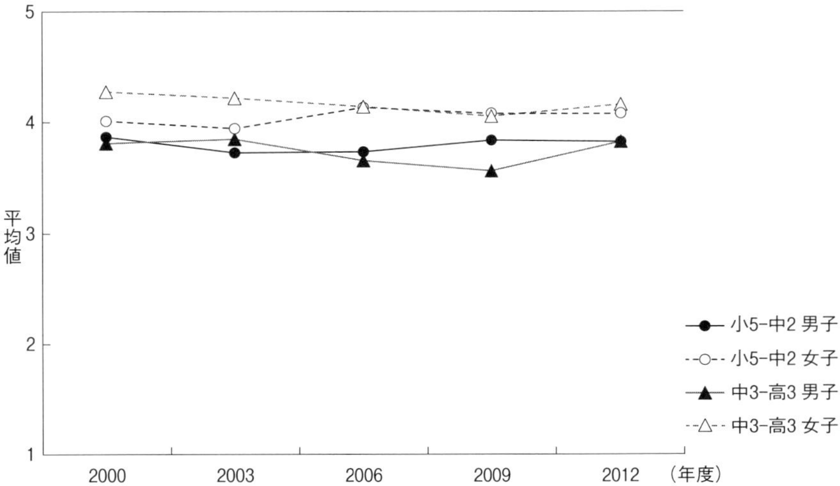

図4. 19 「英語が分からないとき，ゆっくり話してもらうか，もう一度言ってもらう」の経年変化

信がないときは，いつもリラックスするよう心掛ける／間違いを恐れず英語を話すよう自分を励ます／英語を勉強しているときや使っているときに，緊張しているか神経質になっているか気づく／新語を覚えるのに韻を使う／新語を身体で表現して覚える／英語の新語に似た語を自国語の中に探す／むずかしい英単語は分解して，意味を知ろうとする／スケジュールを立て英語の学習に十分時間をあてる／その都度計画表などに自分の感情などを書き留める／新語を数回書いたり言ったりする／英語の章節をまずスキミングし，再び，前に戻って注意深く読む）と6割を超す項目が属しており，比較的万遍なくどのカテゴリーの方略も使用しているようである。それに対して，［中３～高３］のほうが［小５～中２］よりも方略使用の得点が高いものには８項目（逐語訳はしないよう心掛ける／知らない語を理解しようと推測する／自分の英語学習の進歩について考える／英語話者の文化を学ぶよう心掛ける／英語のテレビ番組や英語の映画を見る／英語での会話中適切な語が思いつかないとき，ジェスチャーを使う／英語で適切な語が分からないとき新語を作る／英語の単語が思いつかないとき，同じ意味を

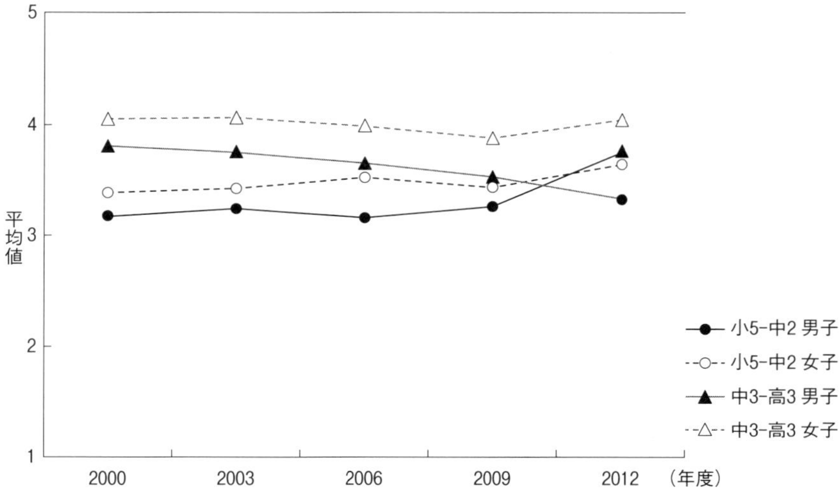

図4.20 「英語の単語が思いつかないとき，同じ意味を持つ語や句を使う」の経年変化

持つ語や句を使う）が属し，「補償」に関する項目がやや多く含まれている。カテゴリーでも，「補償」以外の方略は［小５～中２］のほうが［中３～高３］よりも使用していた。

全般的に学齢が上がってからのほうが方略使用が少なくなっている。解釈として，各方略とも英語学習が習慣化されたために無意識的に遂行できるようになり結果的に自己評定値が低くなったという可能性と，学習意識の箇所で懸念されたのと同様に，英語学習への動機づけが低まった結果であるという可能性が考えられる。

「性別」に関しては，50項目中44項目および「記憶」「認知」「補償」「メタ認知」「社会」カテゴリーで，女子のほうが男子よりも使用の得点が高かった。反対に，「英語を勉強しているとき，自分がどう感じているか他の人に話す」と「その都度計画表などに自分の感情などを書き留める」の２項目では男子のほうが女子よりも数値が高く，男子のほうが自分の感情状態を気にするという結果となった。「英語で適切な語が分からないとき新語を作る」「読んだり聞いたりしたことを英語で要約する」「英語を使うのに自信がないときは，いつもリラックスするよう心掛ける」「英語を勉強しているときや使っている時に，緊張しているか神経質になっているか気づく」の4項目と「情意」カテゴリーでは性差は検出されなかった。

■おわりに

本経年的（3年ごと）英語学習意識調査の狙いは，4－4－4一貫制英語教育における自動・生徒の英語学習の意識および用いる学習方略の相互の関係とその変化を追うことにある。次回の調査は2015年度となる。数値の低かった項目の原因を，教育方法論を含む「学習環境要因」と学習者自身の「学習要因」の両面から検討しておくこと必要があろう。またICTの進捗（教材の電子化・電子黒板とタブレットの使用）と他者との共同作業によって多面的・多角的・総合的に人間関係を充足しながらコミュニケーション能力と学習内を獲得する『プロジェクト型英語授業』などにも対応できるような質問項目の見直しが必要になるであろう。

遠藤　健治
青山学院大学教育人間科学部教授・青山学院英語教育研究センター客員研究委員

参考文献
木村松雄・遠藤健治「2000年度一貫制英語教育の課題　青山学院高中部における横断的学習意識調査（1）」『青山学院英語教育研究センター2000年度報告書』2001年，pp.125-186
木村松雄・遠藤健治「青山学院初等部・中等部・高等部を一貫した英語学習意識・外国語学習方略使用に関する縦断的調査研究報告（2009年度）（及び付表）」『青山学院英語教育研究センター2007―2009年度報告書』2010年，pp.47-97
遠藤健治「初等部・中等部・高等部における英語学習意識及び使用方略調査2013年度調査報告書」『青山学院英語教育研究センター2013年度研究活動報告書』2013年，pp.69-91

5 英語教育効果測定

—初等部・中等部の英語能力測定—

（1）はじめに

文部科学省は2013年12月13日「グローバル化に対応した英語教育改革実施計画」を発表し，「初等中等教育段階からグローバル化に対応した教育環境づくりを進めるため，小学校における英語教育拡充強化，中・高等学校における英語教育の高度化など，小・中・高等学校を通じた英語教育全体の抜本的充実を図る」とする基本方針を打ち出した。具体的には公立小学校では小学校中学年より活動型のクラスを週１～２コマ程度設け，コミュニケーションの素地を養い，小学校高学年では教科型のクラスを週３コマ程度設けることにしている。現在行われている外国語活動の目標は「コミュニケーション能力の素地を養う」であり，言語スキルを伸ばすことは第一目的ではない。しかし，高学年の外国語活動が教科化されるのであれば，中学校との連携も視野に入れスキルの習得も検討されるであろう。

このような文科省の考え方は，私立小学校で行われている英語教育になんらかの影響を及ぼすものと考えられる。本学院では，小・中・高一貫の４－４－４制に基づく英語プログラムのもと，初等部の児童から高等部の生徒が同じ理念に基づいた英語教育を受けている。また本学院においては，その教育理念のもと作成された独自の教科書『SEED BOOKS』（全12巻）を2008年度より順次使用している。この英語プログラムの効果を検証するため，英語教育研究センターにおいては，初等部では2010年度より，また中等部では2012年度より外部テストを導入し児童および生徒の英語能力測定を開始した。本章は過去４年間の測定結果について報告することを目的としている。

（2）課題1―初等部での英語コミュニケーション能力の発達

① 使用したテストについて

使用したテストはGTEC Juniorと呼ばれ，ベネッセコーポレーションのアセスメント開発課で作成されたものである。ベネッセでは，すでに中学生および高校生の英語コミュニケーション能力を測定するテストGTEC for STUDENTSを開発している。このテストは項目応答理論（Item Response Theory）を使っているスコア型であり，テストとしての高い信頼性をもち，毎年多くの中学生および高校生が受検している。

GTEC JuniorもGTEC for STUDENTS同様，項目応答理論を使用し，中学校以前の子どもたちの英語力を多角的に測定しようと作成されたものである。グローバル社会が進む中，早期から英語教育を受ける子どもたちが増えている。ベネッセではこのように早期英語教育を受けている子どもたちの「総合的な英語コミュニケーション力」を測定するため，3つのレベル（Primary Level, Intermediate Level, Advanced Level）のテストを開発した。それぞれのテストには下記のような5つのパートが用意されている。パートCではリーディング能力を測定しているが，それは文字認識から簡単な文章読解ができる力をリスニングで測定するという形態になっている。すべての項目は3つまたは4つの選択肢から正解を選ぶ，multiple choiceタイプのテストである。

① Part A　単語を理解する力を問う問題。
② Part B　簡単な文，もしくは会話を理解する力を問う問題。
③ Part C　リーディング能力を問う問題。（文字認識から文章読解まで）
④ Part D　ディスコースレベルでの英語の理解力を問う問題。
⑤ Part E　問題解決型の問題。英語で与えられたタスクを解決できるかどうかを問う。

さらにテストの後，児童の英語学習に対する意識や動機などを尋ねる数個のアンケート項目もある。毎年初等部では2年生から6年生の受検者が下記のように3つの異なるレベルのテストを受けた。テストは項目応答理論に基づき作成されているので，受検生の得点を同一基準で比較することができる。

① primary level ……… 2年生

② Intermediate level … 3， 4年生

③ Advanced level …… 5， 6年生

すべての受検者のテスト得点は項目応答理論に基づきシータ（θ）値で表されており，単位はロジッツ（logits）である。シータとは「その受験者が標準的な難しさの項目を解いたときに成功するオッズの対数である」（静，2007：p.172）。

シータ値（推定能力値）は平均を0として，標準偏差1に標準化され，－3から＋3の間で分布するのが通常である。今回のリスニング推定能力値については，既存の上位テストであるGTEC for STUDENTSのリスニング問題をいくつかアンカーアイテム（共通テスト項目）として使用し，それらを通して等化を行っている。そのため項目母数として－4 θ～0 θ程度の困難度の分布になっており，したがって推定された能力の分布についても－4 θ～0 θ程度の値になっている。またパートCのリーディングのアイテムの困難度については，リスニングとはまったく別に項目母数の推定を行っているが，平均値があまりにもずれていると分析などに使用する際に適切ではないので，リーディング項目母数の平均値をリスニングに合わせている（2011年3月18日，ベネッセアセスメント開発課山下仁司主幹による説明）。このような経過から平均値がすべてマイナス値となっており，マイナスの数値が大きいほど，得点が低いことを示している。

② 横断的分析

最初に2010年度から2013年度の4年間のデータを横断的に分析することにした。最初にリスニングの分析結果を報告するが，表5.1の記述統計では平均と括弧内に標準偏差を記している。図5.1はそれぞれの学年の平均点をグラフに表したものである。

学年ごとに能力にちがいがあるのかをみるため，それぞれの測定年度でリスニング能力を従属変数とし，学年を独立変数とした分散分析を行った。そ

表5.1　学年ごとにみたリスニングテストの結果

測定年度	2 年生	3 年生	4 年生	5 年生	6 年生
2010	−2. 551(. 479)	−2. 397(. 544)	−2. 197(. 585)	−1. 615(. 459)	−1. 420(. 472)
2011	−2. 342(. 455)	−2. 057(. 471)	−2. 380(. 530)	−1. 273(. 407)	−1. 531(. 458)
2012	−2. 195(. 552)	−2. 182(. 526)	−2. 206(. 477)	−1. 458(. 455)	−1. 365(. 509)
2013	−2. 294(. 462)	−2. 081(. 561)	−1. 810(. 462)	−1. 560(. 429)	−1. 210(. 501)

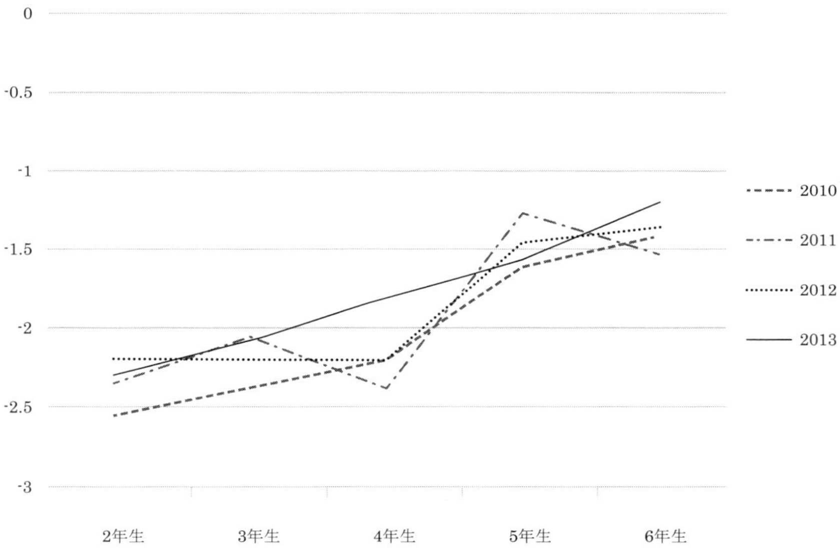

図5.1　2年生から6年生のリスニングテストの結果（2010～2013）

表5.2　各学年におけるリスニングスコアの分散分析結果

測定年度	自由度	F 値	有意確率
2010	4, 560	104. 375	. 000
2011	4, 552	120. 693	. 000
2012	4, 564	82. 807	. 000
2013	4, 558	90. 249	. 000

の結果が表5. 2である。すべての測定年度において学年間に統計的に有意な差がみられた。

表5.3　学年によるリスニング能力の差

	2年生	⇔	3年生	⇔	4年生	⇔	5年生	⇔	6年生
2010年		×		○		○		○	
2011年		×		○		○		○	
2012年		×		×		○		×	
2013年		○		○		○		○	

有意差が出たので，その後の多重比較検定（分散が認められた場合はBonferroni，認められない場合はTamhaneを使用）を行い，学年間の差を詳しく調べた結果が表5.3である。丸印をしているところには統計的な有意差が認められたので，そのグループ間で有意にそれらの力が伸びていることを示す。たとえば，2010年のリスニングに関しては，2年生と3年生の間には有意な差は認められなかったが，3年生と4年生，4年生と5年生，そして5年生と6年生の間には有意な差が認められた。したがって，2年生と4年生，または6年生の間にも有意な差があることになる。

つぎに，同様の分析をリーディング能力測定にも行った結果を報告する。表5.4はその記述統計であり，図5.2はそれをグラフ化したものである。

リスニング同様に学年を独立変数にし，リーディング能力を従属変数にして分散分析を行った結果，表5.5が示すようにすべての測定年度において，学年間に有意な差が出ていることが判明した。

リーディングにおいてもその後の検定を行い，どの学年に有意な差があるのかを検証した。リスニング同様，表5.6では学年の間に統計的な有意の差がみられたところに丸印を付けている。たとえば，2010年度の2年生と3年生，3年生と4年生，4年生と5年生との間には統計的な有意差が認められたが，5年生と6年生の間には有意な差は認められなかったことになる。

以上のような分析からリスニングとリーディングの能力は学年が上がるにつれ，その平均点は向上し，そこには統計的に有意な差がみられた。その後の統計的な処理により，学年により有意な差がある学年とそうでない学年がみられた。

表5.4　学年ごとにみたリーディングテストの結果

測定年度	2年生	3年生	4年生	5年生	6年生
2010	-2.498(.385)	-2.346(.528)	-2.024(.461)	-1.708(.350)	-1.567(.347)
2011	-2.331(.444)	-1.937(.289)	-2.311(.461)	-1.378(.268)	-1.625(.370)
2012	-2.317(.389)	-2.073(.373)	-1.981(.316)	-1.528(.286)	-1.433(.276)
2013	-2.259(.460)	-2.091(.416)	-1.889(.308)	-1.664(.388)	-1.466(.336)

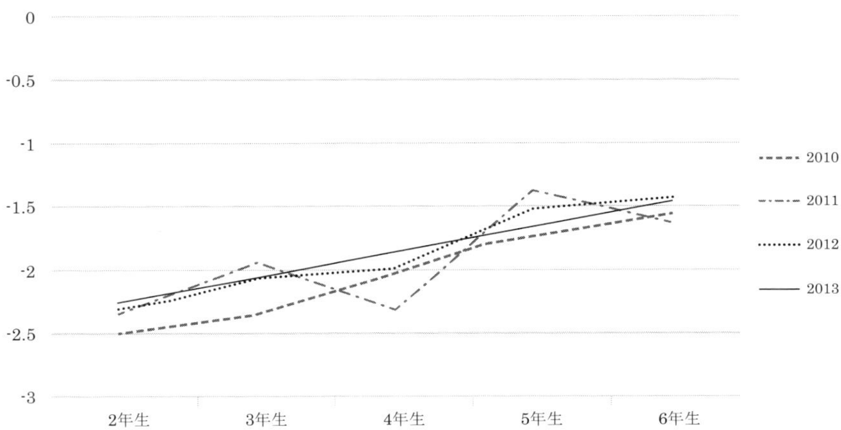

図5.2　2年生から6年生のリーディングテスト結果（2010～2013）

表5.5　各学年におけるリーディングスコアの分散分析結果

測定年度	自由度	F値	有意確率
2010	4, 560	100.765	.000
2011	4, 552	134.212	.000
2012	4, 564	145.204	.000
2013	4, 558	79.666	.000

表5.6　学年によるリーディング能力の差

	2年生 ⇔ 3年生	3年生 ⇔ 4年生	4年生 ⇔ 5年生	5年生 ⇔ 6年生
2010年	○	○	○	×
2011年	×	○	○	○
2012年	○	×	○	×
2013年	○	○	○	○

リスニングに関していえば，2010，2011，2012年のデータより，２年生から３年生のリスニングテストでは有意な差が見つからなかった。その他の学年では差が出ていない学年が若干あったものの，年齢が上がるにつれ有意にリスニング能力が伸びていることがわかった。このことからリスニング能力は３年生以上で年齢と比例して伸びているといえる。２年生と３年生の間で差がみられないことについては授業見学等を通して質的に研究していく必要があると思われる。

一方，リーディングに関していえば，2010年から2013年のデータから，リスニングほどの明らかなパターンはみられないものの，2010年と2012年で５年生と６年生の間で有意な差がみられなかった。高学年でリタラシー能力が伸び悩んでいるのかもしれないが，これについてはこれからもデータを収集してみていきたいと考えている。

③ 縦断的分析

ここでは毎年受検を重ね，３年分のデータがある2007年度入学児童と４年分のデータがある2008年度入学児童の英語能力の変化について縦断的に分析した結果を報告する。2007年度入学生は４年生から６年生，また2008年度入学生は３年生から６年生のデータがあるので，彼らの英語能力の発達を検証した。

表5.7は，2007年度および2008年度に入学した児童のリスニングとリーディングの得点である。テストの得点はここでもシータ（θ）値で表されており，単位はロジッツ（logits）である。2007年度入学生のリスニングとリーディングの経年変化を示しているものが図5.3である。

2007年度入学生のリスニングおよびリーディング能力がどのように伸びているのかを検証するため，３学年におけるリスニングとリーディングの得点を別々に従属変数にして反復のある分散分析（repeated ANOVA）を実行した。分散の結果はリスニングは$F(2, 94) = 17.292$, $p = .000$，リーディングは$F(2, 94) = 8.589$, $p = .000$であった。つまり両スキルにおいて統計的に有意差があったことがわかり，これにより児童は毎年これらの能力を有意

表5.7　2007年度および2008年度入学児童の経年にわたるテスト結果

	2007年度入学児童		2008年度入学児童	
	人数	平均点（標準偏差）	人数	平均点（標準偏差）
3年（L）	*	*	98	-2.418（.526）
3年（R）	*	*	98	-2.367（.521）
4年（L）	95	-2.212（.579）	98	-2.077（.469）
4年（R）	95	-2.050（.437）	98	-1.955（.301）
5年（L）	95	-1.556（.438）	98	-1.469（.440）
5年（R）	95	-1.640（.364）	98	-1.523（.266）
6年（L）	95	-1.412（.479）	98	-1.222（.496）
6年（R）	95	-1.464（.274）	98	-1.462（.324）

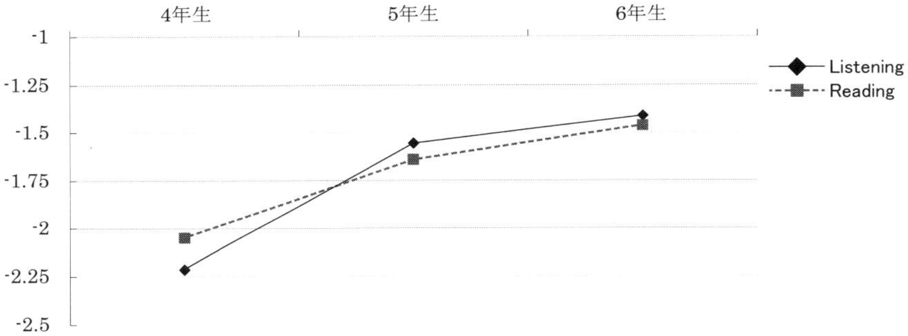

図5.3　2007年度入学生の4年次からの経年変化

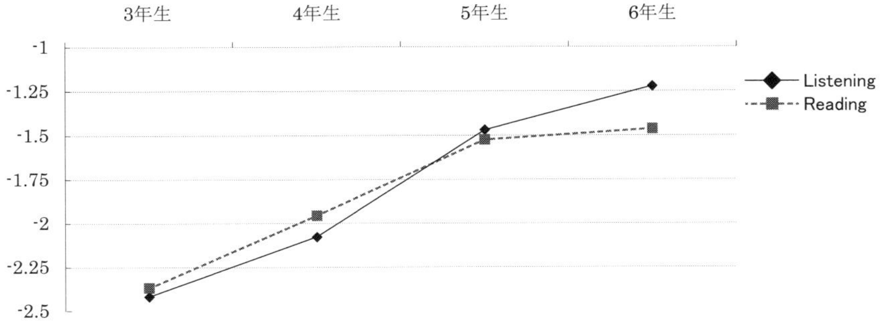

図5.4　2008年度入学生の3年次からの経年変化

に伸ばしていたことが判明した。つぎに，2008年度入学の児童に対しても同様の分析を試みた。

それぞれの能力がどのように伸びているのかを検証するため，こちらのデータでも Repeated ANOVA 分析を行った。4学年におけるリスニングとリーディングの得点を別々に従属変数にして分析した結果，リスニングの得点に関して統計的に有意の差が見つかった：F（2.606, 252.766）＝294.626, p＝.000)。効果量は η^2＝.49で効果量が大きいことを示している。また，リーディング能力も学年ごとに着実に力を伸ばしていることがわかった：F（2.519, 244.342）＝198.616, p＝.000。こちらも効果量は η^2＝.50で効果量が大きいことを示している。今回自由度に小数点がついているのは，分散分析の前提である同質性を検定する Mauchly の球面性検定により同質でないことが判明したので Greenhouse-Geisser を使用して分析を行ったからである。

以上のように2007年度入学の児童の3年間のデータ，および2008年度入学の児童の4年間のデータより，全体的に学年が上がるにつれ，リスニング，リーディングの2つの能力が統計的に有意に伸びていたことがわかった。2つのグループだけなので一般化はできないが，横断的研究結果も考慮に入れると，高学年におけるリーディング能力の伸長度が少ない傾向にあるといえる。これについては授業観察などを通して実態を調べてみる必要があるが，後に少し考察を述べたい。

④ アンケート調査の結果

当該研究で使用している GTEC for Junior では，最後に学習者の英語学習に対する意識や動機，または日本語でのコミュニケーション能力についてのアンケート項目が用意されていた。アンケート項目については試行錯誤が繰り返されており，年度を越えると項目が異なる場合もあった。

毎年用意されるアンケート項目に「英語が好きですか」「英語の勉強が楽しいですか」「英語の勉強は将来役に立つと思いますか」という項目がある。それぞれ3段階で回答してもらう形式になっているが，学年が上がるにつれ「英語がとても好き」また「英語の勉強がとても楽しい」と思う児童の数が減る傾向にある。他の同様の調査からも同じような傾向がみられるが，それは児童が成長するにつれ，認知力が発達し，そのため自我も発達するが，一方，自尊心が低くなることに影響を受けるからではないかと考えられる。このような傾向とは対照的に，「将来英語は役に立つと思いますか」という項目には高学年になるについて「とてもそう思う」という反応が増え，6年生では90％以上が「とてもそう思う」と答え，英語の必要性を理解していることがわかる。

つぎに，2011年度と2013年度のアンケートに注目して分析した結果を報告する。

■2011年度のアンケート調査より

（ⅰ）学習動機と英語能力の関係について

第1回目の測定で使用したGTEC for Juniorでは下記に示すように児童の学習動機に関する項目が5項目，自尊心に関する項目が3項目，そして日本語におけるコミュニケーション能力に関する項目が7項目用意されていた。ここではそれらアンケート項目の結果と英語能力との関係について報告する。

それぞれの大項目「学習動機」「自尊心」「日本語でのコミュニケーションスタイル」と英語能力との相関係数を出したが，「学習動機」は全体としては英語能力にあまり関係していなかった。つぎに，1つずつの項目には，「とてもそう思う」「まあそう思う」「あまりそう思わない」のように，3つのスケールの中から適当なものを選ぶように指示されていたので，それらを独立変数，リーディングとリスニング能力を従属変数として，分散分析を行った。

【2011年度実施したアンケート項目】

学習動機に関する項目

① 日本以外の国の文化（歌・スポーツ・暮らしなど）に興味がありますか。
② 色々な国の人と友達になりたいですか。
③ 外国へ旅行してみたいと思いますか。
④ 外国に住んでみたいと思いますか。

⑤　大きくなったら世界で活躍する人になりたいと思いますか。
自尊心に関する項目
⑥　自分にはいいところがある。
⑦　自分のよくないところを，よくしていきたいと思う。
⑧　自分には得意なことがある。
日本語でのコミュニケーションスタイルに関する項目
⑨　相手の言ったことがわからないときに，相手にもう一度言ってもらう。
⑩　相手が話しの中身を理解できるように話をしている。
⑪　相手の気持ちを考えながら話している。
⑫　自分だけが話さないように気をつけている。
⑬　相手と意見が違っても，自分の意見を言う。
⑭　自分と意見が違っても，相手の意見が正しかったら賛成する。
⑮　必要なときには，みんなの意見をまとめることができる。

表5.8に書いているのは，3，4年生を対象に分析した結果である。それぞれのスケールで分類されたグループの平均点であり，括弧内の数字は人数を示す。分析の結果次のように項目①②④においては受検者グループ間に，リスニングとリーディングのテストで統計的に有意の差があった。

項目①においては，その後の検定（Bonferroni）の結果，「とても興味がある」と「あまり興味がない」のグループに有意差があることがわかった。項目②においては，リスニング，リーディングともに有意の差があったのは，「とても興味がある」グループと「まあ興味がある」のグループの間であった。項目④もリスニングとリーディングで統計的な有意差が見つかったが，それは「とてもそう思う」と「あまりそう思わない」のグループの間であった。

ここで注目したいのは，項目②の結果である。項目①と④については「興

表5.8　中学年の学習動機と英語能力の関係

項目	技能	とてもある	まあある	あまりない	統計結果
①	R	-2.112（131）	-2.239（79）	-2.422（20）	F（2, 227）= 3.968, p = .020
②	L	-2.207（147）	-2.420（63）	-2.474（18）	F（2, 225）= 4.416, p = .013
	R	-2.102（147）	-2.330（63）	-2.250（18）	F（2, 225）= 4.718, p = .010
④	L	-2.183（108）	-2.327（74）	-2.475（48）	F（2, 227）= 4.934, p = .008
	R	-2.081（108）	-2.239（74）	-2.325（48）	F（2, 227）= 4.514, p = .012

味がある」と「あまり興味ない」，または「とてもそう思う」と「あまりそう思わない」のグループ間で差が見つかったのであるが，「ある」と「ない」，または「思う」と「思わない」には明らかなちがいがあるので，そこに能力の差がでるのも理解できる。しかし，項目②の場合は，「いろいろな国の人と友だちになりたい」という質問項目について「とてもなりたい」というグループと「まあなりたい」というグループに統計的な有意差が見つかった。どちらのグループも外国の人に対する興味はあるものの，その強さによってリスニング，リーディングの能力にちがいがみられたということである。小学校中学年の児童は，「外国の文化」や「外国」というよりも「外国の人」に高い関心を示し，それが英語能力により強く関係するのではないかと考えられる。

つぎに，高学年を対象としたアンケート調査の結果を報告する。こちらでも学習動機は全体としては英語能力にあまり関係していないという結果を得たが，学習動機の項目1つずつを詳しくみていった。その結果，表5.9にみられるように項目④においてのみ受検者グループ間に統計的に有意の差があることが判明した。その後の検定（Bonferroni）の結果，リスニング，リーディングともに「とてもそう思う」と「あまりそう思わない」のグループに有意差があることがわかった。「とてもそう思う」児童が179名に対し，「あ

表5.9　高学年の学習動機と英語能力の関係

項目	技能	とてもそう思う	まあ思う	あまりそう思わない	統計結果
④	L	−1.480（179）	−1.672（21）	−1.810（10）	F（2, 207）=3.667, p =.027
	R	−1.620（179）	−1.650（21）	−1.900（10）	F（2, 207）=3.032, p =.050

表5.10　中学年生の日本語でのコミュニケーションと英語能力の関係

項目	技能	とてもそう思う	まあ思う	あまりそう思わない	統計結果
⑮	L	−2.132（61）	−2.311（114）	−2.426（48）	F（2, 229）=4.223, p =.016
	R	−2.045（61）	−2.222（114）	−2.254（48）	F（2, 229）=3.111, p =.046

まりそう思わない」児童が10名しかいないので，グループ比較はむずかしいが，他の項目においてもグループの人数が異なるという点においては同じ傾向であった。その中でこの項目だけに統計的な有意差が出たことに注目した。項目①～③と比べると項目④は「外国に住んでみたい」という，外側から外国を見ているだけではなく，一歩さらに踏み込み，少しのリスクをおかしても他国で暮らそうとする思いを表している。それが英語能力となんらかの関係があることは興味深い。

（ii）日本語によるコミュニケーションスタイルと英語能力について

ここでは，日本語でのコミュニケーションスタイルと英語能力の関係について，中学年のデータと高学年のデータからみえてきたことを報告する。中学年のデータからは，⑮「必要なときには，みんなの意見をまとめることができる」という力がリスニングおよびリーディング能力に関連しているという結果がでた（表5.10）。「とてもそう思う」と考える児童（61名）と「あまりそう思わない」という児童（48名）の間に統計的に有意の差が出たのだが，グループの人数もあまり変わらないので，中学年においてはこのスタイルをもつ児童のほうが英語能力が高いと考えてよいであろう。

また高学年のデータからは表5.11が示すように，⑨「相手の言ったことがわからないときに，相手にもう一度言ってもらう」という項目において，リスニング，リーディングともに「とてもそう思う」（108名）と「あまりそう思わない」（17名）の間に有意な差がみられた。グループの人数がちがうため比較がむずかしいが，高学年ではわからないことを聞き直すというスタイルをもつことが英語の学習能力になんらかの関係をもっている傾向があると考えられる。たしかに，英語学習に関してはわからないことのほうが多い中

表5.11　高学年生の日本語でのコミュニケーションと英語能力の関係

項目	技能	とてもそう思う	まあ思う	あまりそう思わない	統計結果
⑨	L	−1.424（108）	−1.616（86）	−1.625（17）	F (2, 208) = 4.539, p = .012
	R	−1.583（108）	−1.710（86）	−1.629（17）	F (2, 208) = 3.183, p = .043

で，「もう一度言ってください，I beg your pardon.」と言うか，そのままコミュニケーションを閉じてしまうか，大きなちがいである。

以上のように中学年，高学年を対象としたアンケートからは興味深い反応がみられたが，下記にそれをもう一度まとめてみる。

①中学年では「色々な国の人と友達になりたい」と思っている児童のほうが高い英語能力をもつ傾向にあることがわかった。

②高学年では「外国に住んでみたい」と思っている児童のほうが高い英語語能力をもつ傾向にあることがわかった。

③中学年では「必要なときには，みんなの意見をまとめることができる」と自分で思っている児童のほうが高い英語能力をもつ傾向にあることがわかった。

④高学年では「相手の言っていたことがわからないときに，相手にもう一度言ってもらう」ことができると自分で思っている児童のほうが高い英語能力をもつ傾向にあることがわかった。

学習動機や日本語のコミュニケーションスタイルと英語コミュニケーション能力との関係については興味深い発見があったので，これからさらにデータを集めて検証してみたいと考えている。特に日本語のコミュニケーションスタイルについては，第一言語で培ってきているコミュニケーション能力が英語のコミュニケーション能力の基礎的な力に影響するのは当然のことと思われるので検証を続けたい。

■2013年度のアンケート調査より

2013年度は上記で述べた2011年度のアンケート項目とは少し異なる以下のような項目が用意された。それぞれ３段階で評価するように指示されていた。まず，これらの項目に対し主因子法，バリマックス回転による因子分析を行った結果を報告する。表5.12が示すように，固有値１以上の３因子解が得られた。

第１因子には，英語に興味をもって工夫しながら学習している児童の考え方が反映されていると思われる。ここでは「教室での英語に関する興味，関

表5.12　因子分析の結果

因子 1	因子 2	因子 3	項目内容
0.785	0.145	0.33	英語の勉強は楽しいですか
0.757	0.157	0.372	英語が好きですか
0.66	0.3	0.281	英語を習っているのは，自分が習いたいと思っているからだ
0.617	0.156	0.398	習った英語の文をもとに，自分で別の言葉に変えて言ったことがある
0.528	0.334	0.397	教室や教材で習った英語を，それ以外のときに楽しく使ってみたことがある
0.514	0.405	0.034	英語の文を覚えるだけではなく，どうしてそう言うのかを知りたい
0.496	0.285	0.251	家で自分からすすんで英語の勉強をしている（宿題をする・CD を聞くなど）
0.44	0.238	0.113	先生や CD の英語が聞き取れて，うれしく思ったことがある
0.403	0.344	0.223	間違ったり，言いたいことを全部言えなかったとしても，英語で言おうとがんばることがある
0.351	0.277	-0.096	英語を聞くとき，何を言っているかアルファベットを見て，全部確かめたい
0.241	0.644	0.1	習った英語だけではなく，自分の考えを自由に英語で話せるようになりたい
0.305	0.575	0.236	いろいろな国の人と友達になりたいですか
0.172	0.554	0.035	外国へ旅行してみたいと思いますか
0.107	0.544	0.194	英語は将来役に立つと思いますか
0.235	0.532	0.177	日本以外の国の文化（歌・スポーツ・暮らしなど）に興味がありますか
0.282	0.491	0.162	外国に住んでみたいと思いますか
0.054	0.41	0.311	大きくなったら世界で活躍する人になりたいと思いますか
0.197	0.236	0.81	初めて会う外国人の先生と，二人で自由に 1 分間くらい話ができる
0.257	0.194	0.709	英語の短い文（1 ～ 2 文の誕生日カードなど）が書ける
0.329	0.125	0.682	習った英語の文を覚えていて，何も見ないでたくさん言うことができる

心－英語を学ぶことへの興味，関心」要素と名づけた。第２因子は第１因子とは異なり，自分の現在の環境から外に出て行くときの英語の有用性が反映されている項目から成り立っている。そこで「教室外での英語使用に関する興味，関心—英語を使うことへの興味，関心」と名づけた。最後はコミュニケーション，ライティングおよびスピーキング能力に関する自分の有能感について自分で評価している項目である。「言語スキルに対する有能感」とした。

これらの因子と英語能力についての相関係数を求めた。表5.13ではすべての相関係数が１％水準で有意である。リスニング能力に最も高い相関係数をもっているのが，「有能感」（r＝.603）であり，リーディング能力についても同様のことがいえる（r＝.452）。

高い有能感をもつ児童ほど高い英語能力を有しているということは，高学年では自分たちの力をある程度適格に判断することができるということを示している。相関なので「有能感が高ければ高いほど高い学習能力を身につけている」という解釈と「学習能力が高ければ高いほど高い有能感をもっている」という２つの解釈が成り立つ。多くの場合は後者の解釈になると思うが，反対に前者の解釈も可能であることは興味深い。つまり，高い有能感をもつように児童を教育することにより高い学習能力を身につけることもできる可能性があるかもしれない。

また，リスニング能力には教室外動機より教室内動機のほうがより強く関係しているのに対し，リーディング能力には教室内動機より教室外動機のほうがより強く結びついている。教室内動機におけるリスニングの相関の強さ

表5.13　英語能力と３因子の関係

	Listening	Reading	教室内動機	教室外動機	有能感
Listening	1				
Reading	.614	1			
教室内動機	.314	.295	1		
教室外動機	.261	.353	.598	1	
有能感	.603	.452	.535	.430	1

($r^2=.098$) とリーディングの相関の強さ ($r^2=.087$) はあまり変わらないが，教室外動機におけるリスニングの相関の強さ ($r^2=.068$) とリーディングの相関の強さ ($r^2=.125$) は異なる。これは「英語を学ぶ」という教室内学習動機と「英語を使う」という教室外学習動機の違いとも考えられる。英語を使うという思いがより強い学習者のほうがリタラシー能力は高い，またはリタラシー能力が高ければ，英語を使うという思いが強くなると解釈できる。この点に関してはこれからもデータを集めて検証していきたいと考えている。

（3）課題2—中等部生徒の英語コミュニケーション能力の発達

ここでは，2012年度と2013年度に行われた中等部の英語コミュニケーション能力の測定結果を報告する。

① 使用したテストについて

中等部第1，2学年で使用したテストGTEC for STUDENTS COREはGTEC for STUDENTSのうち初級にあたる中学校1年生から3年生を対象に作成されたものである。GTEC Junior同様項目反応理論を用いている。上位のテストである大学および企業で使用されているGTECテストの項目と等化を行っているのでGTEC for STUDENTSとGTECの点数の比較が可能となる。

GTEC for STUDENTS COREでは三技能がそれぞれ下記のようなパートに分かれて測定されている。それぞれ所要時間はリーディング32分，リスニング18分，ライティング20分である。

Reading	Part A（語彙・文法問題）	空所を補充する。
	Part B（情報検索問題）	文章や図表を読み素早く情報を読み取る。
	Part C（要点理解問題）	長文を注意深く読み答える。
Listening	Part A（写真・イラスト説明問題）	イラストを見て説明文を選ぶ。
	Part B（会話応答問題）	会話を聞いて答えを選ぶ。
	Part C（課題解決問題）	日本語での状況説明を読み，会話文を理解する。
Writing	（自由記述）	

表5. 14　中等部第２学年の GTEC for STUDENTS CORE の結果

	人数	最小値	最大値	平均	標準偏差	歪度	尖度
Reading	271	19	170	105. 47	36. 48	. 362	-. 684
Listening	271	56	170	124. 03	29. 56	. 067	-. 835
Writing	272	0	100	82. 19	23. 10	-1. 884	3. 487

表5. 15　Reading, Listening, Writing の相関

	Reading	Listening	Writing
Reading	1		
Listening	. 648**	1	
Writing	. 512**	. 486**	1

② 2012年度の測定結果

2012年度，第１学年は GTEC Junior，第２学年は GTEC for STUDENTS CORE を受検した。ここでは２年生の測定結果についてのみ報告する。中等部第２学年の生徒271名の測定結果を表5. 14に報告する。ここでは θ 値ではなく，スコアに換算された値で報告する。それぞれのスコアの満点は，Reading で170点，Listening で170点，Writing で100点の合計440点である。

また，表5. 15にはそれぞれのスコアの相関係数を報告している。相関係数からみるとリーディングとリスニングといういわゆる receptive skills の相関のほうが productive skill であるライティングとリーディング，またライティングとリスニングの相関より高い。ライティングはリタラシースキルであるということからか，リーディングとの相関係数が，リスニングの相関係数より高くなっている。

つぎに，男子と女子の性差と初等部から進学している生徒と中等部に受験して入学してきた生徒のちがいを調査した。まずは男子と女子を比較するが，平均点と標準偏差を表5. 16にのせている。

図5. 5は３つのテストの結果を男子生徒と女子生徒にわけて，その平均点を示したものである。

それぞれ性差によるテストスコアのちがいが，統計的に意味があるのかを

調べるため multiple analysis of variance（MANOVA，多変量分散分析）を行った。その結果を表5.17に報告する。リーディン，リスニング，ライティング，それぞれのテストで男子生徒と女子生徒には統計的に有意の差があり，すべてのテスト結果において女子の成績のほうが男子の成績より統計的にみても有意に高かった。

表5.16　性差によるテスト結果

	男子		女子	
	人数	平均（標準偏差）	人数	平均（標準偏差）
Reading	135	92.61（34.083）	135	118.77（33.883）
Listening	136	111.53（27.124）	134	137.22（25.646）
Writing	136	74.90（25.761）	135	90.11（15.777）

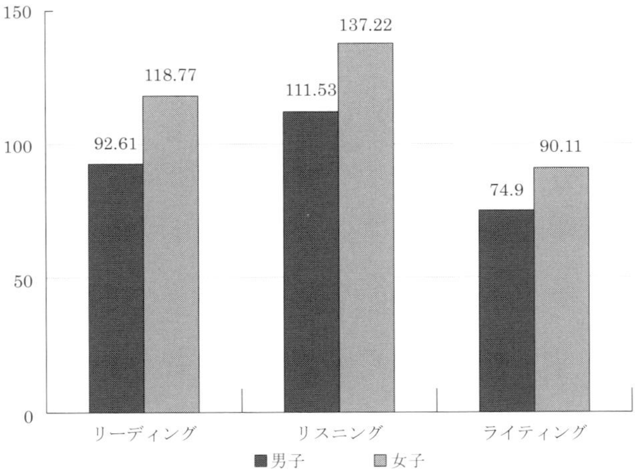

図5.5　GTEC for STUDENTS CORE の性差別結果

表5.17　リーディング，リスニング，ライティングの性差によるちがい

テスト	自由度	F 値	p	効果量（η^2）
Reading	1, 268	41.776	.000	.01
Listening	1, 268	63.953	.000	.02
Writing	1, 268	40.878	.000	.01

つぎに，これら3つの技能を測るテストにおいて，初等部出身者と中学受験入学者の2つのグループ間に統計的に有意の差があるかどうかを調べるために今回も multiple analysis of variance（MANOVA，多変量分散分析）を行った。表5.18にグループごとにそれらテストの平均点と括弧の中に標準偏差を書いている。またテストごとに2つのグループの平均点をグラフ化したものを図5.6に表している。

MANOVA の結果，リーディング，リスニング，ライティング，それぞれのテストで初等部出身者と中学受験入学者の間に統計的な差は見つからなかったがライティングで中学受験入学者の成績が有意に高い傾向をもつことがわかった。

表5.18　初等部出身者と中学受験入学者に分けたテスト結果

テスト	初等部出身者		中学受験入学者	
	人数	平均（標準偏差）	人数	平均（標準偏差）
Reading	108	102.76（39.047）	163	107.26（34.676）
Listening	108	124.78（32.688）	163	123.53（27.392）
Writing	108	78.63（28.417）	163	84.58（18.437）

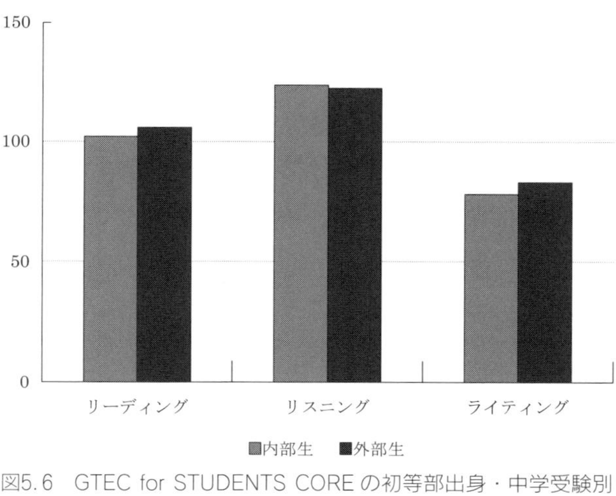

図5.6　GTEC for STUDENTS CORE の初等部出身・中学受験別の結果

ライティングにおいて初等部出身者と中学受験入学者にちがいが出る傾向があるため，さらに分析を行った。GTEC for STUDENT CORE ではライティングに関しては全体のスコアとともに「word per minute」「意見」「理由」「語彙」「構成」「文法」と名づけられた評価項目があり，ライティングの下位能力が測定されている。そこで，それらの成績を比較してみた。「word per minute」はどれだけ多くの単語を書いていたかを測定しているが，t 検定の結果（t =.030, df =269, n.s.），両者に統計的な有意差はなかった。また「語彙」（内容・場面に応じた適語を使えているか，また内容・場面に応じた多様な語彙が使えているか），「文法」（文法・表現が正しいか，内容・場面に応じた多様な表現が使えているか），「構成・展開」（十分な理由が一貫性をもって書かれているか，ライティングの型ができているか）はそれぞれ5点満点で評価されているのでそれらを合計して t 検定で比較を試みたが，こちらも両者に統計的な差は見つからなかった（t =1.417, df =269, n.s.）。つぎに，「与えられたテーマについて自分の意見，結論を述べているか」を評価する「意見」という項目では1, 0で採点してあるため χ^2 検定を行った。その結果，初等部出身者と中学受験入学者によるライティングの「意見」についての連関性は有意であった（χ^2 =7.031, df = 1, $p < .05$）。この結果と残差をみると中学受験入学者のライティングがよりよく「意見」を述べていると評価されていることがわかる。また「意見をサポートする理由や具体例などが書かれているか」を評価する「理由」という項目も1, 0で評価されているので χ^2 検定を行ったところ，初等部出身者と中学受験入学者に有意な連関性が見つかった（χ^2 =7.313, df = 1, $p < .05$）。つまり，中学受験入学者のほうがよりよく「理由」を書いていると評価されている。

表5.19　Reading, Listening, Writing の初等部出身者と中学受験入学者のちがい

テスト	自由度	F 値	p
Reading	1, 268	.904	.343
Listening	1, 268	.228	.633
Writing	1, 268	3.482	.063

③ 2013年度の測定結果

2013年度，中学１年生はGTEC for STUDENTS COREのリスニングのみ，また２年生はGTEC for STUDENTS COREのリスニング，リーディング，ライティング，そして３年生はGTEC for STUDENTS BASICのリスニング，リーディング，ライティングを受検した。ここでは2012年度の分析をもとに成績を性差および初等部出身者・中学受験入学者に分類し，比較した結果をそれぞれのパターンごとに報告する。

（ｉ）統計的な有意差が中学校受験の男子と女子にあるパターン

このパターンは中学１学年のリスニングテストの結果にみられた。表5.20がその記述統計であり，図5.7はそれをグラフにしたものである（＊のところには統計的な有意差あることを示している）。

初等部出身者・中学受験入学者および男子・女子を独立変数とし，リスニングスコアを従属変数として分散分析をした結果，$F(3, 250)=4.610$, $p=.004$とグループ間に有意な差があることがわかった。その後の検定（Tamhane）の結果，外部男子が内部女子，および外部女子と比べ，有意に成績が低いことがわかった。

（ⅱ）統計的な有意差が男子と女子の間あるパターン

このパターンが最も多く，中学２年生のリーディング，ライティング，そしてライティングで１分間に書いた単語数であるWPM（word per minute）において男子と女子の間に統計的な有意差がみつかった。さらに中学３年生においても，同様にリーディング，ライティング，そしてWPMにおいて統計的な有意差がみつかった。まずは表5.21に中学２年生のテスト結果を報

表5.20　中学１年生リスニングテスト結果の記述統計

	人数	最小値	最大値	平均値	標準偏差
初等部出身男子	54	49	170	104.37	33.59
初等部出身女子	57	56	170	112.91	30.96
中学受験入学男子	73	36	170	94.47	22.50
中学受験入学女子	70	56	170	106.57	29.58

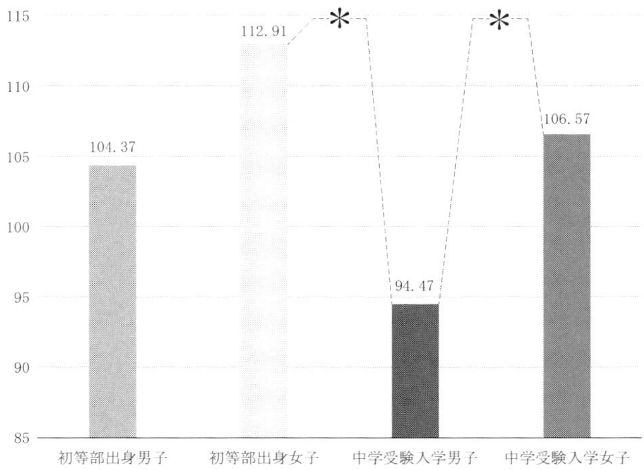

図5.7　中学１年生リスニング

表5.21　中学２年生の三技能を測るテスト結果の記述統計

	人数	最小値	最大値	平均値	標準偏差
リーディング	251	41	170	119.61	35.90
リスニング	250	54	170	133.05	28.33
WPM	251	40	80	53.73	16.06

告する。

つぎに，中学校２年生のデータを初等部出身男子，初等部出身女子，中学受験入学男子，中学受験入学女子に分けてそれを独立変数，Reading, Listening, WPM の３つのテストスコアを従属変数として multiple analysis of variance（MANOVA，多変量分散分析）を行った。その結果を表5.22に報告しているが，それぞれ統計的に有意の差が見つかった。

その後の検定（Tamhane）を行った結果，すべてに関して，中学受験入学女子が中学受験入学男子および初等部出身男子に比べて有位に成績が高く，また初等部出身女子も中学受験入学男子および初等部出身男子に対して有位に成績が高かったことがわかった。ここでは１つ代表的なものとして中学２年生のリスニングテストのパターンを図にしている。

表5.22　2つの技能テストと WPM の MANOVA の結果

テスト	自由度	F 値	p	効果量（η^2）
Reading	3, 244	9.394	.000	.01
Listening	3, 244	9.238	.000	.01
WPM	3, 244	10.124	.000	.01

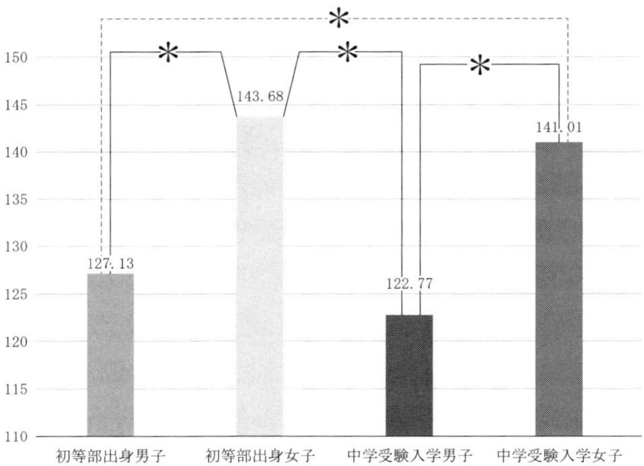

図5.8　中学2年生リスニング

表5.23　中学3年生の二技能と WPM の記述統計

	人数	最小値	最大値	平均値	標準偏差
リーディング	245	58	250	152.53	41.54
リスニング	244	53	250	167.57	41.45
WPM	245	40	125	68.82	23.56

前述したように，中学3年生のデータからもリーディング，ライティング，そしてライティングの WPM において統計的な有意差がみつかった。表6.23はその記述統計である。

ここでも生徒を初等部出身男子，初等部出身女子，中学受験入学男子，中学受験入学女子に分けてそれを独立変数，Reading, Listening の2つのテストのスコアと WPM を従属変数として multiple analysis of variance（MANOVA,

表5.24　2つの技能テストとWPMによるMANOVAの結果

テスト	自由度	F値	p	効果量（η^2）
Reading	3, 240	11.033	.000	.009
Listening	3, 240	12.218	.000	.008
WPM	3, 240	9.074	.000	.011

多変量分散分析）を行った。その結果は表5.24に報告しているが，それぞれ統計的に有意の差が見つかった。

（iii）両グループの女子と中学受験入学男子の間に統計的な有意差があるが，初等部出身女子だけが初等部出身男子との間に有意差があるパターン

このパターンは中学2年生のライティングだけにみられたパターンである。このテストは253名が受検し，最低点0，最高点100，平均点83.16，そして標準偏差が18.68であった。他での分析同様に，生徒を初等部出身男子，初等部出身女子，中学受験入学男子，中学受験入学女子に分けてそれを独立変数，Writingのテストスコアを従属変数としてmultiple analysis of variance（MANOVA，多変量分散分析）を行った。その結果，F（3, 244）=.5.72, p=.001，と統計的に有意な差が見つかった。その後の検定（bonferroni）の結果，図5.9のように初等部出身女子が初等部出身男子，中学受験入学男子に比べて有位に成績が高かったが，中学受験入学女子は中学受験入学男子に対して有位に成績が高かったものの，初等部出身男子とは有意な差はなかった。

（iv）両グループの女子と中学受験入学男子の間に統計的な有意差があるが，中学受験入学女子だけが初等部出身男子との間に有意差があるパターン

このパターンは中学3年生のライティングだけにみられたパターンである。このテストは245名が受検し，最低点0，最高点133，平均点99.84，そして標準偏差が23.31であった。他での分析同様に，生徒を初等部出身男子，初等部出身女子，中学受験入学男子，中学受験入学女子に分けてそれを独立変数，Writingのテストスコアを従属変数としてmultiple analysis of variance（MANOVA，多変量分散分析）を行った。その結果，F（3, 240）=11.271, p

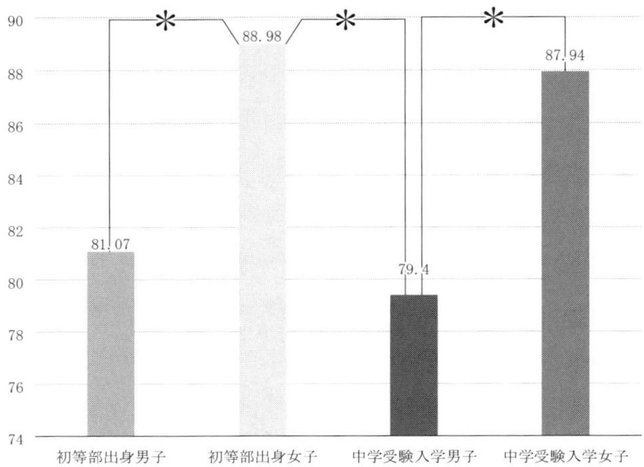

図5.9　中学２年生ライティング

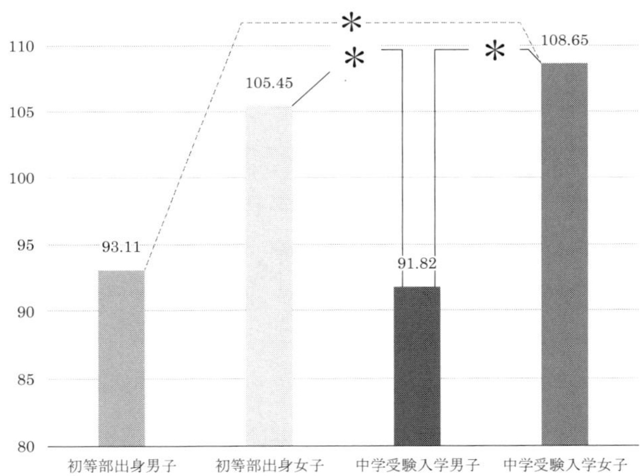

図5.10　中学３年生ライティング

=.000，と統計的に有意な差が見つかり，その効果量はη^2=.006であった。その後の検定（bonferroni）の結果，中学受験入学女子が初等部出身男子，中学受験入学男子に比べて有位に成績が高かったが，初等部出身女子は中学受験入学男子に対してのみ有位に成績が高かった。

以上，中等部の英語能力の測定については，次のようにまとめることができる。2012年度では中等部２年生のみの結果について述べたが，Reading, Listening, Writingのすべてのテストにおいて女子が男子より統計的にみて有意に優れた点数を得ていた。初等部出身者と中学受験入学者を比べたところすべてのテストで統計的にみて有意の差はなかった。ただ作文の内容について「与えられたテーマについて自分の意見，結論を述べている」という観点と「意見をサポートする理由や具体例などが書かれている」という観点からの評価で，χ^2検定をしたところ，中学受験入学者のほうが初等部出身者よりよく「意見」と「理由」を書いていると評価されていた。

2013年度は中等部１年生から３年生のデータを分析した。2012年度の分析より性差，初等部出身者・中学受験入学者のちがいに着目し，参加者を初等部出身男子，初等部出身女子，中学受験入学男子，中学受験入学女子の４つのグループに分けてListening, Reading, Writing, WPMの４つのテストで能力を比較したところ４つのパターンをみることができた。

最初のパターンは１学年のリスニングにみられたもので，中学受験入学男子が両グループの女子に比べて有意に点数が低いものである。入学後間もないときの受検であったので，初等部で英語の授業を受けていた初等部出身者の点数が高いのは納得のいくものである。しかし中学受験で入学した女子は初等部の女子よりは点数が低いものの，初等部出身の男子よりは高い点数を示した。どちらとも統計的な差はないが，中等部に受験入学する女子は入学後まもなく高いリスニング能力を有していることがわかった。

つぎに，最も多くみられたたパターンであるが，初等部出身および中学受験入学にかかわらず女子が両グループの男子よりも有意に点数が高いというもので２年生および３年生のリスニング，リーディング，WPMにみられた。２年生になると初等部での学習量よりも性差が大きく影響しており，３年生にもその傾向が続いていた。さらに，統計的な差はなかったが，２年生では初等部出身女子が中学受験入学女子よりもすべてのテストにおいて平均点が高かったものが，３年生では逆転し，すべてのテストで中学受験入学女子が初等部出身女子より高い得点をあげていた。男子についていえば，２年生においては，女子同様初等部出身男子のほうが中学受験入学男子より高い点数を取っていた。しかし，３年生になり，初等部出身男子はリスニングとライティングでは中学受験入学男子より高い点数であったが，リーディング，WPMでは中学受験入学男子のほうがより高い点数を獲得していた。

第３のパターンは，２年生のライティングにみられたパターンであるが，初等部出身女子の成績が一番よく，それと両グループの男子の間に統計的な有意差があった。また中学受験入学の女子の成績は２番目によく中学受験入学男子との間には統計的に有意な差が見つかったが，初等部出身の男子とは統計的な差は見つからなかった。

最後のパターンは３年生のライティングにみられたもので，第３パターンの反対で中学受験入学女子の得点が一番高く，それと両グループの男子の得点には統計的に有意の差があった。初等部出身女子は２番目の成績であり，中学受験入学男子とは統計的に有意の差があったが，初等部出身男子とは統計的な差はなかった。これからもデータを集めて検証する必要があるが，この最後の２つのパターンはどちらともライティングであり，他の技能より少し性差が弱まる傾向にあるように思われる。

すべてのパターンにおいて，性差が強く出ており女子の優位性が証明されたかたちになっている。また初等部出身者と中学受験入学者の間には有意な差はみられなかった。

（４）課題―効果的な４－４－４制を求めて

まずは，２つの課題であった初等部・中等部の英語コミュニケーション能力の発達についてまとめてみたい。初等部の測定分析より参加者が成長し，学年が進むにつれ英語能力を伸ばしていることがわかった。アンケート項目の分析から英語能力により深くかかわっている学習動機や日本語のコミュニケーションスタイルなどがみえてきたが，これからの研究課題となるであろう。

また，中等部の測定分析より，全体的に女子の優位性がすべてのテストで証明された。どのような理由で女子が優位であるのか，カリキュラム，授業活動を振り返り，その理由を探る必要があると思われる。また，初等部出身者と中学受験入学者との間には統計的には有意の差が出ていないが，そうなると初等部で培ってきた英語力はどのようなかたちで保持，発達していくのかを探る必要性もある。

このような測定結果をふまえ，最後に初等部・中等部の連携，または4－4－4制における英語教育を成功に導く要素について私見を述べたい。まずは初期学習者におけるリタラシー指導における音韻認識能力の重要性についてである。初等部の結果からも少しみえてきているが，高学年におけるリタラシー教育が大きな要となる。大切なポイントは，最初の4年間の音声教育で培ってきた英語能力をいかに効果的にリタラシー能力に変換していくかである。さまざまな研究よりリーディングの基礎能力として音韻認識能力，アルファベット知識，および音声言語を伸ばすことが大切であると指摘されている（Wagner &Torgesen,1987, Ehri, Nune, Willows, Schuster, Yaghoub-Zadeh, & Shanahan, 2001, Whiteburst & Christopher, 2002, Paris, 2011）。日本ではリタラシー活動を始める前に音韻（音素）認識能力を十分に発達させることの重要性がまだ理解されていないようである。初等部のカリキュラムにもフォニックスの前に音韻認識能力を伸ばす活動を導入することをお薦めしたい。

また，Muñoz（2006）は，外国語学習とその学習開始年齢の関係を調査した数々の研究より，形態素および統語（mophosyntactical）の理解が進むのは12歳以降であり，外国語の形式（form）を学習するうえでこの年齢が外国語教育では大変重要であることを指摘している。これはピアジェの発達理論の観点からみても，具体的操作期から形式的操作期に移るころであり（ピアジェの論では11歳からであるが，彼自身1歳前後のちがいを認めている），より分析的に言語を学習する能力がついてきていることが理解できる。12歳までに基本的なリーディング能力であるdecoding力を十分に身につけ，さらに進んだ形式学習に備える必要性がある。

（5）おわりに

本章の目的は過去４年間，初等部・中等部で続けてきた英語コミュニケーション能力測定の結果を報告することである。測定結果よりみえてきた課題についてはこれからの研究テーマとして取り組んでいきたい。今後も地道に測定を続け，本学院の一貫した英語教育の成果を検証しつづける必要があるであろう。また授業研究などを通して質的に研究し，検証する必要がある。

最初に述べたように，日本は今，戦後最大といってもよいぐらいの規模と速さで英語教育が改革されている。英語について学んできた20世紀型の英語教育は大きくその方向性を転換することを求められている。学習者が英語を使いこなせるようになるための英語教育を求めて，英語教育研究センターはこれからも研究・実践を続けていくであろう。

アレン玉井 光江　　青山学院大学文学部教授

参考文献

静哲人（2007）『基礎から深く理解するラッシュモデリング』関西大学出版部

Ehri, L. C., Nune, S. R., Willows, D. M., Schuster, B. V., Yaghoub-Zadeh, Z., & Shanahan, T.（2001）. Phonemic awareness instruction helps children learn to read: Evidence from the National Reading Panel's meta-analysis. *Reading Research Quarterly, 36, 3*, 250–287.

Paris, S. G.（2011）Developmental differences in early reading skills. In S. B. Neuman & D. K. Dickinson（Eds.）*Handbook of Early Literacy Research, Volume* 3（pp. 228–241）. New York: The Guilford Press

Muñoz, C.（2006）*Age and the Rate of Foreign Language Learning*. NY: Multilingual Matters Ltd.

Wagner, R. K., & Torgesen, J. K.（1987）. The nature of phonological processing and its causal role in the acquisition of reading skills. *Psychological Bulletin, 101（2）*, 192–212.

Whitehurst, G.J. & Lonigan, C. J.（2002）. Emergent literacy: Development from pre-readers to readers. In S. B. Neuman & D. K. Dickinson（Eds.）*Handbook of Early Literacy Research, Volume 1*.（pp. 11–29）. New York: The Guilford Press

6

グローバル化をめざした青山学院 CAN-DO リスト

（1）はじめに

近年，日本の英語教育において CAN-DO リストへの関心が高まり，各民間団体や各学校において CAN-DO リストの作成が行われている。2013年12月には文部科学省により『グローバル化に対応した英語教育実施計画』が示され，小中高を通じて一貫した学習目標を設定し，それぞれの段階で CAN-DO リストを作成することが求められている。

青山学院では，4－4－4一貫制英語教育構想のもと，これまで小中高の連携をしながら，第Ⅰ期，第Ⅱ期，第Ⅲ期の目的論，方法論，評価論が整備されてきた。また，各学年で使用されている『SEED BOOKS』（全12巻）がまもなく完成する予定である。各期ごとに到達目標が設定されており，目標を到達するための方法と評価も具現化されているが，全体を俯瞰する CAN-DO リストはまだ作成されていない。また，グローバル化に対応し，本学院の取り組みを国際的な指標に位置づける必要がある。したがって，これまでの取り組みを整理し，『SEED BOOKS』とも対応した CAN-DO リストの作成を行うこととした。

本章では，青山学院の小・中・高で一貫した CAN-DO リストを作成するにあたり，最初に国内外における CAN-DO リストの位置づけとその意義について概観する。つぎに，過去の3つの調査から，初等部・中等部・高等部における英語能力と英語学習への認識に関して特徴的な点を概観する。また，今後 CAN-DO リストをどう評価に生かすか考察するために，初等部・中等部・高等部における評価の経緯について概要を述べる。以上をふまえて，青山学院CAN-DOリストを作成し，それについて解説を加える。

（2）国内外におけるCAN-DOリストの位置づけと意義

① CEFRとCAN-DOリスト

CAN-DOリストとは，英語でできる行動を「能力記述文（Can-do statements：CDS）」で記述し，リスト化したものである。CAN-DOリストの意義が日本の外国語教育でも認知されるようになった背景には，2001年に欧州評議会が，Common European Framework of Reference for Languages: Learning, Teaching, and Assessment（外国語の学習，教授，評価のためのヨーロッパ共通参照枠：CEFR）を公表し，ヨーロッパのみならず世界的に広まったためである。CEFRの目的は，ヨーロッパ言語の教育のシラバス，カリキュラムのガイドライン，試験，教科書等の向上のために一般的基盤を与えることであり，言語学習者がコミュニケーションのために言語を使用するには何を学ぶ必要があるか，効果的に行動できるようになるためにはどんな知識と技能を身につければよいかを総合的に記述するものである。

CEFRのレベル設定は，横軸と縦軸の2方向からなされており，前者は能力レベル段階の記述で，後者は各レベル内の言語使用の広がりに関する記述である。言語活動の広範囲にわたる領域は，公的領域，私的領域，職業領域，教育領域の4つに分けられている。CEFRのレベル分けの大きな特徴は，言語に関する知識ではなく，言語能力について，学習者が目標言語を用いて何ができるのか，その行動がどの程度うまく遂行できるのかについて，CDSで記述されている点である。個別言語を超えて，さまざまな言語に共通して適用できる基準であるため，言語に固有の文法や語彙は排除されている。レベル設定にあたり，レベルを大きく3段階（A 基礎段階の言語使用者，B 自立した言語使用者，C 熟達した言語使用者）に分け，それらをさらに2段階（A1～C2）に区別し，6段階で提示している（吉島・大橋，2004，表6.1）。

表6.1は，共通参照レベルの全体的な尺度を示しているが，自己評価表ではさらに技能ごとに分類されており，理解すること（聞くこと，読むこと），

表6.1　共通参照レベル：全体的な尺度

熟達した言語使用者	C 2	聞いたり，読んだりしたほぼ全てのものを容易に理解することができる。 いろいろな話し言葉や書き言葉から得た情報をまとめ，根拠も論点も一貫した方法で再構成できる。自然に，流暢かつ正確に自己表現ができ，非常に複雑な状況でも細かい意味の違い，区別を表現できる。
	C 1	いろいろな種類の高度な内容のかなり長いテクストを理解することができ，含意を把握できる。 言葉を探しているという印象を与えずに，流暢に，また自然に自己表現ができる。 社会的，学問的，職業上の目的に応じた，柔軟な，しかも効果的な言葉遣いができる。 複雑な話題について明確で，しっかりとした構成の，詳細なテクストを作ることができる。その際テクストを構成する字句や接続表現，結束表現の用法をマスターしていることがうかがえる。
自立した言語使用者	B 2	自分の専門分野の技術的な議論も含めて，抽象的かつ具体的な話題の複雑なテクストの主要な内容を理解できる。 お互いに緊張しないで母語話者とやり取りができるくらい流暢かつ自然である。 かなり広汎な範囲の話題について，明確で詳細なテクストを作ることができ，さまざまな選択肢について長所や短所を示しながら自己の視点を説明できる。
	B 1	仕事，学校，娯楽で普段出会うような身近な話題について，標準的な話し方であれば主要点を理解できる。 その言葉が話されている地域を旅行しているときに起こりそうな，たいていの事態に対処することができる。 身近で個人的にも関心のある話題について，単純な方法で結びつけられた，脈絡のあるテクストを作ることができる。経験，出来事，夢，希望，野心を説明し，意見や計画の理由，説明を短く述べることができる。
基礎段階の言語使用者	A 2	ごく基本的な個人的情報や家族情報，買い物，近所，仕事など，直接的関係がある領域に関する，よく使われる文や表現が理解できる。 簡単で日常的な範囲なら，身近で日常の事柄についての情報交換に応ずることができる。 自分の背景や身の回りの状況や，直接的な必要性のある領域の事柄を簡単な言葉で説明できる。
	A 1	具体的な欲求を満足させるための，よく使われる日常的表現と基本的な言い回しは理解し，用いることもできる。 自分や他人を紹介することができ，どこに住んでいるか，誰と知り合いか，持ち物などの個人的情報について，質問をしたり，答えたりできる。 もし，相手がゆっくり，はっきりと話して，助け船を出してくれるなら簡単なやり取りをすることができる。

出所：吉島・大橋（2004，p.25）

話すこと（やりとり，表現），書くことの５つの観点となっている。

CEFRが言語使用者の行動を評価基準にしていることは，CEFRが行動中心主義に基づいていることを示しており，言語の使用者と学習者を「社会的に行動する者・社会的存在（social agents）」とみなしている。言い換えれば，複言語・複文化主義能力をもつヨーロッパ市民の育成をめざしており，複言語・複文化主義はCEFRの重要な理念である。CEFRは生涯学習の考え方に根ざしているので，ヨーロッパ言語ポートフォリオ（European Language Portfolio: ELP）と関連づけて運用される。ELPは学習者のパスポートで，学習者の生涯にわたる言語学習歴，言語試験結果，職場での言語使用歴などを記録して，学習の言語能力評価に活用しようとするものである。生涯学習として言語学習を考えた際，CEFRでは自律した学習者を育てることも重視されている。

（２）日本におけるCAN-DOリストの導入

2011（平成23）年６月に，「外国語能力の向上に関する検討会」は「国際共通語としての英語力向上のための５つの提言と具体的施策」をとりまとめた。その中で，各中・高等学校が学習指導要領に基づき，生徒に求められる英語力を達成するための学習到達目標を「CAN-DOリスト」のかたちで具体的に設定することが提言された。2013（平成25）年３月には，『各中・高等学校の外国語教育における「CAN-DOリスト」のかたちでの学習到達目標設定のための手引き』（文部科学省，2013）が発行され，CAN-DOリストの作成が推進されている。手引きによれば，各学校がCAN-DOリストのかたちで学習到達目標を設定する目的は３点あるとされている。１点目は，外国語能力向上のために，生徒が身につける能力を各学校が明確化し，教員が生徒の指導と評価の改善に活用することである。そのため，観点別学習状況の評価のうち，特に「外国語表現の能力」と「外国語理解の能力」の評価に活用することが求められている。２点目は，学習到達目標を，言語を用いて「～することができる」という能力記述文のかたちで設定することで，四技能を有機的に結びつけ，総合的に育成する指導につなげることである。3点目は，教員と生徒が外国語学習の目標を共有することで，生涯学習の観点から自律的学習態度を育成することである。要約すれば，CAN-DOリストの作成と活用により，目標と指導と評価を一体化し，生徒の言語活動を主体とした授業への改善へとつなげることが意図されている。

日本で開発されたCAN-DOリストでよく知られているものとして，CEFR-J，英検Can-doリスト，GTEC for STUDENTS Can-do Statementsがある。CEFR-Jは，CEFRに準拠しているが，日本の教育環境における英語に関する枠組みに特化して開発されたものである。CEFRの理念の1つである生涯学習の観点から，小・中・高・大の一貫教育を意識しており，日本人の英語学習者は8割がAレベルで，初級者が圧倒的に多いことから，A1レベルを細分化し，A1を3段階，A2，B1，B2をそれぞれ2段階に設定している。また小学校の外国語活動にも対応できるように，Pre-A1も設定している（投野，2013）。英検Can-doリストは，2万人を超える1級から5級の合格者に対し，数回にわたる大規模アンケート調査を実施し，「具体的にどのようなことができているか（自信の度合い）」をリスト化したものである（日本英語検定協会，n.d.）。GTEC for STUDENTS Can-do Statementsは，Reading，Listening，Writingの習熟到達度に応じて，7段階で示しており，各技能どのようなスキルが身についているかを教室内で行う活動と教室外で行う活動に分けて記述している。Can-do尺度を目的別に分類した長沼（2008）によれば，CEFR（とCEFR-J）のCAN-DOリストは「チェックリスト型」で，ある学習段階で目標とする学習行動がリスト化されている。学年や学期ごとに目標とする行動をリスト化し，到達できたかどうか，事前事後の確認をすることで，能力と目標の両面から学習設定を行い，学習者に目的意識を明確化した学習を促進することができる。英検Can-doリストは，ある特定の行動がどの程度できるかを数値で段階的に回答する形式の「段階尺度型」で開発が行なわれ，最終的にチェックリストにまとめられている。GTEC for STUDENTS Can-do Statementsは「到達指標型」で，分析の際，実際に活動経験のある学習者を対象とし，経験を尋ねる形式を取っているので，ある１つの活動ができるようになる過程を複数の段階で記述している。

（３）小・中・高におけるCAN-DOリストの事例

2011年度から公立小学校において，「外国語活動」が必修として導入され，５，６年生を対象に週１時間の指導が行われている。外国語活動は教科ではなく，その目標は「コミュニケーション能力の素地」を養うことであるため，小学校におけるCAN-DOリスト作成の事例は少ない。しかしながら，2020年度より５，６年で英語が必修化されるにあたり，今後CAN-DOリストのかたちで到達目標を設定し，評価を行うことの重要性も指摘されている。

ここでは，事例を２つ紹介する。１つ目は，CEFR-JのCAN-DOリストで，公立の小学校５，６年生を想定し設定されているPre-A１では，聞くこと，読むこと，やりとり，発表，書くことにおいて各２の能力記述文のリストが作成されている（投野，2013）。たとえば，聞くことでは，「ゆっくりはっきりと話されれば，日常の身近な単語を聞き取ることができる」「英語の文字が発音されるのを聞いて，どの文字かわかる」の２つである。つぎに，２つ目の事例として，長沼・小川（2010）は，１，２年生は年間10時間，３年生以上で週１時間の英語活動を実施している学校を対象に，「小学校英語活動Can-Do尺度」を開発し，実態に合わせて３技能で項目化し，スピーキング６項目，リスニング５項目，リーディング３項目の計14項目からなる尺度を作成した。本尺度では，学習の過程を意識し，４段階の選択肢による段階的到達指標が設けられている。たとえば，「聞く」の項目①「日常的な英語のあいさつや，店のやりとりなどを聞いて理解することができる」では，「a よく耳にする英語でも，英語で理解するのがむずかしいことがある」「b よく耳にする英語であれば，なんどか理解することができる」「c あまり聞きなれない英語であっても，なんとか理解できる」「d あまり聞きなれない英語であっても，だいだい理解することができる」の４段階である。

中高においては多くの事例があるが，ここでは中高一貫教育を意識して作成されたCAN-DOリストを2つ紹介する。1つ目は滋賀県モデル「CAN-DOリスト」で，2013年4月に県内全校に配布され，中高6年間の学習到達目標を四技能ごとに12段階で示している（山本，2012）。たとえば，「読むこと」では，レベル1が「アルファベットの大文字・小文字を理解することができる。身近な暮らしにかかわる単語について，実物やそれに関する絵や写真を参考にしながら読んで，その単語の意味を理解することができる」で，レベル12が「社会性の高いテーマを扱った物語や説明文を，140WPM程度の速度で読み進め，読み取った事実や情報の論理的な関係を理解し，文章の詳細を理解したり筆者の意図をくみ取ったりすることができる」である。2つ目は，千代田区立九段中等教育学校（2014）のCAN-DOリストで，四技能のそれぞれについて，年度末までに「できること（学習到達度目標）」を示したものを技能ごとに3つの観点（実生活に関わること，本校独自の行事やKudan Methodに関すること，授業に関すること）で定めている。第1学年から第6学年に対応したG1～G6とG6プラスの7段階で構成されており，CAN-DOリストとは別に外部検定試験における目標値も示している。たとえば，「読むこと」の「授業に関すること」では，G1は「自分や家族を紹介した手紙などの文章を，辞書を用いないで読んで，内容を理解することができる」で，G6プラスは「読む目的により，読み方を変えることができ，かなりの速さで読むことができる【目安：1分間に150語以上】」である。

（3）初等部・中等部・高等部における英語能力と英語学習への認識

本節では，過去の3つの調査から，初等部・中等部・高等部における英語能力と英語学習への認識に関して特徴的な点を概観する。

最初に，初等部の児童を対象とした英語能力経年測定およびアンケート調査の結果について述べる。英語教育研究センターでは，初等部の児童を対象に，英語コミュニケーション能力測定を開始し，4回の測定を行ってきた（アレン玉井，2013）。測定は，項目応答理論に基づいたGTEC Juniorを使用し，2年生はPrimary，3，4年生はIntermediate，5，6年生はAdvanced levelのテストを受け，同一基準で比較を行った。経年分析結果によると，2007年度入学の児童（4～6年生のデータ），2008年度入学の児童（3～6年生のデータ）の両方において，リスニング，リーディングが学年を追うごとに有意に伸びていることが明らかになった。また，4年間のアンケート調査結果に基づいた因子分析により，児童は「教室の内外における英語使用に対する興味と関心」，および「英語のスキルに関する有能感」をもっていることがわかった。アンケート調査において，「英語が役に立つと思いますか」という問いでは，すべての年度のすべての学年において，7割以上の児童が「とても役に立つ」と回答しており，「とても役に立つ」「まあ役に立つ」を合わせると9割以上となり，その傾向は学年が上がるにつれ強くなっている。本結果から，初等部の段階から児童は将来を見据えて英語学習をしていることが推察できる。

つぎに，2012年度に実施された初等部・中等部・高等部対象の英語学習の意識および使用方略に関する調査結果について述べる。本調査では，5段階評価（5：大いにあてはまる，1：全く当てはまらない）のアンケート調査に基づき，小学5年生から中学2年生と中学3年生から高校3年生の2グループに分けて傾向が分析された。英語力に関しては，「どのように英語を伸ばしたいか」の項目において，全体として高い意識レベルで，学齢区分が上がるにつれて技能を身につけるという認識がなされていることが明らかになった。「受験に必要な英語力」は5つの選択肢の中で最も低く，残りの4つの選択肢は「外国語の人と英語で話す力」「ラジオ，テレビまたは映画の英語を聞く力」「英語の本，雑誌，新聞などを読む力」「英語で手紙やEメールなどを書く力」の順番で得点が高かった。また，「学校の英語ではどのような力をつけさせてもらいたいか」の項目では，上記の項目と同様な傾向で，学齢区分，性別にかかわりなく全体で高い値となり，四技能の中では「話す力」「聞く力」が高かった。英語学習の目的に関しては，「何のために英語学習は必要なのか」の項目において，「将来の仕事のために英語学習は必要だと思う」が最も得点が高く，他に4.0以上であったのは，「アメリカ，カナダ，イギリス，オーストラリアの人々とコミュニケーションをとるために英語学習は必要だと思う」「海外旅行のために英語学習は必要だと思う」「受験や進学のために英語学習は必要だと思う」であった。それらに続き，4.0に近く，比較的値が高かったのが，「アメリカ，カナダ，イギリス，オーストラリア以外の人々とコミュニケーションをとるために英語学習は必要だと思う」「将来の留学のために英語学習は必要だと思う」「外国人の友達を作るために英語学習は必要だと思う」であった。以上の結果から，本学院の児童・生徒は，英語を実際のコミュニケーションのためととらえ，学校内の学習にとどまるだけでなく，学校外での使用に高い意識をもち，卒業後も英語を使うイメージをもっていることが推察できる。

最後に，2014年度に高等部で実施された英語力の意識調査について述べる。調査では，CEFR の全体尺度の６レベルの記述を生徒に示し，現在の英語力のレベルと高等部卒業の時点で目標としているレベルについて回答してもらった。高等部では，３段階の習熟度別レベル（J１：上級，J２：中級，J３：基礎）に分けて授業を実施しており，レベルごとに認識にちがいがある。

なお，本調査は，高校１，２年生に実施されたが，全員の生徒を対象にしていないため，結果の解釈には慎重になるべきである。また，使用したのはCEFR の全体尺度で，技能別の自己評価表でないため，適切に自己評価できていない可能性もある。しかしながら，CAN-DO リスト作成にあたり，生徒の意識をある程度反映することは重要であると考え，ここで結果の要点を紹介する。

現在の英語力のレベルについて，１年生では，J１グループは，A１からB２までばらつきがあったが，B１またはB２と認識している生徒は60% 以上いた。J２グループは，A１からB１までの回答で，A２と認識していたのは約80% であった。J３グループは，A１からB１までの回答で，約30% がA１，約50% がA２と認識していた。２年生では，J１グループは，A１からC２までばらつきがあったが，B１またはB２と認識している生徒が約70% であった。J２グループは，A１からB１までの回答で，A２が約60% で，

B１が20% 以上いた。J３グループは，A１からB２までの回答で，A１が約45%，A２が35%，B１が15% 以上いた。

高等部卒業の時点で目標としているレベルについては，１年生では，J１グループは，全員が目標のレベルをB１以上としており，C１またはC２と回答した生徒は60% 以上であった。J２グループは，A２からC２までばらつきがあったが，約50% がB２と回答した。J３グループは，B１とB２で80% 以上を占めた。２年生では，J１グループは，１年生と同様，全員が目標のレベルをB１以上としており，C１またはC２と回答した生徒は50% 以上であった。J２グループは，A２からC２までばらつきがあったが，70% 以上がB１またはB２と回答した。J３グループは，A１からC２までばらつきがあったが，B１またはB２と回答した生徒が約５割であったが，C１またはC２と回答した生徒も40% 以上いた。

本調査では，CEFR の全体尺度の記述のみに基づく自己評価のため，実際の生徒の英語力と自己評価の一致度や，個々の生徒の技能別の英語力の差異については明らかでない。しかしながら，多くの日本人英語学習者の実態がA１レベルであることを考えると，高等部の生徒は平均的な日本人高校生と比較して，高い目標をもって英語学習を行っていることが示唆される。

（4）初等部・中等部・高等部における評価

本節では，CAN-DO リストを今後評価にどのように生かしていくべきか考察するため，初等部・中等部・高等部における評価の経緯について概観する。

初等部では，教師が児童を評価するのみならず，早い段階から児童の自己評価を取り入れている。低学年では授業内評価とフィードバックを行い，中学年では自己評価と同時に家庭に応援，励ましを呼びかけている。しかしながら，1997年度時点では，各学年における目標設定が明確でないため，主観的評価になりやすいという課題があった。また，各部において，児童に期待する学力観のちがいがあるため，初等部から英語を学習する機会があっても十分にその機会を生かしてきれていない児童・生徒がみられた（合田，1998）。

中等部では，1997年度時点では，10段階の点数における絶対評価を用いているため，英語が「できる」「できない」だけの評価で終わってしまっており，何がどのようにできるようになり，何ができていないかを具体的に示し，生徒にフィードバックする評価方法について考慮すべきという認識があった。また生涯にわたる学習への態度・能力の育成を鑑み，自己評価力の育成についても課題意識をもっていた（敷島・小田，1998）。

高等部では，少人数クラスの実施および帰国生選抜入試を契機に，1997年度より習熟度別クラスが実施された。評価については，各レベルでの到達度評価と年２回の共通実力テストの評価を合わせた総合評価であったが，その評価基準が必ずしも明確でないこと，また目標に上げたコミュニケーション能力の評価について議論が不十分であることが課題として残った（五十嵐，1998）。

上記の経緯をふまえ，1999年に英語教育研究センターが設置されてから，各部で目的論，方法論，評価論が整備されてきた。2002年度には第Ⅰ期から第Ⅲ期の各期の目標および具体的到達目標，および学年別目標が設定され，方法論，評価論についても具体的記述がされた（木村他，2003）。

第Ⅰ期では学期ごとに自己評価を行い，第Ⅰ期前半の観点は，①意欲，関心，態度，聞く　②話すとし，後半では①②に加え，③読むが加わる。また，学習の取り組みを児童と教師が「A：すすんで学習し，十分に努力した」「B：もう少し努力すればよかった」「C：あまり努力しなかった」の３段階で評価する。児童は評価の観点ごとに，反省，感想を文章で記入し，それに保護者と教師がコメントを載せる。教師は，児童の学習に取り組む姿勢や，授業態度，意欲，関心などを記入する。評価の資料は，児童にとっては自分自身の振り返りと自己学習に役立ち，教師にとっては指導の振り返りとカリキュラムの検討に役立つ。第Ⅱ期では，評価は各課ごとに観点別で行う。何がどれくらいできるようになったかを，教師による評価，自己評価，相互評価（発表のみ）を ABC の３段階評価で実施することで，フィードバックすることで，英語学習への態度，意欲を高めている。第Ⅲ期では，日常の授業60%，Project 40% 程度の比率で絶対評価を行う。日常による評価は，速読スピード，語彙テスト，多読プログラムへの参加，Book report の提出，音読（暗唱）テスト，speech の発表，中間・期末テストで構成されており，Project の評価は教師による評価，自己評価，相互評価で行う。今後，青山学院 CAN-DO リストを評価に取り入れることで，より一層目標，指導，評価が三位一体となって英語教育が促進されるものと推測される。

（5）青山学院 CAN-DO リストの試案

① 青山学院 CAN-DO リスト

本節では，青山学院 CAN-DO リストの試案とその概要について述べる。CEFR の能力記述文は，観察可能で評価可能な言語活動を記述するために，原則として，どのようなタスクができるか，どのような言語の質でできるか，どのような条件でできるかの三要素を含んでいる（投野，2013）。また，日本で開発された多くの CAN-DO リストの能力記述文もこの原則を考慮している。したがって，青山学院 CAN-DO リストでも三要素を意識しながら，能力記述文を作成した。なお，本リスト作成にあたり，各期の到達目標，学年別目標，SEEDS BOOK 1 ～11で取り扱っている題材と言語材料を参照した。技能は，CEFR にならい，「聞くこと」「読むこと」「話すこと（発表）」「話すこと（やりとり）」「書くこと」の五技能とした。各期と各学年に分け，CEFR とのおおよそのレベルの対応も併記した。なお，以下では，「話すこと（発表）」「話すこと（やりとり）」をまとめ，四技能として解説を行う。

第Ⅰ期の前半では，英語学習に対する意欲・関心・態度の情意面と「聞くこと」「話すこと」の二技能の育成が主たる目的である（表6. 2）。したがって，自分と基本的な生活用語が中心であり，初めて英語に出会い楽しみながら音声に親しむ。音声に触れる中で，教師の教室英語を聞いて理解し，簡単な教室英語に反応できることを目標とする。また，絵本やスキットなどを用い，文脈の中で基本的な語彙や表現を身につけていく。第Ⅰ期の後半では，英語で表現し相互に楽しむ段階で，劇や物語など少しずつ語彙と英文の長さを増やし，聞く力を育成する。「話すこと」は，身の回りの限られた話題について，友だちと応答できることを目標とし，2年生から始めるスキットにおいて，発表の力も育成する。二技能に加え，「読むこと」「書くこと」が加わり，読むことでは，「100～150語レベルの語彙で書かれた絵本を読んで，概要を理解できる」を目標とする。「書くこと」については，アルファベットから始め，書き写せることが主な目標である。

第Ⅱ期では，第Ⅰ期で培われた英語学習への興味・関心や言語活動への積極的な態度を促進し，四技能の向上をめざす（表6.3）。第Ⅱ期の前半は，英語を理解し，自ら活用する段階で，「聞くこと」と「話すこと」に比重がおかれている。自分や身の回りの家族や友だちに関する文章を聞いて理解したり，短い文で説明したりすることができることを目標とする。また，第Ⅰ期から行っているスキットでは，「今まで学習したスキットに自分のアイディアを加えて演じることができる」力を身につける。「読むこと」では，「150～200語レベルの語彙で書かれた絵本を読んで，概要を理解できる」を目標とし，「書くこと」では，初等部6年では，「過去にしたことについて短い対話文を書くことができる」を目標とする。第Ⅱ期の後半では，第Ⅲ期との連携を意識し，四技能をバランスよく向上させる。「聞くこと」と「話すこと」については，自分と身の回りのことから発展し，環境問題などより幅広い日常的な話題について，正確に聞き取ったり，スピーチができることを目標とする。また，「自分のことや周りの人に関する身近な話題について，基本的な表現を用いて，短い意見交換をすることができる」をめざす。「読むこと」については，語彙のレベルの難易度が高くなり，英文の長さが増え，中等部2年では，「400～600語レベルの語彙で書かれた英文を読んで，内容の要点を即座にかつ正確に理解できる」をめざす。「書くこと」では，「簡単な手紙文や説明文を10文程度で正確に書くことができる」や「環境問題や日本の文化など身近な話題について簡単な表現を用いて，自分の意見を書くことができる」を目標とする。

表6.2　青山学院 CAN-DO リスト　第Ⅰ期

	第Ⅰ期			
	初等部１年（G１）	初等部２年（G２）	初等部３年（G３）	初等部４年（G４）
Listening 聞くこと	・授業で簡単な指示を聞いて，行動に移すことができる。 ・英語の絵本で，繰り返し出てくる言葉を聞いて，理解することができる。	・授業で指示を聞いて，理解できる。 ・50～70語レベルの語彙で書かれた絵本やスキットを聞いて，概要を理解できる。	・ゆっくりはっきりと話されれば，時間や場所，動作に関連した語句や表現を聞いて，理解できる。 ・70～100語レベルの語彙で書かれた劇や物語を聞いて，概要を理解できる。	・ゆっくりはっきりと話されれば，日常や過去の出来事について関連した語句や表現を聞いて，理解できる。 ・これまで出会ったことのある物語や学習した事柄を聞いて，概要を理解できる。
Reading 読むこと			・ブロック体で書かれた大文字と小文字を認識できる。	・これまで学習してきた身近な話題の簡単な文章を読んで，概要を理解できる。 ・100～150語レベルの語彙で書かれた絵本を読んで，概要を理解できる。
Speaking (Production) 話すこと (発表)	・１から10まで言うことができる。 ・好きな食べ物について言うことができる。	・自分の好きな歌を始めから終わりまで歌うことができる。 ・学んだ表現を使って簡単なスキットを演じることができる。	・簡単な語や定型表現を用いて物の場所や状態について伝えることができる。 ・学んだ表現を使って簡単なスキットや劇を演じることができる。	・簡単な語や定型表現を用いて日常や過去の出来事について伝えることができる。 ・自分で場面を設定し，グループで簡単なスキットを演じることができる。

Speaking (Interaction) 話すこと（やりとり）	・先生と簡単なあいさつをかわすことができる。	・身の回りに関する簡単な質問に答えることができる。	・時間や場所，動作について基本的な文を使って質問をしたり答えたりすることができる。	・日常や過去の出来事について基本的な文を使って質問をしたり答えたりすることができる。
Writing 書くこと			・アルファベットの大文字，小文字をブロック体で書くことができる。	・身近な話題に関する簡単な単語（3～5文字程度）を書き写すことができる。
CEFR				

表6.3　青山学院 CAN-DO リスト　第Ⅱ期

	第Ⅱ期			
	初等部5年（G5）	初等部6年（G6）	中等部1年（G7）	中等部2年（G8）
Listening 聞くこと	・ゆっくりはっきりと話されれば，自分や自分の家族，人や物の状態に関する文章を聞いて，理解できる。	・ゆっくりはっきりと話されれば，自分や周りの家族や友達の習慣や過去にしたことに関する文章を聞いて，理解できる。	・ゆっくり，または繰り返して話されれば，自分や学校に関する日常的な話題の文章を聞いて，正確に理解できる。	・ゆっくり，または繰り返して話されれば，自分の将来や環境問題に関する日常的な話題の文章を聞いて，正確に理解できる。
Reading 読むこと	・簡単な語を用いて書かれた短い説明文や，家族について説明された短い E-mail を読んで，理解できる。 ・辞書を使えば，簡単な詩を読	・人物に関する短い説明文や現在や過去にしたことに関する会話文を読んで，理解できる。 ・150～200語レベルの語彙で書かれた絵本	・3～4段落程度の英文で書かれた日常的な話題の説明文や物語文を読んで，理解できる。 ・200～300語レベルの語彙で書かれた話を	・3～5段落程度の英文で書かれた日常的な話題の説明文やスピーチ文を読んで，理解できる。 ・400～600語レベルの語彙で書かれた英文を読んで，内容の要点

	んで，理解できる。	を読んで，概要を理解できる。	読んで，内容を正確に理解できる。	を即座にかつ正確に理解できる。
Speaking (Production) 話すこと（発表）	・自分や家族，友達について，数文程度で，他の人に紹介できる。 ・人や物の状態や今している動作について，短い文で説明できる。 ・自分の言葉を加えてスキットを演じることができる。	・自分と相手以外の人がいつもしていることについて，短い文で説明できる。 ・過去にしたことや物や人の過去の状態について，短い文で説明できる。 ・今まで学習したスキットに自分のアイディアを加えて演じることができる。	・絵を用いて，道案内など身近な話題や，自分の意見を簡単な文で説明できる。 ・学んだ表現に，自分の言葉を加えながら，相手に伝えたい内容を正確に伝えることができる。	・過去の経験や自分の将来など身近な話題について，短いスピーチをすることができる。 ・学んだ表現をもとに，言葉を自由に替えたり加えたりしながら，自分が伝えたい内容や気持ちを正確に伝えることができる。
Speaking (Interaction) 話すこと（やりとり）	・友達に人や物の状態について，短い文で質問したり答えたりできる。	・友達がいつもしていることについて，短い文で質問したり答えたりできる。 ・過去にしたことについて短い文で質問したり答えたりできる。	・時間や物の数など身近な話題について，短い文で質問したり，答えたりすることができる。	・自分のことや周りの人に関する身近な話題について，基本的な表現を用いて，短い意見交換をすることができる。
Writing 書くこと	・自分の家族についての説明文や簡単な詩を書き写すことができる。 ・動作やいつもしていることを表す語句を	・自分や友達がいつもしていることや過去にしたことを表す語句を書くことができる。 ・過去にしたこ	・自分や身の周りの人のこと，過去にしたことについて，5～6文で書くことができる。 ・賛否両論があ	・簡単な手紙文や説明文を10文程度で正確に書くことができる。 ・環境問題や日本の文化など身近な話題について簡単な表現を用

	書くことができる。	とについて短い対話文を書くことができる。	る身近な話題につい簡単な表現を用いて，自分の意見を書くことができる。	いて，自分の意見を書くことができる。
CEFR		A 1	A 1－A 2	A 2

表6.4　青山学院 CAN-DO リスト　第Ⅲ期

	第Ⅲ期			
	中等部３年（G 9）	高等部１年（G10）	高等部２年（G11）	高等部３年（G12）
Listening 聞くこと	・身近な話題について，1000語レベルの語彙で書かれた英文を平均160wpm の速さで聞いて，概要を理解できる。	・社会的問題も含む身近な話題について，1200語レベルの語彙で書かれた英文を平均160wpm の速さで聞いて，概要を理解できる。	・社会性の高い話題について，1500語レベルの語彙で書かれた英文を平均160wpm の速さで聞いて，概要を理解できる。	・社会性が高く，学術的な話題について，2000語レベルの語彙で書かれた英文を平均160wpm の速さで聞いて，概要を理解できる。
Reading 読むこと	・身近な話題について，1000語レベルの語彙で書かれた英文を平均150wpm の速さで読んで，要点を理解できる。	・社会的問題も含む身近な話題について，1500語レベルの語彙で書かれた英文を平均150wpm の速さで読んで，要点を理解できる。	・社会性の高い話題について，2000語レベルの語彙で書かれた英文を平均150wpm の速さで読んで，要点を理解できる。	・社会性が高く，学術的な話題について，3000語レベルの語彙で書かれた英文を平均150wpm の速さで読んで，要点を理解できる。
Speaking（Production）話すこと（発表）	・身近な話題について，自分の意見や考えを50語程度でまとめた英文をスピーチす	・社会的問題も含む身近な話題について，自分の意見や考えを50語程度のパラグラ	・社会性の高い話題について，自分の意見や考えを100語程度のパラグラフにまとめ	・社会性が高く，学術的な話題について，自分の意見や考えを200語程度のパラグラフにまと

	ることができる。	フにまとめた英文をスピーチすることができる。	た英文をスピーチすることができる。	めた英文をスピーチすることができる。
Speaking (Interaction) 話すこと（やりとり）	・身近な話題について，相手の反応に応じて，短い対話を続けることができる。	・社会的問題も含む身近な話題について，多様な表現を用いて，社交的に対話を続けることができる。	・社会性の高い話題について，ディベートやディスカッションなどで，自分の主張を明確に述べて，相手と議論することができる。	・身近な話題から，社会性が高く，学術的な話題まで，幅広い話題の会話や議論を流暢にすることができる。
Writing 書くこと	・身近な話題について，800語レベルの語彙を用いて，自分の意見や考えを正確かつ適切に，50語程度で書くことができる。	・社会的問題も含む身近な話題について，1200語レベルの語彙を用いて，自分の意見や考えを50語程度のパラグラフで，３部構成（序論，本論，結論）を意識して書くことができる。	・社会性の高い話題について，1500語レベルの語彙を用いて，自分の意見や考えを100語程度のパラグラフで，３部構成（序論，本論，結論）で書くことができる。	・社会性が高く，学術的な話題について，2000語レベルの語彙を用いて，自分の意見や考えを４～６のパラグラフで，段落構成を意識して，読み手に分かりやすく書くことができる。
CEFR	B１	B１–B２	B２	B２–C１

第Ⅲ期では，第Ⅰ期，第Ⅱ期で培われた基礎的な英語力をさらに育成し，大学以上のレベルにおいて，社会的かつ専門的な話題について英語を運用できるように基礎力を養うこと目的とする（表6.4）。第Ⅰ・Ⅱ期と異なる点は，各学年でめざすべき語彙レベルがすべての技能において段階的に明記されている点である。方法論としては，日常の授業と一学期に１回程度のプロジェクトの両輪で，四技能の育成をめざす。高等部３年では，たとえば，「聞く

こと」は「社会性が高く，学術的な話題について，2000語レベルの語彙で書かれた英文を平均160wpmの速さで聞いて，概要を理解できる」，話すこと（発表）は「社会性が高く，学術的な話題について，自分の意見や考えを200語程度のパラグラフにまとめた英文をスピーチすることができる」を目標とする。

（6）異文化理解能力について

CAN-DOリストは英語でできる行動を能力記述文で記述したものであるため，四技能（または五技能）で表記することが一般的で，異文化理解能力をCAN-DOリストに含めることはCAN-DOリストの目的にそぐわない。したがって，青山学院CAN-DOリストにも含めなかった。しかしながら，英語の授業において，異文化理解能力の育成は重要な目標の1つであり，なんらかのかたちで自己評価に取り入れる必要がある。ここで，参考になるのは，ELPのJunior version（CLIT, the National Centre for Languages, 2006）である。このポートフォリオでは，児童が評価する際に四技能はCEFRに対応した表が記載されているが，異文化理解能力については，別扱いで，できること2項目，教室内外での経験7項目の計9項目が記載され，自己評価をするページがある。具体的項目の例は，「英語をあまりよく話せない誰かに何かを説明することができる」「外国の歌を学んだ」「異なった国の食べ物を比較した」「少なくとも2つの言語で，丁寧に挨拶をする方法を知っている」である。それに加え，異文化に触れた経験を記述式で書き込むページもある。そこで，本学院でも，異文化理解能力について，CAN-DOリストとは別にポートフォリオで使用できるかたちで，今後各学年で児童・生徒の実態や教室内外の活動に合った項目を複数作成する必要があるだろう。なお，本学院ですでに作成されている学年別目標において異文化理解に関連する部分の例を以下に示す。

・外国の行事で使う言葉や，身近な文化のちがいがわかる。（初等部3年生）

・多様な文化の中で生きる人々に関心を寄せたり，学習する作品の背景や，著書，場所について，コンピューターや書物の資料を使って調べ，国際理解を深める。（初等部５年生）
・学校や家庭での日常的な話題を題材とし，自国と文化のちがいを理解し，自ら国際理解を深める。（中等部１年生）
・日常的な話題を題材とし，読んだり聞いたりしながら言語や文化についての知識を身につけ，自国とのちがいを理解し，自らの文化を紹介する。（中等部２年生）

（７）今後の課題

今後の課題として主に２点あげられる。１点目は，リストの項目の精緻化である。リスト作成にあたり，各期の到達目標，学年別目標，『SEED BOOKS 1 〜11』を主に参照したため，実際に行われている授業内容や各期・各学年の教員が想定している実生活での英語の使用については必ずしも十分に反映されているとはいえない。そのため，他のいくつかのCAN-DOリストにみられるように，能力記述文を教室内外の使用に分けて表記できなかった。とくに，第Ⅲ期については，第Ⅰ期，第Ⅱ期に比べ，能力記述文の抽象度が高いため，能力記述文をさらに具体化し，複数作成することが望ましい。今後，実際に指導されている先生方と話し合いながら，リストの精緻化を行う必要がある。２点目として，高等部のレベル別クラスの問題である。高等部では３段階の習熟度別クラスになっており，それぞれのクラスで到達目標の到達度は異なるため，高校生のCAN-DOリストをレベル別にをさらに細分化するべきか検討する必要がある。

（８）おわりに

本章では，グローバル化に対応するために，これまでの本学院における初等部・中等部・高等部対象の調査や４－４－４一貫制英語教育構想のもと整備されてきた到達目標，指導方法，評価に基づき作成した青学CAN-DOリストを紹介した。本リスト作成にあたり，CEFRを視野に入れながら，これまでの長年の各期の先生方の指導と児童・生徒の学びの積み重ねの成果を生かし，『SEED BOOKS』に対応したリストになることをめざした。CAN-DOリストは，しばしば理想を掲げただけのcan't -doリストやwill-doリストになってはいけないといわれる。本リストが真に教師の指導および児童・生徒の学びに生かされるものになるためには，今までどおり，本学院の小・中・高・大が連携し，高い目標をもちつつも，CAN-DOリストを日々の指導と学習で用いることで，より実態に合ったリストに改訂していくことが求められる。

髙木 亜希子　　青山学院大学教育人間科学部准教授

参考文献

アレン玉井光江（2013）「初等部における英語能力測定：経年測定を通してみる英語教育の効果について」『青山学院英語教育研究センター2013年度報告書』pp.92-108

ベネッセコーポレーション（n.d.).『GTEC for STUDENTS Can-do Statements』http://gtec.for-students.jp/cando/（2014年10月1日閲覧）

千代田区立九段中等教育学校（2014）『KUDAN CAN-DOリスト（2014-2015）』http://www.kudan.ed.jp/KUDAN_CAN-DO_2014-2015.pdf（2014年10月1日閲覧）

CLIT, the National Centre for Languages. (2006). *English Language Portfolio-Junior Version: Revised Edition.* http://www.primarylanguages.org.uk/resources/assessment_and_recording/european_language_portfolio.aspx（2014年10月1日閲覧）

遠藤健治（2013）「初等部・中等部・高等部における英語学習意識及び使用方略調査2013年調査報告書」『青山学院英語教育研究センター2013年度報告書』pp.92-108

合田紀子（1998）「初等部の英語教育」『青山学院英語教育検討委員会報告書』pp.5-8

五十嵐元篤（1998）「高等部の英語教育」『青山学院英語教育検討委員会報告書』pp.15-18

木村松雄・木下美子・J・ベッチャー・小田文信・敷島洋一・田邊博史・西川良三（2003）「4-4-4制に基づく一貫制英語教育の提案」『青山学院英語教育研究センター2001・2002年度報告書』pp.55-123

文部科学省（2013）『各中・高等学校の外国語教育における「CAN-DOリスト」の形での学習到達目標設定のための手引き』http://www.mext.go.jp/a_menu/kokusai/gaikokugo/__icsFiles/afieldfile/2013/05/08/1332306_4.pdf（2014年10月1日閲覧）

長沼君主（2008）「Can-Do尺度はいかに英語教育を変革しうるか：Can-Do研究の方向性」『ARCLE REVIEW』No.2，pp.50-77

長沼君主・小川隆夫（2010）「小学校英語教育におけるCan-Do尺度の開発とスキル指

導の効果の検証—スキルと情意のバランスを求めて」『自律した学習者を育てる英語教育の探求—小中高大を接続することばの教育として』 中央教育研究所研究報告 No.73, pp. 7 -27
日本英語検定協会（n.d.).『英検 Can-do リスト』http://www.eiken.or.jp/eiken/exam/cando/（2014年10月 1 日閲覧）
敷島洋一・小田文信（1998）「中等部の英語教育」『青山学院英語教育検討委員会報告書』pp. 9 -14
投野由紀夫（編）(2013）『英語到達度指標 CEFR-J ガイドブック』大修館書店
山本祐司（2012）「「CAN-DO リスト」で何が変わる？　何を変える？」『中学校英語 CAN-DO リスト作成のヒントと実践例』三省堂，pp. 8 -11 http://tb.sanseido.co.jp/english/newcrown/24NCSupport/CAN-DO/index.html（2014年10月 1 日閲覧）
吉島茂・大橋理枝ほか訳・編（2004）『外国語教育Ⅱ　外国語の学習，教授，評価のためのヨーロッパ共通参照枠』朝日出版社

7

座談会
「青山学院一貫制英語教育の過去・現在・未来」

本章は,『SEED BOOKS』の執筆,編集および実践・研究にたずさわれた先生方により2015年３月19日に行われた座談会を収録したものである。

［参加者（発言順）］
合田 紀子（青山学院初等部教諭）
小田 文信（青山学院中等部教諭）
松村 伸一（青山学院女子短期大学教授）
三ツ木京子（青山学院高等部教諭）
アレン玉井光江（青山学院大学教授）
髙木亜希子（青山学院大学准教授）
［司　会］
木村 松雄（青山学院英語教育研究センター所長・青山学院大学教授）

木村　おはようございます。それでは,これから座談会を始めたいと思います。最初に合田先生のほうからお話しをいただければと思います。これまでどのような取り組みをしてきたのか,何を最も重視してきたのか,あるいはどのようなご苦労があったのか,そして今後の課題などを自由に語っていただきたいと思います。どうぞよろしくお願いいたします。

合田　よろしくお願いいたします。初等部では,2008年度から１年生の英語の授業が定期的に始まりました。私たちは,初等部の英語の授業は初等部の生活,また身の回りの生活をふまえた英語の言葉というものを,楽しくわかりやすく子どもたちが一緒に表現できるようなかたちで展開をしてきました。最終目標としては,「子どもたちが自分から英語を使ってみたい」という気持ちを大切にし，活動のチャンスをつくってきました。

むずかしかったこととしては，先ほど申し上げましたように，１年生の授業が定期的に入るために授業時間数を増やし組み込んだこと，また2008年度に３年生と４年生が同時に週1.5時間だった60分から週２時間として80分の授業に増やしたことでした。こういった英語教育の試みをやっていきたいということで，初等部全体の先生たちと話し合ってこの教科書を作成し，一貫教育に向けて滑り出し，時間をかけてやってきました。

今後の課題としては，４つあげたいと思います。１つは，グローバル化により英語圏，アジア圏などに滞在した子どもたち，それぞれちがった英語を体験した帰国子女の子どもたち，また幼少からインターナショナルスクールや個別に英語を習得する子どもたちなど，さまざまな子どもたちが初等部に１年生としてやってきます。それぞれの子どもたちの力に応じた学習プログラムを充実できるようにやっていきたいと思っております。

２つ目としましては，第Ⅰ期から第Ⅱ期を円滑に連動するための中等部の先生たちとの交流，または授業に実際に入っていただいて子どもたち一人ひとりを見ていただくこと，また中等部に初等部の子どもたちが上がったときに，そういった子どもたちを受け止めていただいて，ますます小中連携の一貫をめざしていきたい，よりよいかたちの人事交流をしていきたい，そういうことを考えております。

３点目としましては，第Ⅰ期から第Ⅱ期へつなげていくための課題について，よりよいかたちをめざしていきたいと思います。教科書の導入後，多くの語彙に触れる機会が増えてきました。語彙を用いて，今までは「聞くこと」「話すこと」，また「読むこと」に重点をおいてきましたが，『SEED BOOKS』の第Ⅱ期に向けて「書くこと」，そういったことも加わっていくなかで，最終的には児童自身がつくり出す課題学習を展開するような，流れをつくっていきたいと考えております。

最後に4点目としましては，教科書の電子化です。今，初等部では，昨年の2013年度から電子黒板が導入され，またそれと連動してタブレットなども使って授業を始めています。今後英語教育研究センターのなかで初等部，中等部，高等部，女子短大，大学において，英語一貫教育をめざしながら，学院の教科書『SEED BOOKS』を中心とした，ICTを活用した効果的な英語教育について，さらに研究していきたいと思います。

木村　どうもありがとうございました。それでは，第Ⅱ期のコンビナーを長く続けてくださっている中等部の小田先生，お願いいたします。

小田　第Ⅱ期の実際の取り組みを伝えたいと思います。まず2010年に現在の高校2年生の64期生より『SEED BOOK 7』を導入いたしました。『SEED BOOK 8』はその次の年，2011年に導入いたしまして，最後に『SEED BOOK 9』は中学3年生へ2012年度に導入いたしました。最初の2010年，これは最初に『SEED BOOK 7』を使用するということで私たちも結構緊張感がありまして，まず春休み中に授業で使用するような単語のフラッシュカードをつくったり，授業のスケジュールを決定したりし，さらに4月の段階で『SEED BOOK』をその年に使うということで保護者会を開きまして，保護者へも研究センターのプロジェクトを説明し理解を求めました。私たちは教科書をつくって，研究センターのメンバーはどういうものがつくられたのかわかっているのですが，実際に1年生を担当する教員にも私たちが『SEED BOOK 7』の特徴と「こういうふうにやっていきましょう」ということを提案し話し合いました。

やはり，2章「各期のあゆみ」でも述べたとおり失敗が許されないかな，という緊張感がありまして，相当教員側も悩みました。さらに昔から問題であったのは，英語学習歴がちがう子どもたちのことです。初等部の子どもたちはもう６年間勉強してきていますし，中学校から受験する生徒が半数いますので，その子たちと『SEED BOOK 7』をどのように使っていくのかということを教員側で話し合いました。そこで出た答えが，クラスをやはり分けなければいけないのではないかということで，初等部出身の生徒と中等部から入ってきた生徒に分けて，人数的には初等部から入ってきた子を32人，中等部から入ってきた子たちを16～18人としました。初等部から入ってきた子どもたちは６年間勉強してきていますので，相当語彙もスピーキング力もリスニング力もあるので，１年間では到底追いつかないと思ったのです。大体16～18人の少人数にして何度も子どもたちと触れ合い発話を多くしながら，中等部から入ってきた子どもたちにも「英語は楽しいよ」ということを伝えながら２年生までの１年間を過ごそうという計画を考え実行しました。

初等部の子どもたちの様子を見ていますと，本当に物おじせず大きな声で英語を発話したり，内容も聞き取れるのですけれども，教科書だけでは物足りないという子が多いので，飛び込みで歌を入れたりですとか，リスニングだけの教材を子どもたちに使わせたりするのですけれども，それも解けてしまうので本当に６年間の差がそこで出てきてすばらしいかなと思っております。

中等部からきた子どもたちに英語学習歴を聞きますと，90％の子どもたちが小学校でなんらかのかたちで学習しているということが判明しました。習っているといっても，５，６年生で週に１回やっているというような授業だけということもありますし，受験が終わったあとに塾で「中学校に行ったらこういうことをやるのだよ」ということで，塾で先取りとして勉強している子どもたちなど，中学校で受験する子でさえ英語学習歴がさまざまなのでどこから教えようかなと考えたのですが，ゆっくりスローペースで，英語を嫌いにならないようにという目標をたて，ゆっくり時間をかけました。あとはもっと時間数を少なくしたのですけれども，Lesson 1に関しては20時間ぐらいかけて行いました。

大切にしてきたことは，やはり小学校からきた子でも，中学校から受験してきた子でも発話を多くしようということでペアワークを多く取り入れてスキットをつくったり，友だちの発表，Show & tell のようなスピーチを多く取り入れたり，２年，３年生になるに従ってリスニングやリーディング，さらには，リーディングのほうを多く取り入れるようなかたちで進めてきました。

今後の課題なのですけれども，この2015年度に12年間の教科書がすべて完成することになったのですが，実際に高校１年生の子どもたちが中学校１年生のときに『SEED BOOK 7』を使ってもう５年くらいになります。やはりそこの改訂版をそろそろつくらなければいけないかなと思っていて，使っていて「ここはこうしたほうがいいかな」と思う部分も出てきますので，そこはこれから改訂版を考えていくことと，合田先生もおっしゃっていたように，やはりデジタル化ということですかね。中等部は新校舎に向けて校舎建設真っ只中なのですが，全教室に電子黒板が入ります。プロジェクターも当然ありますので，そこでどのような授業をするのか，どの教科もデジタル化を考えていると思います。今現在もプロジェクターを使ってタブレットを使っている教員もいますので，やはり英語科もデジタル化を考えていかなければならないと思う次第です。

それから，GTEC のテストを子どもたちに課しているのですけれども，自分たちがどれくらい勉強ができるようになったのか，英語ができるようになったのかというフィードバックをもう少し私たちからしてあげられれば，外部試験の GTEC を受けている価値もすごく見いだせるのかなと考えております。

最後ですが，やはり中学第Ⅱ期はすごく微妙な位置でして，制度的には４−４−４として中学２年生までが第Ⅱ期で，中学３年生が第Ⅲ期ですね。小学校５・６年生と中学１，２が第Ⅱ期なので，実際に私たちが中学校の範囲でしかまだ教員の異動がないので，私たちが前にもずっと続けてきたのですけれども，小学校の授業にももっと私たちが行けるカリキュラムを組む必要があると思いますし，逆に私たちが高校に行ったり，高校の先生たちが中学校３年生たちを教えていただいたりすると，『SEED BOOKS』本来の意味がわかるのではないかと感じております。縦の系の人事異動を改めて行う必要があると思います。

木村　ありがとうございました。青山の子どもたちをよく観察されてのご提案ですね。たしか合田先生も小田先生も初等部からの根っからの「青山ガール，青山ボーイ」でしたね。そんな感じがします（笑）。

合田・小田　えっ⁉

木村　それでは，第Ⅲ期のコンビナーを長く続けてこられました短期大学教授の松村先生にお願いいたします。

松村　まず，私と初中高等部の先生方とのかかわり方ということで少し話させていただきます。ここにいる先生方には申し上げるまでもないのですが，青山メディアラボラトリー以外の，青山学院総合研究所のプロジェクトで教材ソフトをつくるということをやらせていただきました。そのなかで初等部，中等部，高等部すべての部で，それぞれ少なくとも１つつくるということでかかわらせていただきました。

そのなかで最初の一歩としては，それぞれの部でどのような英語教育が行われているのかを見させていただく，実際に初等部には授業参観に行かせていただきましたけれども，そういうところから入らせていただきました。さらには，業者も交えていろいろな先生方がどういう英語教育を行ってきたのかだけではなくて，これからさらにどういうことをしたいのかという“伸びしろ”のようなものを見せていただいたと思っております。各部の英語教育の実情に触れたのが私にとってもその後の示唆となって，教科書の作成のほうにつながったのかなと思います。教材作成についてはさまざまな障害などもありましたけれども，一定の成果に到達したと思っております。

私は第Ⅲ期の教科書の編集にたずさわることになったのですが，たしか継続性を考えて第Ⅱ期の最後のところから編集会議に出させていただいたと思っております。そのときに，しばらく出ていたときの印象はかなりはっきりしたものがあって，こういう授業を中等部ではしておられるのだなという印象を強くもちました。これまで，中等部で行ってきた授業などをベースとしながら，それを

さらに方法論的に洗練するというか，より鮮明にするというか，いわば実績に根差しつつ，また現実に配慮しつつ，理想を求めた成果として教科書がつくられていったのかなと見ていました。第Ⅲ期のほうにかかわりましてからもほぼ同様の印象を強くもちました。やはり，高等部でどういうことが行われてきたのか，特に外国人の先生のかかわり方とか，またこれも重要だということもありまして，それが『SEED BOOK 11』につながっていったと思いますけれども，いずれにしても中等部，高等部いずれもでも，実績に根差した理想ということを強く印象づけられました。また，こちらの立場から言いますと，中等部生，高等部生，また先生方の歴史と現状をいかに尊重しながら作業を進めていけるのか，ということが私にとっても大事にしてきたことのつもりです。

木村　ご苦労されたことはありませんでしたか。

松村　一番苦労してきたこととしてすぐに思い出されるのが，『SEED BOOK 9』Lesson 1にあたる沖縄の章でして，ちょっと問題があった時期でもあり，ただそれがなくてもやはり沖縄というトピック自体が非常に政治的歴史的に微妙，センシティブでむずかしい問題をかかえたトピックで，執筆いただいた先生の原稿を2度没にするというかなり極悪非道なこともさせていただきました。当然そのなかでは沖縄はもうやめたほうがいいのではないかという話もあったのですけれども，私自身としてはここで逃げたらだめだなと，という気もしていました。沖縄旅行という学校行事と組み

合わさっているので，そこから逃げたら学校行事の位置づけもどうなるのかという気がしたからです。最終的には妥協点を見いだす内容になったと思いますが，とにかくそれでも最後の最後までかなり厳しいご指摘をいただいて，本当に最後に形となったときには第1章だったのですがすべて終わったような感じがした記憶があります。

私自身は短期大学に所属していて，正直なところ，青山学院における一貫教育という流れからいうと現在少なくともちょっと外れているのかなという実感はあるのですが，だからこそ何かかかわれる面もあるのかなという感触は一方でありました。特に，先ほど小田先生のほうからありましたけれども，新しく中等部，高等部へ入ってくる生徒へどう対応するのか，短期で詰め込むわけではないのでしょうけれども，先ほど楽しむことを教えるということをおっしゃっていましたけれども，12年が完結したからこそ，途中から入ってくる生徒たちへの対応は大きな問題に今後なってくるのではないかという気がします。そういうときの短期で追いつくという，同レベルかどうかはわからないのですけれども，プログラムを考えているときに，短期大学でやっていることと何かお互いに知恵を出し合えるようなことはひょっとするとあるのかなと，こちらは学ぶことも多そうですけれども，そういうことで今後も交流，貢献することができれば嬉しいと考えております。

木村　深いお話しですね。今後の参考にさせていただきます。どうもありがとうございました。

それでは実際に，テキストを使って教えてくださっている，高等部の三ツ木先生，お願いいたします。

三ツ木　どちらかというと，制作時から含めての話でご用意させていただいたのですけれども，高等部では，2013年度に『Book 10』を導入し，2014

年度にBook 11を導入しております。私は第Ⅲ期，高等部の部分しかわからないのですけれども，高等部での『SEED BOOKS』の取り扱いということで，これまでの取り組み，重視した点，そして苦労した点，今後の課題ということでお話させていただきます。まず，これまでの取り組み，重視した点ということですけれども，『Book 10』に関しては，『Book 9』からの継続性を重視ということで，文法を意識しつつなおかつ高等部の従来の基本的な授業の流れに沿ったかたちで使えるものということで，具体的に申し上げますと，まず最初にリスニングなり，オーラルイントロダクションからそのレッスンを始めてそれからボキャブラリーを導入し，そして本文に入って行きつつ，文法をそこで取り扱うといったかたちの従来の流れに沿ったページ構成を心がけました。その結果，わりとそのまますんなり今までの教科書からプラス『SEED BOOK』というのを使った授業に，移行できているかなと思っております。それからもう1つですね，内容的にも，高等部の教育の特徴が出せるもの，なおかつ，それでその内容が，生徒にとっても興味がもてるようなものであることを重視しました。たとえば，『Book 10』に関しては4つの章があります。夏に行っている，カナダのホームステイ，それから高等部の教育の柱である「共生」という概念，それからヘレンケラーを素材にした「平和」の概念，そして国際交流で，高等部が，短期交換留学で交流のあります，英国リーズスクールがベースになっている『ミスターチップス』は，高等部にいずれも関連があります。全体を通して，英語の勉強だけではなく，生徒たちがそれぞれの内容や文化に興味をもち，さまざまな勉強に役立つようにしています。

実際，これは余談ですけれども，カナダのホームステイに関しては，実は私，『Book 10』のカナダの所の執筆と同じく編集にかかわったネイティブのベディ先生と一緒にカナダへの引率をしたのです。実際にカナダにい

ながら，文章をつくったり，問題をつくったりする貴重な経験をさせていただきました。生徒たちにリアルなカナダの様子がわかってもらえれば幸いです。本文のなかでも，また表紙に使っている写真も実際，カナダのホームステイで，生徒たちが撮ったものを使っていますので，生徒たちにより近く感じてもらえる教科書になっていると思います。

『Book 11』に関しましては，高等部の場合，受験にあまりとらわれずに，英語教育ができますので，受験英語というよりも，将来に役立つ英語力，たとえば，大学に入ってからのアカデミックライティングのスキルであるとか，将来社会に出たときに役立つプレゼンの力であるとか，そういう生徒の将来に役立つアウトプットを引き出すプロジェクト集になるよう意識しました。高等部のネイティブ教員も日本人の教員も，これまで蓄積したプロジェクト型の授業のノウハウを生かして，その集大成としての『Book 11』ができ上がったかと思います。その意味で高等部の英語の目標に沿ったかたちでの『Book 11』になっていると思います。

次に苦労した点ですけれども，個人的には，『SEED BOOKS』のプロジェクトには途中から入りましたので，これまでの経緯などがわからずに戸惑ったりした点もありました。あとは実際の作業ですね。通常の高等部の業務をこなしながら，執筆や編集にたずさわるということは正直結構大変でした。パーフェクトな作業は，いくら時間をかけても到達できるとは思いませんが，もう少し時間的に余裕をもって行えればと思いました。教えるときもこれだけではちょっと不十分というときには，補いながら常にテキストプラスアルファーをやりながら教えるようにしています。

それから，高等部では能力別に３つのレベルに分けて，クラスを編成しているのですが，その３つの能力別のクラスがそれぞれ同じ教科書を使うということで，新たな課題が出てきました。ちがったレベルの生徒が１つの教科書を使えるようにするということですので，編集段階から，たとえば，一番下のレベルには，リーディングコンプリヘンションでいえば，first reading レベルができればいいだとか，非常に能力の高い生徒に関しては，いわゆる third reading で小さいディスカッションができるようなテーマを与えたりだとか，それぞれのレベルが使えるような構成にするというところが，わりと苦労した点かなと思います。

それから最後に今後の課題ですけれども，先程も申し上げたとおり制約された時間に限りがあるなかでつくってきましたので，実際に使って指導してみると新たな改善点が出てきます。また繰り返しになりますが，３段階のレベル別の授業に向けての対応が必要になってくると思います。文法の練習問題などにしても，もう少し，レベルに応じた問題の改訂も必要なのではと思います。それから，先ほど，合田先生もおっしゃってましたが，高等部でも『SEED BOOKS』の電子化は絶対に必要だと思います。検定教科書の電子化が随分と進んでおりますので，バランスの点からも電子化へ向けた取り組みがこれからの大きな課題であろうかと思います。

電子化を推進するときには，われわれ高等部の英語教員がこれまでに収集した視聴覚教材などを有効に活用できるような，つまり，映像に関する情報を共有できるようなシステムができると教員としては実際の授業を組み立てたり，イマジネーションを膨らませたりするのに，また生徒の理解にも役立つのかなと思っています。電子化も含め，『SEED BOOKS』の活用方法に関してはこれからじっくりと検討し取り組んで行きたいと思います。

木村　ありがとうございました。いろいろな課題がみえてきました。ご苦労もあったかと思いますが，三ツ木先生が熱心にお話しくださる姿を見て，安心いたしました。

それでは今度は，研究面から，お二人の大学の先生にご発言をしていただきたいと思います。最初に，５年間の教育効果測定をしてくださいました，英米文学科教授のアレン玉井光江先生にお願いいたします。

アレン　こちらのセンターにおいて，初等部では2010年度より，中等部は2012年度より，外部テストを導入しました。使用したテストは，初等部において GTEC Junior と呼ばれるベネッセコーポレーションのアセスメント課で開発されたものです。すでにベネッセには，中高生対象の GTEC

for Studentsというのがあって，さらにそのいわゆる下位レベル，年齢的に下の学習者を対象にした，GTEC for Students BasicとCoreがあって，Juniorというように，年齢別に分かれています。これらはすべていわゆる，項目応答理論，Item Response Theoryというのですけれども，それを使っておりますので，われわれが見たい，学習者を縦で追いかけていくということで少なくとも，初等部2年生から受けていますから，5年間（2，3，4，5，6年生）で，中等部の中の1，2，3年生は追いかけていける体勢になっていると思います。課題を先に言わせていただきますと，この4－4－4を追いかけていくためには，初等部から中等部，ここのデータの統一化が重要になってくるかと思います。GTEC for JuniorもStudents同様，項目理論を使用しておりますけれども，初等部，小学校レベルを対象にして，いわゆる総合的な英語コミュニケーション能力を測定するためで，レベルが3つ設定されております。Primaryが2年生，Intermediateが3，4年生，5，6年生が，Advancedというようになっています。この3つの種類が，先程説明しました，Item Response Theory（項目応答理論）で必ず，いわゆるアンカーアイテムというのがあるのですけれども，それを中心にして，1つの物差しの上で6年生も，2年生も測れるという，今回は大きいんですよね，だから今から述べますところの，縦断研究といって，2年生の子が今年卒業していくんですけれども，この子たちの5年間を見るとことができました。去年卒業した子は，第3学年からもっているので，4年間しか見られなかったのですけれども，来年は，そのように今の5年生が6年生になってその5年間分を追いかけて，縦断で見ていけるというのは，とても大きいことだと思うのですね。その結果，去年も今年も，順調に学年を追うに従って，ちゃんと英語の実力をつけていたっていうのが，証明されている，これは，統計的な分析を使いまして，それぞれの学年で有意に，ち

がう学年がちがう質のものをもっているということは，有意に学力を伸ばしているということが証明されていますので，先生方の多大なる貢献だと思いますし，一貫制英語教育がうまくいっていることの証左だと言ってよいかと思います。

まだ中等部では，残念ながら，同じ生徒を追いかけていくことができないので，今のところはそういう分析はしておりません。初等部に関しては，先程言いました，一番大切な，成長しているということがわかったことと，その後にですね，アンケート項目が，何項目か，用意されていました。ベネッセ Junior の開発に私自身もたずさわっておりまして，このアンケート項目がまだ定まっていないのですが，私が興味をもったところを 4 点ほど申し上げます。

英語能力に関連している，動機だとか，そういうもののなかで，1つ，中学年では，いろいろな国の人と友だちになりたいというこの気持ちが強い子ほど，いろいろな項目があるなかで，それは有意に動いていたのですね。ということは，文化の興味というよりも，人に対する興味から始まって，子どもたちは，こう，世界を見ていくというんだろうなあと思いました。だから，教科書でもやっぱり，アメリカというよりも，アメリカの国の誰々ちゃんっていうようなそういうほうが入りやすいのだろうなと思い，高学年になると，外国に住みたいと，これはやっぱり，行ってみたいというよりも，住みたいといったちょっとこうベランダから外に出た，冒険心をもっている子たちですよね。そういった子たちの能力は高いんですよね。これは統計的にみて，行ってみたいといったところでは出なかった差がこの住みたいというところで出たということです。

また，もう 1 つ私が興味をもったのは，日本語のコミュニケーションスタイルがどうなのかなと思うと，中学年では必要なときに皆の意見をまとめることができるといった，ちょっとリーダーとしていろいろ聞きながらも，この力があると，どちらかというと英語力が高いということです。でも高学年では，それは出なかったのです。反対に高学年で出たのは，相手の言っていることがわからないときに「もう一度言ってください」と言える，この気持ち，日本語ですよ。英語じゃなくて，日本語でその気持ちをもっている子は，やはり英語力は高いと出ているので，だからその日本語のコミュニケーション能力というか，そのコミュニケーションスタイルが，中高ではちがって出ていますけれども，なんらかの影響があるのではないかなというのが，見てとれました。これも一貫教育を行っているからこそわかったことですね。

中等部の測定に関しては，やはり，女子と男子の性差がかなり出ました。だから内部進学生と，中学校受験組，どちらとも出ているのですね。それで，どっちかというと女性が有意に思われるカリキュラムだとか，授業活動があるのかな。というのは，あの今回ちょっと余談にはなりますけれども，「世界応用言語学会」(2014）で発表された中高の結果をみますと，男の子のほうがいつも高いんですよ。だからもしかすると，能力というよりも，学校の授業スタイルだとか，そういうものが，日本の授業カリキュラムだとか，女の子の記憶だとかそういうものが，もしかすると重要視されているのかなと，個人で思っただけです（笑)。

木村　私は長年学習方略の研究をしているのですが，実は男女の学習方略はかなり異なっていることにずいぶん前から気がついていました。大学生になるとずいぶん異なります。でもそれは，男女の生物学的な性差によるものと解釈するのが一般的なので，教育環境，それも伝統的に無意識につくられた教育環境によるもの，という指摘は斬新でおもしろいですね（笑)。共学ではなく，男子だけでグループをつくったらどうなりますかね。また女子だけでグループをつくったらどうなるでしょうね。少々話がそれてしまいました。すみません。では，改めてアレン先生。

アレン　はい。一番気になるところは，初等部出身者と中等部出身者，中学受験では，統計的には，大きな差が出なかったということですので，先ほどお聞きしました，授業で手厚く，入学生を少人数で，内部進学生はちょっと大きめにやっている，そこに大きな差が出なかったところをプラスにみるとしたら，全体としてはたしかにプラスだと思います。これまでは，同学年の初等部，初等部進学者と中等部入学者を見てきたわけですが，今後は縦断的な研究視点をさらに強化して，初等部から始まる一貫制英語教育の効果をみていきたいと思います。

木村　どうもありがとうございました。それでは最後に大学の研究者として，髙木先生から，4－4－4一貫制英語教育を国際的なものにしていくためのご提案をお願いいたします。

髙木　青山学院ではこれまですでに，第Ⅰ期，第Ⅱ期，第Ⅲ期の目的論，方法論，評価論などが整理されております。また，各期で到達目標が設定され，指導面においても，先生方のご尽力で十分な実績および，学習成果が上がっております。文部科学省が作成した，グローバル化に対応した英語教育実施計画では高等学校卒業時に，CEFR のＢ１からＢ２，英検では二級から準一級程度に到達することを目標としています。しかしながら現在では，多くの日本人英語学習者は，Ａ１かＡ２レベルといわれています。ですので，本学院の取り組みを国際的な指標に位置づければ，つまり，CEFR の枠組みに対応させるということですけれども，そうすれば，これからの日本における小中高一貫の英語教育のあり方について，モデルを提示することができるかと思われます。CEFR の言語教育観では，学習者を言語使用者と考えます。つまり学習者中心で行動思考です。また，学習者を生涯学習者というように考えており，学習者の自律を促すことを，重視しております。したがって，本学院のシラバスにあったように，CAN-DO リストというものを作成し，活用することで，目標と，指導と評価というものを一体化させられますし，教員と学習者が，CAN-DO リストを共有するということで，学習者自身が自分の学習過程をモニターしながら，それぞれの個人のペースで英語力を伸ばしていくことができます。

これまでの本学院の学習者の英語能力，あるいは英語学習者への認識についての過去の調査を外観しますと，児童・生徒は，四技能すべてをバランスよく，重要と考えていて，

将来を見据えて，高い目標をもって，英語学習に取り組んでいることが見てとれます。CAN-DOリストを用いてすべての学習者が高い到達目標に到達することにこだわったり，できるかできないかということを評価したりするということは，適切ではありません。先ほど，中等部，高等部で学習者の背景や英語力が異なっているというお話がありました。重要なのは，生涯学習という視点で一人ひとりの学習者が自分の学習の進捗状況とロードマップというものを可視化して，学習者を支援するツールとしてCAN-DOリストを活用することです。異文化能力についてはこれまでも，各部で育成をされているのですけれども，ポートフォリオなどを用いて，各児童・生徒がさらに評価を促していくことができれば理想的であると思われます。

木村　『SEED BOOKS』は全12巻整いましたが，先生方のお話をうかがって，さらなる課題が私たちの前にすでにあることを確認することができました。さっそく次年度からの課題として取り組む体制をつくりたいと思います。それにしても，青山の先生方は初等部から大学まで，学習者を第一に考える教育者だということを改めて認識することができ，嬉しく思いました。そして先生方のこの意識が青山の4－4－4一貫制英語教育を推進していく力の源になっていることを確認することができたことが最大の収穫かと思います。今後とも青山の子どもたちのために，よろしくお願い申し上げます。本日はありがとうございました。

記録：辻るりこ（青山学院大学大学院後期博士課程３年）・三輪一貫（青山学院大学大学院前期博士課程２年）・文責：木村松雄

おわりに

冒頭「はじめに」において紹介したように，青山学院英語教育研究センターには，設立当初より社会的責任を果たすため掲げた「目的」と「活動」があります。これらを今一度補足しながら概観し，さらに今後の課題を確認することで結びにしたいと思います。

1．「目的」

青山学院英語教育研究センターは，英語教育およびその関連諸領域に関する理論的・応用的な研究や調査を行い，本学および国内外の英語教育の充実と発展に貢献することを目的とする。

2．「活動」

青山学院英語教育研究センターはその目的を達成するため，以下の活動を行うこととする。

（1）英語教育に関する理論的・応用的研究と調査を行い，その成果を社会に向かって公表する。

（2）研究と調査の成果を公表する各種刊行物の発行を定期的に行い，社会との交流を図る。

（3）研究会・講演会およびセミナーなどの開催を定期的に開催し，「知」の共有を図る。

（4）図書や資料などの収集や整理，などの事業を行い，「歩み」を歴史的に検証し，「知」の深化・拡充を図り，併せて「知」の保存に努める。

3．今後の課題

本書第1章より第7章までを通読し，執筆された先生方からいただいた提案をまとめると以下のようになります。これらを今後の課題に位置づけたいと思います。

（1）『SEED BOOKS』（全12巻）を用いた授業の経年的教育効果測定を続

行し，「4－4－4一貫制英語教育」の効果を実証し，社会に公表する。また知り得た知見を精査する。

（2）『SEED BOOKS』（全12巻）の電子化研究を開始する。特に教室内のICT化（電子黒板・タブレット）を重視する。併せて「ブレンド型授業」の研究を開始する。また英語の授業を四技能の習得の場のみならず，異文化間理解能力を育成する場に発展させたい。

（3）『SEED BOOK 11』をモデルとし，中期・長期にわたる「プロジェクト型授業」の研究を開始する。併せて通常の授業との連動・整合性に関する研究を開始する。

（4）「4－4－4一貫制英語教育シラバス」のCEFR化研究を開始し，国際的に通用するCAN-DOリストを作成し，公表する。また第Ⅲ期における習熟度に応じたCan-do statementsの研究を開始する。

（5）これまで行ってきた経年的英語学習意識調査の項目を再検討し，現代の子どもたちの成長・発達に即した新たな内容にする。

（6）英語教育研究センター独自の研究会・講演会を継続的に実施し，「学びの場」を社会に提供し，「知」と「人」の交流を図る。

（7）JACET, JACET関東支部等の学会や研究団体との共催講演会を続行し，「知の拡充」を図る（2015年度もJACET関東支部との共催講演会を5回開催予定）。

（8）「AVL: Aoyama Vocabulary List」（第3版）をESPの観点より作成し，公表する。

（9）「初等英語教育」を「児童・幼児英語教育」との連動から調査・研究を行い新たな教育システムの可能性を探る。

以上に加えて，これからの『SEED BOOKS』の可能性について言及し，本書を閉じたいと思います。『SEED BOOK 12』（最終巻）は，高大連携の理念を具現化することを目的に制作いたしましたが，これはとりもなおさず，EGP教育をEAP（ESP）教育に連動するための方策に他なりません。従来日本の英語教育は，中学校・高等学校の6年間の教育課程を通して学びその成果を大学入試で試すもので，EGPの世界に終始していたものでした。一方でCEFRの出現とその台頭に象徴されるように，グローバル化した世界において異文化間理解能力を備え共存共栄していくためには，グローバル・スタンダードにも適応可能な実際に使用可能なコミュニケーション能力の育成が不可欠になってきています。さらにこのコミュニケーション能力の範疇はEGPにとどまらずEAP（ESP）までを包含したものになっていることに着目すべきであると考えます。大学の英語教育は，本来高等教育に資するための機能と役割を担っているはずでEGPの再訓練に終始する場ではなく，専門領域と連動したEAP（ESP）教育を行い，その中で四技能の習得を高めながら専門知識の習得を可能にする場に転換する声が高まっています。

この要求に答えるために，『SEED BOOK 12』をひとつのモデルとして，大学教養レベル（本学では青山スタンダードレベル）で使用可能な英語で授業・講義を行うためのテキスト（人文系・社会系・理系）を制作することを提案したいと思います。『SEED BOOK 12』の執筆陣をはじめとする英語で授業・講義をされる教授陣が青山と相模原の両キャンパスに多数存在することが青山学院の魅力です。EGP習得のための「縦の系：4－4－4」としての教科書開発からESP習得のための「横の系」としての教科書開発を新たなミッションと位置づけ活動を開始したいと思います。

青山学院英語教育研究センターは，これからもさまざまな教育・研究活動を行い，その成果を謙虚に社会に公表することを通して，「英語の青山」の伝統の継承と発展に寄与していく所存です。関係各位のご理解とさらなるご指導・ご協力を御願いする次第です。

最後に，本書の出版にあたっては，辛抱強く編集の労をお取りくださった学文社の二村和樹氏に改めて衷心より御礼申し上げます。

木村 松雄　　青山学院英語教育研究センター所長

資料1　講演・討論・シンポジウムの記録（1997-2014年）

■1997年度青山学院英語教育検討委員会主催公開シンポジウム「初等英語教育の意義と方法—中等教育との一貫制のなかで—」

1997年３月31日（月）－４月１日　青山学院大学総合研究所ビル12階大会議室

講演と討論：３月31日

テーマ１「初等英語教育の意義」　伊東克敏（神奈川大学教授）

テーマ２「アジア諸国における初等英語教育の現状と進展」　ホー・ワー・カム（地域言語センター上級研究員（シンガポール））

テーマ３「初等英語教育と私学一貫制教育」　木村松雄（青山学院大学助教授）

シンポジウム：４月１日

テーマ１「初等英語教育の現状と課題」　薄衣修二（啓明学園中学校高等学校教頭）・久埜百合（成城学園初等学校講師）・メアリー・ハートゥル（聖心女子学院初等科教諭）・合田紀子（青山学院初等部教諭）

テーマ２「英語科と初等中等一貫教育の現状と課題」　稲田拓（慶応義塾湘南藤沢高等部長）・黒瀬真一郎（広島女学院中学高等学校校長）・田中俊夫（青山学院高中部部長）

■1999年度青山学院英語教育研究センター主催公開シンポジウム「小中高一貫制英語教育を考える—21世紀を見据えて—」

1999年11月６日（土）　青山学院大学総合研究所ビル12階大会議室

記念講演：

「21世紀に向けた英語教育の再構築—横軸と縦軸の視点から」　新里眞男（文部省教科調査官）

シンポジウム：

テーマ１「小中高一貫制英語教育実現の条件」　木村松雄（青山学院大学助教授）・久埜百合（文化女子大学講師）・田辺洋二（早稲田大学教授）

テーマ２「小中高一貫制英語教育への課題」　佐藤令子（田園調布雙葉小学校講師）・藤原康洋（関西学院高等部中学部教諭）・ジョン・ベッチャー（青山学院初等部講師）・小田文信（青山学院中等部教諭）・西川良三（青山学院高等部教諭）

■2000年度青山学院英語教育研究センター主催公開シンポジウム「小中高一貫制英語教育の課題」　2000年12月２日（土）　青山学院大学総合研究所ビル12階大会議室

特別講演：

「21世紀の日本と日本人の英語運用能力」　鈴木孝夫（慶応義塾大学名誉教授）

シンポジウム：

テーマ１「小中一貫制英語教育を考える」　伊藤嘉一（東京学芸大学教授）・久埜

百合（文化女子大学講師）・合田紀子（青山学院初等部教諭）・小田文信（青山学院中等部教諭）・敷島洋一（青山学院中等部教諭）

テーマ2「中高一貫制英語教育を考える」 木村松雄（青山学院大学助教授）・加納幹雄（文部省教科調査官）・岡秀夫（東京大学教授）・後藤英照（都立藤森高等学校校長）・西川良三（青山学院高等部教諭）

■2009年度JACET関東支部大会　青山学院英語教育研究センター主催特別企画講演会・研究発表会　　2009年6月　青山学院大学ガウチャー記念メモリアルホール他

特別講演：

「NHK英語番組制作35年～心に残る番組，そして講師～」 高橋知行（NHKエデュケーショナル元語学部長・統括エグゼクティブプロデューサー）

実践報告：

「ユビキタス時代におけるMobileを利用した統合的英語教育実践」 小張敬之（青山学院大学教授）

「授業を活性化させる様々なデジタル・ストーリーテリングの試み」 木村みどり（東京女子医科大学准教授）

「大学における通訳教育の実際」 稲生衣代（青山学院大学准教授）

■2009年度青山学院英語教育研究センター主催講演会「英語教育の現状と課題」

2009年11月14日　青山学院大学

「英語教育の現状と課題」 小串雅則（文部科学省初等中等教育局主任教科書調査官（併）視学官）

■2010年度青山学院英語教育研究センター主催シンポジウム「新しい風を読む―小学校英語教育について―」　　2010年7月3日（土）青山学院大学

提案1：「初等英語教育から始まる正三角形型の英語教育構想の必要性について」 木村松雄（青山学院英語教育研究センター所長）

提案2：「これからの小学校英語教育の展望―アジア諸国と比較して」 アレン玉井光江（青山学院大学文学部教授）

提案3：「外国語活動を指導する小学校教員の養成と研修について」 髙木亜希子（青山学院大学教育人間科学部准教授）

提案4：「小学校英語を受け止める中学校・高等学校の英語教育について」 伊東弥香（東海大学外国語センター准教授）

提案5：「本格的な小学校での英語教育を目指して」 合田紀子（青山学院初等部教諭）

■2010年度青山学院英語教育研究センター主催講演会「ESP教育の理論と実践：

一貫教育と一般教育の視点から」　　2010年11月27日（土）青山学院大学

講演１：「21世紀のESP: 一貫性（制）英語教育システムの中でのEGPからESPへの連動」 寺内　一（高千穂大学教授）

講演２：「実践から学ぶESP: カリキュラム編成と教材作成の観点から」 桐村亮（立命館大学准教授）

■2011年度青山学院英語教育研究センター主催講演会「通訳教育の理論と実践」

2011年10月８日（土）

講演１：「通訳者養成と英語教育」小松達也（国際教養大学特任教授・サイマル・インターナショナル顧問）

講演２：「通訳教育への一視角：理論にもとづく通訳スキルの教育」水野　的（青山学院大学教授）

■2012年度JACET関東支部大会（青山学院英語教育研究センター後援）

2012年６月10日（日）横浜国立大学

基調講演：

Abilities and Aptitude for Second Language Task Performance　Dr.Peter Robinson（青山学院大学教授）

■2012年度青山学院英語教育研究センター・JACET関東支部共催講演会

第１回講演会：2012年４月14日（土）青山学院大学

「CLILを考える―言語教師の発想を変える可能性について」 笹島　茂（埼玉医科大学准教授）

第２回講演会：2012年９月８日（土）青山学院大学

「自律した学習者を育てる英語指導を考える」 廣森友人（明治大学准教授）

第３回講演会：2013年１月12日（土）青山学院大学

「訳読オンリーから抜け出す高校英語授業モデル―同僚問題・教科書問題への処方箋」 高山芳樹（東京学芸大学准教授）

■2012年度青山学院英語教育研究センター・青山学院英文学会主催講演会

2012年12月８日（土）青山学院大学

「大学教育における英語―地域語として，国際共通語として」 鳥飼玖美子（立教大学特任教授）

■2013年度JACET関東支部大会（青山学院英語教育研究センター後援）

2013年６月16日（日）青山学院大学

基調講演：
「日本の翻訳文化と英語教育」 榊原英資（青山学院大学教授）

■2013年度青山学院英語教育研究センター・JACET 関東支部共催講演会

第１回講演会：2013年４月13日（土）青山学院大学
「英語教育における質的研究の理論と実践」 髙木亜希子（青山学院大学准教授）
第２回講演会：2013年９月14日（土）青山学院大学
「発問を中心にリーディング指導を考える」 田中武夫（山梨大学准教授）
第３回講演会：2013年10月５日（土）青山学院大学
「小学校英語の教科化に伴う課題」 アレン玉井光江（青山学院大学教授）
第４回講演会：2013年12月14日（土）青山学院大学
「ディスコース・ストラテジー：国際論文採択へ向けたアカデミック・ライティングのアプローチ」 中谷安男（法政大学教授）
第５回講演会：2014年１月11日（土）青山学院大学
「第二言語習得研究からみた語彙習得と指導」 望月正道（麗澤大学教授）

■2014年度 JACET 関東支部大会（青山学院英語教育研究センター後援）

基調講演：2014年６月29日（日）青山学院大学
「大学の国際化とグローバル人材育成」 明石　康（公益財団法人国際文化会館理事長・元国連事務次長）

■2014年度青山学院英語教育研究センター・JACET 関東支部共催講演会

第１回講演会：2014年４月12日（土）青山学院大学
「CLIL が切り拓く日本の英語教育」 池田　真（上智大学教授）
第２回講演会：2014年９月20日（土）青山学院大学
「SLA 研究最前線：英語教師に必要な第２言語習得論」 佐野富士子（横浜国立大学教授）
第３回講演会：2014年10月11日（土）青山学院大学
「CALL 研究最前線：クラウド環境の中で学ぶ反転授業とブレンド型の英語教育―Dominus illumination mea―」 小張敬之（青山学院大学教授）
第４回講演会：2014年12月13日（土）青山学院大学
「第２言語習得研究からみた英語指導：インプット，インタラクション，アウトプット，フィードバックの観点から」 酒井英樹（信州大学教授）
第５回講演会：2015年１月10日（土）青山学院大学
「グローバル時代に求められる異文化間能力―英語授業における現状と課題」
中山夏恵（共愛学園前橋国際大学准教授）・栗原文子（中央大学教授）

資料2　青山語彙リスト（Aoyama Vocabulary List : AVL）　第２版

1　基準とした語彙リスト

以下の語彙リストに重複して現れる語彙を頻度の高い順に選択をした。

（１）北海道大学語彙リスト

（２）JACET 8000および plus250

（３）SVL（Standard Vocabulary List）：アルク

（４）杉浦リスト（英語Ⅰ　教科書48種類の頻度順語彙リスト）

（５）杉浦リスト（英語Ⅱ　教科書50種類の頻度順語彙リスト）

（６）東京書籍フェイバリット語彙リスト

（７）『Side by Side Book １，２，３』語彙リスト：PEASON Longman

第１版と異なるところは，JACET4000の代わりにJACET8000および plus250を加え，頻度情報の信頼性を高めたところである。

2　選定基準

（１）まず，上記の語彙リストの最初の1000語レベルに該当する語彙のなかで，３つ以上の語彙リストに重複して現れる語彙を青山語彙リストのLevel １の語彙として選定した。

（２）1000語レベルの中で重複回数２以下の語彙は，次の2000語レベルの語彙リストに加えて，再び重複回数を調査した。

（３）それぞれ2000語，3000語，4000語レベルにおいて（１），（２）と同様の手順でそれぞれのレベル別に語彙を選定した。

今後：

（４）上記の手順で選定した語彙リストに初等部，中等部，高等部の英語教員が目を通し頻度情報のみではもれてしまう日常語彙や日本人学習者にとって身近な語彙を加えたり，逆に頻度は高いが身近に接する機会が少ないと思われる語彙は，レベル２から３に変えるなどの微調整を行う予定である。

3　見出し語

見出し語はhead-word（基本形）の形ではなく，word-formつまり派生形や変化形の形で提示してある。go, went, goneは，３語と数える方式をとっている。

4　今後の展望

このリストはminimum essential（必要最低限）な語彙を各種語彙リストの重複度から選定した第２版である。今後教室場面等で使用していくことで，より現場に即した「語彙リスト」として改定していく必要がある。特に，各種語彙リストの重複回数は少ないが日常的な語彙などをどのようにリストに反映していくかについて現場の教員によるさらなる話し合いが必要である。

また，単語の意味にも着目し，どの意味を優先して覚えていく必要があるのか，また，どの語彙は「受容語彙」で，どの語彙は「発表語彙」として覚える必要があるのかなど，より質的なラベル付けが必要になってくるであろう。さらに，英文コーパスに照らし合わせて，語彙のレベル分けが妥当性の高いものか，また英文コーパスデータでは頻度が高いがリストからもれてしまっている語彙がないかどうかなどを検証していく必要があるであろう。そのうえで，この語彙リストに即した語彙学習プログラムや教科書の構築が将来的には望まれるところである。

田邊 博史　青山学院高等部教諭

謝辞

（１）この「青山語彙リスト第２版」を作成するうえで，第１版から引き続き，青山学院中等部技術科教諭・関隆一氏の作成したコンピュータソフトを使用させていただいた。この場を借りて，改めて関氏に心より感謝の意を表したい。

（２）この「青山語彙リスト　第２版」をつくるうえで，『フェイバリット英和辞典』の頻度別単語リストを使用することを快く許可された東京書籍株式会社に感謝の意を表したい。

Ⅵ　Aoyama Vocabulary List　第２版

	レベル１（1124語）	重複回数	レベル２（1391語）	重複回数	レベル３（980語）	重複回数	レベル４（849語）	重複回数
1	a	7	active	7	ashamed	6	aboard	5
2	able	7	adventure	7	assistant	6	abstract	5
3	about	7	advice	7	chase	6	amateur	5
4	across	7	ahead	7	cheerful	6	announcement	5
5	act	7	apart	7	clothing	6	appetite	5
6	afraid	7	army	7	cruel	6	athletic	5
7	after	7	attend	7	cure	6	charity	5
8	afternoon	7	band	7	ease	6	colony	5
9	again	7	behave	7	fur	6	consideration	5
10	age	7	block	7	glove	6	container	5
11	ago	7	bone	7	honey	6	context	5
12	air	7	bottom	7	injure	6	contribution	5
13	all	7	bowl	7	intelligence	6	correctly	5
14	almost	7	broken	7	jaw	6	decorate	5
15	alone	7	cake	7	ladder	6	dependent	5
16	along	7	camera	7	mainly	6	destination	5
17	already	7	chicken	7	neighborhood	6	editor	5
18	also	7	coast	7	noisy	6	emphasis	5
19	always	7	complain	7	perfectly	6	entry	5
20	am	7	concert	7	relief	6	fade	5
21	and	7	correct	7	rid	6	fate	5
22	another	7	cream	7	ruin	6	freely	5
23	answer	7	daily	7	seldom	6	heavily	5
24	any	7	decision	7	slope	6	hollow	5
25	anyone	7	dirty	7	strict	6	imitate	5
26	anything	7	empty	7	suggestion	6	landscape	5
27	arm	7	equal	7	thread	6	mess	5
28	around	7	escape	7	treasure	6	minority	5
29	arrive	7	examine	7	advertise	5	potential	5
30	as	7	expensive	7	alarm	5	regularly	5
31	ask	7	factory	7	angel	5	settlement	5
32	at	7	feed	7	angle	5	shortage	5
33	away	7	final	7	apologize	5	steep	5
34	baby	7	fix	7	award	5	administration	4
35	back	7	flight	7	beast	5	admission	4
36	bad	7	gift	7	beg	5	aggressive	4
37	be	7	habit	7	bet	5	aloud	4
38	beautiful	7	hall	7	bitter	5	ambitious	4
39	because	7	hate	7	blanket	5	analyze	4
40	become	7	healthy	7	boil	5	annual	4
41	bed	7	hide	7	bound	5	apology	4
42	before	7	immediately	7	brand	5	appreciate	4
43	begin	7	key	7	bullet	5	approval	4
44	behind	7	kiss	7	butterfly	5	arise	4
45	believe	7	knee	7	carbon	5	artistic	4

46	best	7	lonely	7	cattle	5	assure	4
47	better	7	loud	7	celebration	5	automatic	4
48	between	7	luck	7	charm	5	automatically	4
49	big	7	lucky	7	chip	5	barely	4
50	bird	7	magic	7	competition	5	basically	4
51	black	7	medical	7	complex	5	beam	4
52	blue	7	medicine	7	compose	5	blade	4
53	boat	7	mirror	7	concentrate	5	bloody	4
54	body	7	mix	7	conscious	5	brightly	4
55	book	7	mouse	7	countryside	5	budget	4
56	both	7	museum	7	crawl	5	cabinet	4
57	box	7	nervous	7	criminal	5	cafeteria	4
58	boy	7	owner	7	dancer	5	Canadian	4
59	break	7	pair	7	dawn	5	capture	4
60	bring	7	patient	7	deer	5	cart	4
61	brother	7	pleasure	7	delight	5	cartoon	4
62	build	7	post	7	diet	5	cement	4
63	building	7	pour	7	display	5	chat	4
64	bus	7	powerful	7	dive	5	code	4
65	business	7	prefer	7	duck	5	commit	4
66	but	7	print	7	due	5	competitive	4
67	buy	7	recently	7	eager	5	complicate	4
68	by	7	rush	7	environmental	5	conquer	4
69	call	7	sail	7	equally	5	consciousness	4
70	car	7	shot	7	essential	5	construction	4
71	card	7	single	7	excitement	5	contrary	4
72	cat	7	sink	7	explore	5	convenience	4
73	center	7	somebody	7	export	5	convenient	4
74	certain	7	stick	7	faint	5	convention	4
75	change	7	stupid	7	fairy	5	cord	4
76	child	7	suit	7	fantastic	5	corporation	4
77	city	7	theater	7	fiction	5	criticize	4
78	class	7	thin	7	focus	5	cute	4
79	clean	7	tie	7	folk	5	darling	4
80	clear	7	tiny	7	fond	5	decline	4
81	close	7	tourist	7	forth	5	definite	4
82	cold	7	traffic	7	fortunately	5	definition	4
83	college	7	trick	7	frog	5	delivery	4
84	color	7	twice	7	fully	5	designer	4
85	come	7	vegetable	7	ghost	5	desirable	4
86	company	7	visitor	7	girlfriend	5	determination	4
87	could	7	weekend	7	global	5	differ	4
88	country	7	weight	7	goat	5	disability	4
89	cover	7	wine	7	horrible	5	distinct	4
90	cry	7	ability	6	horror	5	division	4
91	cut	7	action	6	hunger	5	drank	4
92	dark	7	activity	6	jail	5	drawer	4
93	daughter	7	actor	6	jungle	5	drift	4
94	day	7	advance	6	lecture	5	dump	4
95	decide	7	anger	6	liberty	5	dusty	4

96	different	7	announce	6	lung	5	effectively	4
97	difficult	7	anywhere	6	media	5	emerge	4
98	dinner	7	artist	6	mineral	5	emperor	4
99	do	7	asleep	6	miserable	5	employee	4
100	doctor	7	awful	6	monster	5	enthusiasm	4
101	dog	7	balance	6	monument	5	envy	4
102	down	7	basic	6	nerve	5	equality	4
103	dress	7	basketball	6	nonsense	5	essence	4
104	drink	7	bath	6	oppose	5	estate	4
105	drive	7	beat	6	orchestra	5	eventually	4
106	drop	7	bell	6	organ	5	exhibit	4
107	dry	7	belong	6	outdoor	5	expectation	4
108	during	7	beside	6	painter	5	expense	4
109	each	7	besides	6	palm	5	expose	4
110	early	7	birth	6	prayer	5	extraordinary	4
111	easy	7	bit	6	properly	5	fame	4
112	eat	7	blind	6	quit	5	fasten	4
113	either	7	branch	6	rainy	5	fighter	4
114	else	7	breath	6	ray	5	forecast	4
115	end	7	breathe	6	recipe	5	forehead	4
116	enjoy	7	cap	6	refrigerator	5	frequently	4
117	enough	7	capital	6	release	5	frost	4
118	even	7	captain	6	rhythm	5	frown	4
119	evening	7	career	6	seek	5	fundamental	4
120	every	7	celebrate	6	selection	5	gallery	4
121	everybody	7	central	6	self	5	glow	4
122	everything	7	character	6	slave	5	goodness	4
123	eye	7	chief	6	softly	5	grace	4
124	fall	7	choice	6	stadium	5	grasp	4
125	family	7	citizen	6	statue	5	guidance	4
126	famous	7	clerk	6	studio	5	helmet	4
127	far	7	clever	6	swallow	5	humanity	4
128	fast	7	cloth	6	talent	5	hunter	4
129	father	7	collect	6	task	5	ignorant	4
130	feel	7	comfortable	6	textbook	5	illegal	4
131	few	7	compare	6	topic	5	infant	4
132	field	7	contain	6	traditional	5	initial	4
133	fight	7	copy	6	truly	5	institute	4
134	find	7	courage	6	tunnel	5	interfere	4
135	fine	7	court	6	unit	5	interior	4
136	finish	7	crash	6	useless	5	invade	4
137	fire	7	crazy	6	victim	5	kindergarten	4
138	first	7	curtain	6	vitamin	5	knot	4
139	fish	7	custom	6	waiter	5	lifetime	4
140	floor	7	damage	6	wherever	5	liter	4
141	fly	7	deal	6	whistle	5	locker	4
142	food	7	degree	6	widely	5	luxury	4
143	for	7	department	6	zoo	5	marine	4
144	forget	7	describe	6	absence	4	meanwhile	4
145	free	7	desert	6	absolutely	4	measurement	4

146	friend	7	design	6	academic	4	medium	4
147	from	7	difficulty	6	accurate	4	misunderstand	4
148	front	7	direct	6	acquire	4	modest	4
149	full	7	direction	6	addition	4	mushroom	4
150	game	7	directly	6	adjust	4	mutual	4
151	get	7	disappear	6	afterward	4	naked	4
152	girl	7	discussion	6	agriculture	4	necessarily	4
153	give	7	divide	6	alike	4	negotiation	4
154	glass	7	earn	6	ambassador	4	normally	4
155	go	7	edge	6	ancestor	4	notion	4
156	good	7	education	6	application	4	organism	4
157	great	7	electricity	6	appointment	4	paragraph	4
158	green	7	enemy	6	argue	4	peanut	4
159	group	7	engine	6	arrow	4	perceive	4
160	grow	7	event	6	assembly	4	physically	4
161	hair	7	everywhere	6	assignment	4	pioneer	4
162	half	7	exercise	6	assist	4	pit	4
163	hand	7	exist	6	astronaut	4	poorly	4
164	happen	7	extra	6	atom	4	poster	4
165	happy	7	familiar	6	atomic	4	prejudice	4
166	hard	7	fan	6	attach	4	proportion	4
167	has	7	fat	6	backward	4	prospect	4
168	have	7	fellow	6	ballet	4	publication	4
169	he	7	fit	6	basis	4	radical	4
170	head	7	float	6	bay	4	readily	4
171	hear	7	flood	6	benefit	4	rebel	4
172	heart	7	flow	6	bless	4	reception	4
173	help	7	former	6	breast	4	recognition	4
174	her	7	forward	6	bull	4	reduction	4
175	here	7	freedom	6	businessman	4	reputation	4
176	high	7	further	6	candle	4	requirement	4
177	him	7	gate	6	capable	4	residence	4
178	his	7	gather	6	careless	4	resistance	4
179	hit	7	goal	6	carpet	4	resort	4
180	home	7	grade	6	carriage	4	restore	4
181	hope	7	grandfather	6	carrot	4	retain	4
182	hot	7	guard	6	castle	4	reverse	4
183	hotel	7	guide	6	casual	4	ripe	4
184	hour	7	handle	6	cheat	4	rocket	4
185	house	7	hang	6	chew	4	roughly	4
186	how	7	hardly	6	chin	4	scholarship	4
187	hurt	7	height	6	civilization	4	sculpture	4
188	husband	7	hero	6	classic	4	selfish	4
189	idea	7	hunt	6	classroom	4	sharply	4
190	if	7	impossible	6	cliff	4	shield	4
191	important	7	improve	6	clue	4	shiver	4
192	in	7	insect	6	colorful	4	sin	4
193	interesting	7	interview	6	comic	4	snack	4
194	into	7	iron	6	comment	4	software	4
195	it	7	joke	6	confident	4	sorrow	4

196	job	7	journey	6	contest	4	southeast	4
197	just	7	judge	6	costume	4	specially	4
198	kind	7	knock	6	counter	4	sponge	4
199	know	7	knowledge	6	creative	4	sponsor	4
200	language	7	lean	6	crisis	4	starve	4
201	large	7	limit	6	criticism	4	stem	4
202	late	7	lip	6	crush	4	stir	4
203	leave	7	local	6	curl	4	strip	4
204	left	7	lock	6	curry	4	stuck	4
205	leg	7	lovely	6	daddy	4	submit	4
206	letter	7	major	6	dare	4	sue	4
207	life	7	manage	6	debate	4	absolute	3
208	light	7	manager	6	declaration	4	abuse	3
209	like	7	map	6	defend	4	accent	3
210	line	7	master	6	delay	4	acceptable	3
211	little	7	match	6	democracy	4	acceptance	3
212	live	7	material	6	dentist	4	accomplish	3
213	long	7	metal	6	description	4	accord	3
214	look	7	method	6	device	4	according	3
215	lose	7	model	6	devote	4	accuse	3
216	love	7	native	6	differently	4	acquaintance	3
217	machine	7	nearly	6	dirt	4	additional	3
218	make	7	neck	6	disagree	4	adjustment	3
219	man	7	nod	6	disappointment	4	admiration	3
220	many	7	normal	6	dislike	4	advertisement	3
221	matter	7	officer	6	document	4	adviser	3
222	may	7	pack	6	drill	4	affair	3
223	me	7	package	6	eagle	4	affection	3
224	mean	7	particular	6	educational	4	afford	3
225	meet	7	passenger	6	elderly	4	Alabama	3
226	mile	7	path	6	elementary	4	alter	3
227	minute	7	pattern	6	embarrass	4	ambition	3
228	miss	7	pepper	6	enable	4	amuse	3
229	money	7	perfect	6	engineering	4	amusing	3
230	month	7	perform	6	entertainment	4	analysis	3
231	morning	7	period	6	entirely	4	antarctic	3
232	mother	7	photograph	6	essay	4	apartment	3
233	mountain	7	pilot	6	evidence	4	ape	3
234	move	7	pink	6	exam	4	apparent	3
235	much	7	plain	6	exception	4	apricot	3
236	music	7	plastic	6	excited	4	arch	3
237	must	7	plate	6	exhibition	4	arctic	3
238	my	7	pleasant	6	explode	4	Arizona	3
239	name	7	plenty	6	farther	4	arrival	3
240	near	7	pocket	6	file	4	aspect	3
241	need	7	poem	6	fisherman	4	ass	3
242	never	7	position	6	frame	4	assemble	3
243	news	7	pot	6	frank	4	assert	3
244	newspaper	7	potato	6	fry	4	assistance	3
245	next	7	pray	6	fund	4	association	3

246	nice	7	press	6	funeral	4	assumption	3
247	night	7	pressure	6	geography	4	astonish	3
248	north	7	prison	6	glance	4	athlete	3
249	not	7	professional	6	globe	4	attendant	3
250	nothing	7	professor	6	golf	4	attraction	3
251	now	7	provide	6	goods	4	authority	3
252	number	7	publish	6	govern	4	available	3
253	of	7	purpose	6	grab	4	await	3
254	office	7	queen	6	grain	4	awake	3
255	often	7	rabbit	6	grandmother	4	awareness	3
256	old	7	regular	6	Greece	4	awkward	3
257	on	7	relax	6	grip	4	ax	3
258	once	7	repeat	6	harmony	4	bean	3
259	one	7	roll	6	heel	4	beaten	3
260	only	7	roof	6	highway	4	bedside	3
261	open	7	root	6	historical	4	beer	3
262	or	7	route	6	hop	4	beneath	3
263	order	7	sand	6	hopeful	4	berry	3
264	other	7	sentence	6	horizon	4	biological	3
265	our	7	separate	6	identity	4	blackboard	3
266	out	7	sharp	6	illusion	4	blank	3
267	over	7	sheep	6	immigrant	4	blast	3
268	paper	7	sheet	6	impact	4	bleed	3
269	parent	7	shirt	6	import	4	bond	3
270	part	7	shore	6	improvement	4	boom	3
271	party	7	silence	6	including	4	boundary	3
272	pass	7	silver	6	informal	4	breakdown	3
273	past	7	smell	6	injury	4	brief	3
274	pay	7	soldier	6	instant	4	briefly	3
275	people	7	solve	6	insult	4	broadcast	3
276	perhaps	7	somewhere	6	interpret	4	bubble	3
277	person	7	spot	6	invention	4	bud	3
278	pick	7	stage	6	item	4	buffalo	3
279	picture	7	stomach	6	jar	4	bump	3
280	piece	7	storm	6	kingdom	4	bureau	3
281	place	7	stream	6	laboratory	4	butcher	3
282	plan	7	strength	6	lap	4	buyer	3
283	plant	7	struggle	6	layer	4	cable	3
284	play	7	style	6	leisure	4	calmly	3
285	please	7	sugar	6	lemon	4	cane	3
286	poor	7	sweet	6	lens	4	canoe	3
287	popular	7	taxi	6	library	4	canvas	3
288	present	7	throat	6	lightning	4	capability	3
289	pretty	7	track	6	link	4	capacity	3
290	put	7	trade	6	literature	4	cape	3
291	question	7	truck	6	locate	4	carrier	3
292	quiet	7	trust	6	location	4	cassette	3
293	rain	7	truth	6	lover	4	category	3
294	reach	7	uniform	6	lower	4	caution	3
295	read	7	unusual	6	management	4	CD	3

296	ready	7	valley	6	mask	4	ceiling	3
297	real	7	view	6	mathematics	4	celery	3
298	really	7	warn	6	menu	4	centimeter	3
299	receive	7	willing	6	mere	4	cereal	3
300	red	7	wing	6	mice	4	chairman	3
301	remember	7	wise	6	minor	4	championship	3
302	return	7	worse	6	mission	4	chef	3
303	rich	7	worst	6	moral	4	chemistry	3
304	right	7	worth	6	motion	4	chess	3
305	road	7	abroad	5	mount	4	chill	3
306	room	7	account	5	oak	4	china	3
307	say	7	advise	5	observation	4	choke	3
308	school	7	affect	5	obvious	4	Christian	3
309	season	7	aim	5	occupy	4	cigar	3
310	second	7	airplane	5	originally	4	circuit	3
311	see	7	airport	5	outer	4	clan	3
312	seem	7	ancient	5	pace	4	clap	3
313	send	7	appearance	5	panel	4	classify	3
314	several	7	apply	5	parade	4	cleaner	3
315	she	7	approach	5	pat	4	client	3
316	shop	7	argument	5	peak	4	clip	3
317	short	7	arrest	5	penny	4	clothes	3
318	should	7	attitude	5	permanent	4	cm	3
319	show	7	author	5	permission	4	coffin	3
320	side	7	average	5	photographer	4	collapse	3
321	since	7	aware	5	physics	4	colleague	3
322	sing	7	background	5	pine	4	collector	3
323	sister	7	badly	5	pitch	4	Colorado	3
324	sit	7	battle	5	pizza	4	combination	3
325	sleep	7	bear	5	playground	4	combine	3
326	small	7	bedroom	5	politician	4	command	3
327	so	7	behavior	5	porch	4	commerce	3
328	some	7	belief	5	portrait	4	commission	3
329	someone	7	bench	5	presence	4	committee	3
330	something	7	bite	5	profession	4	compete	3
331	sometimes	7	blow	5	pump	4	competitor	3
332	son	7	boot	5	rail	4	complaint	3
333	song	7	borrow	5	rarely	4	complicated	3
334	soon	7	brave	5	refugee	4	compliment	3
335	sorry	7	brush	5	regret	4	component	3
336	south	7	burst	5	reject	4	concept	3
337	space	7	bury	5	rely	4	concerned	3
338	speak	7	butter	5	republic	4	concerning	3
339	spend	7	calm	5	resist	4	conductor	3
340	spring	7	candy	5	retire	4	confess	3
341	stand	7	ceremony	5	revolution	4	connection	3
342	star	7	challenge	5	rival	4	consequence	3
343	start	7	charge	5	rob	4	conservation	3
344	station	7	cheer	5	romantic	4	conservative	3
345	stay	7	cheese	5	rub	4	construct	3

346	step	7	chest	5	rude	4	consult	3
347	still	7	childhood	5	ruler	4	consultant	3
348	stop	7	chocolate	5	sack	4	consumption	3
349	store	7	circle	5	sacrifice	4	conventional	3
350	story	7	connect	5	sadly	4	convey	3
351	strong	7	cotton	5	safely	4	cooperation	3
352	student	7	cow	5	sailor	4	cop	3
353	study	7	creature	5	sauce	4	corn	3
354	such	7	crew	5	saw	4	corporate	3
355	summer	7	crop	5	schedule	4	correspond	3
356	sun	7	crown	5	scholar	4	corridor	3
357	sure	7	deaf	5	shame	4	county	3
358	table	7	deliver	5	shelf	4	cousin	3
359	take	7	demand	5	sidewalk	4	coward	3
360	talk	7	detail	5	sigh	4	cowboy	3
361	teach	7	distant	5	signature	4	craft	3
362	teacher	7	district	5	slice	4	crane	3
363	telephone	7	doubt	5	slide	4	creep	3
364	tell	7	downstairs	5	slight	4	crow	3
365	test	7	drug	5	smart	4	cruise	3
366	that	7	dust	5	sofa	4	crystal	3
367	the	7	duty	5	solar	4	cultural	3
368	their	7	encourage	5	specialist	4	curiosity	3
369	them	7	engineer	5	spice	4	curious	3
370	then	7	examination	5	spill	4	curse	3
371	there	7	excellent	5	split	4	curve	3
372	these	7	exchange	5	spoil	4	dam	3
373	they	7	fashion	5	steady	4	deadly	3
374	thing	7	fault	5	strawberry	4	dealer	3
375	think	7	female	5	strongly	4	deceive	3
376	this	7	festival	5	suck	4	declare	3
377	those	7	foolish	5	suitable	4	deed	3
378	though	7	forever	5	sum	4	define	3
379	through	7	generally	5	sunny	4	democratic	3
380	throw	7	generation	5	sunset	4	demonstrate	3
381	time	7	gentle	5	survival	4	demonstration	3
382	today	7	giant	5	sympathy	4	departure	3
383	together	7	honor	5	telegram	4	deposit	3
384	tomorrow	7	host	5	tiger	4	depress	3
385	too	7	huge	5	tightly	4	deputy	3
386	top	7	importance	5	toe	4	descend	3
387	town	7	indeed	5	tone	4	desperately	3
388	train	7	independence	5	towel	4	despite	3
389	travel	7	independent	5	tragedy	4	destruction	3
390	trouble	7	individual	5	trap	4	digest	3
391	try	7	industry	5	traveler	4	digital	3
392	turn	7	instrument	5	tray	4	dignity	3
393	under	7	intelligent	5	trend	4	dining	3
394	understand	7	invitation	5	trial	4	diplomat	3
395	until	7	involve	5	tropical	4	disable	3

396	us	7	jacket	5	trunk	4	disadvantage	3
397	use	7	juice	5	tune	4	disappoint	3
398	very	7	junior	5	twin	4	discrimination	3
399	visit	7	lack	5	ugly	4	disk	3
400	voice	7	leaf	5	underground	4	distinction	3
401	wait	7	length	5	unexpected	4	distinguish	3
402	walk	7	likely	5	unlike	4	distribute	3
403	wall	7	mad	5	visa	4	distribution	3
404	want	7	male	5	volume	4	disturb	3
405	war	7	manner	5	wagon	4	divorce	3
406	warm	7	marriage	5	wallet	4	dizzy	3
407	wash	7	mention	5	wealthy	4	domestic	3
408	watch	7	minister	5	winner	4	dominant	3
409	water	7	monkey	5	wipe	4	don	3
410	way	7	musical	5	wrist	4	donor	3
411	we	7	musician	5	yell	4	doorbell	3
412	wear	7	mystery	5	abandon	3	doorway	3
413	week	7	net	5	absorb	3	dozen	3
414	well	7	occur	5	access	3	draft	3
415	west	7	official	5	accompany	3	dragon	3
416	what	7	onto	5	achievement	3	drain	3
417	when	7	operation	5	acre	3	drought	3
418	where	7	opposite	5	ad	3	drown	3
419	which	7	ordinary	5	adapt	3	drugstore	3
420	while	7	organize	5	admire	3	drunk	3
421	white	7	origin	5	advantage	3	earring	3
422	who	7	ought	5	agricultural	3	eastern	3
423	why	7	pause	5	aircraft	3	economy	3
424	wife	7	peaceful	5	airline	3	edition	3
425	will	7	physical	5	album	3	educate	3
426	wind	7	piano	5	alcohol	3	effective	3
427	window	7	pipe	5	algebra	3	efficiency	3
428	winter	7	planet	5	alternative	3	efficient	3
429	with	7	poet	5	altogether	3	eighth	3
430	woman	7	poetry	5	amaze	3	eighty	3
431	wood	7	pole	5	ambulance	3	elect	3
432	word	7	policeman	5	angrily	3	election	3
433	work	7	polite	5	ankle	3	electron	3
434	world	7	pool	5	anniversary	3	elegant	3
435	worry	7	population	5	anxiety	3	emergency	3
436	would	7	positive	5	anymore	3	emphasize	3
437	write	7	possibility	5	appoint	3	enclose	3
438	wrong	7	practical	5	appropriate	3	endure	3
439	year	7	prevent	5	approve	3	energetic	3
440	yes	7	pride	5	architecture	3	engagement	3
441	young	7	prisoner	5	artificial	3	enterprise	3
442	your	7	private	5	ash	3	entertain	3
443	above	6	prize	5	aside	3	episode	3
444	add	6	process	5	associate	3	essentially	3
445	against	6	progress	5	attractive	3	establishment	3

446	agree	6	project	5	Australian	3	estimate	3
447	allow	6	pure	5	avenue	3	evaluate	3
448	although	6	quarter	5	balcony	3	eve	3
449	among	6	quietly	5	banana	3	evident	3
450	angry	6	rate	5	bang	3	evolve	3
451	animal	6	recognize	5	barber	3	exact	3
452	are	6	recover	5	bare	3	excess	3
453	ball	6	reflect	5	bark	3	excessive	3
454	been	6	regard	5	barrier	3	exclaim	3
455	born	6	relationship	5	baseball	3	exhaust	3
456	busy	6	relative	5	bathe	3	exit	3
457	can	6	remind	5	bathroom	3	expedition	3
458	care	6	remove	5	battery	3	exploit	3
459	carry	6	repair	5	being	3	exploration	3
460	case	6	require	5	belt	3	extend	3
461	catch	6	research	5	bent	3	extension	3
462	chair	6	row	5	Berlin	3	external	3
463	chance	6	safety	5	beyond	3	extreme	3
464	children	6	scale	5	bible	3	facial	3
465	choose	6	scientific	5	bike	3	fairly	3
466	church	6	scream	5	bind	3	faith	3
467	clock	6	screen	5	biscuit	3	faithful	3
468	club	6	search	5	blend	3	fancy	3
469	continue	6	seed	5	blew	3	fierce	3
470	cook	6	senior	5	bloom	3	finance	3
471	corner	6	series	5	blouse	3	firmly	3
472	count	6	shade	5	boring	3	flame	3
473	cup	6	shadow	5	Boston	3	flavor	3
474	dance	6	shoot	5	boyfriend	3	flee	3
475	date	6	shut	5	brake	3	Florida	3
476	dead	6	signal	5	breed	3	flown	3
477	dear	6	sir	5	breeze	3	fold	3
478	deep	6	situation	5	bride	3	formation	3
479	did	6	slip	5	brilliant	3	formerly	3
480	die	6	soil	5	bug	3	fountain	3
481	door	6	solution	5	bunch	3	fox	3
482	draw	6	soul	5	burden	3	frankly	3
483	dream	6	source	5	button	3	freeze	3
484	earth	6	southern	5	cabin	3	frontier	3
485	eight	6	spell	5	cafe	3	fulfill	3
486	enter	6	spoken	5	cage	3	gang	3
487	ever	6	spoon	5	calculate	3	gay	3
488	explain	6	stranger	5	camel	3	gender	3
489	face	6	stress	5	campus	3	genetic	3
490	fact	6	succeed	5	canal	3	germ	3
491	farm	6	sudden	5	cancel	3	goddess	3
492	figure	6	supply	5	carpenter	3	goose	3
493	fill	6	surely	5	carve	3	gorilla	3
494	finger	6	surface	5	champion	3	graduation	3
495	five	6	symbol	5	channel	3	grammar	3

496	flower	6	tail	5	chart	3	grandchildren	3
497	follow	6	tax	5	cherry	3	granddaughter	3
498	form	6	technology	5	Chicago	3	grandparent	3
499	four	6	temperature	5	chop	3	grandson	3
500	future	6	temple	5	cinema	3	grant	3
501	garden	6	tend	5	circumstance	3	grateful	3
502	gold	6	term	5	circus	3	grave	3
503	ground	6	thick	5	classical	3	grief	3
504	guess	6	throughout	5	clinic	3	grocer	3
505	heat	6	title	5	closet	3	gross	3
506	heavy	6	tool	5	clothe	3	guarantee	3
507	hill	6	total	5	collar	3	guilt	3
508	hold	6	tower	5	column	3	gulf	3
509	however	6	unless	5	comedy	3	ha	3
510	hundred	6	upset	5	communication	3	halfway	3
511	I	6	valuable	5	community	3	ham	3
512	inside	6	variety	5	comparison	3	handful	3
513	interest	6	various	5	composition	3	hardware	3
514	invite	6	victory	5	compound	3	harsh	3
515	is	6	wealth	5	concentration	3	hatred	3
516	island	6	wedding	5	conclude	3	Hawaii	3
517	keep	6	wheel	5	conclusion	3	headline	3
518	kill	6	whenever	5	concrete	3	heal	3
519	kitchen	6	whom	5	conduct	3	hearing	3
520	lake	6	writer	5	conference	3	helicopter	3
521	land	6	absent	4	confidence	3	helpful	3
522	last	6	achieve	4	confirm	3	hers	3
523	laugh	6	acid	4	confusion	3	hesitate	3
524	lay	6	actual	4	consider	3	hip	3
525	lead	6	admit	4	considerable	3	historic	3
526	learn	6	adult	4	constant	3	hobby	3
527	lesson	6	afford	4	constantly	3	hockey	3
528	let	6	agency	4	constitution	3	homeless	3
529	listen	6	aid	4	contribute	3	homemade	3
530	lot	6	alphabet	4	convince	3	hometown	3
531	low	6	anyway	4	cottage	3	honestly	3
532	march	6	apartment	4	cough	3	honesty	3
533	marry	6	appeal	4	creation	3	hopeless	3
534	maybe	6	arrange	4	crime	3	horn	3
535	meal	6	arrangement	4	critic	3	horseshoe	3
536	member	6	article	4	critical	3	housewife	3
537	middle	6	Asia	4	culture	3	hut	3
538	milk	6	Asian	4	cupboard	3	idle	3
539	mind	6	ate	4	cycle	3	illustrate	3
540	mistake	6	atmosphere	4	dash	3	illustration	3
541	more	6	attempt	4	data	3	imaginary	3
542	most	6	attention	4	decade	3	imperial	3
543	mouth	6	attract	4	deck	3	impose	3
544	new	6	attractive	4	decrease	3	impressive	3
545	nine	6	automobile	4	definitely	3	increasingly	3

546	no	6	available	4	delicate	3	indicate	3
547	nobody	6	bake	4	delicious	3	inevitable	3
548	notice	6	balloon	4	deserve	3	inherit	3
549	off	6	bank	4	desire	3	inner	3
550	oh	6	bar	4	despair	3	instantly	3
551	own	6	basket	4	desperate	3	instruct	3
552	park	6	bat	4	dessert	3	intense	3
553	percent	6	beard	4	devil	3	intent	3
554	point	6	beauty	4	dialogue	3	internal	3
555	power	6	bee	4	diamond	3	internet	3
556	practice	6	beef	4	dictionary	3	interval	3
557	president	6	beer	4	dinosaur	3	invasion	3
558	problem	6	belt	4	dioxide	3	invest	3
559	pull	6	bend	4	discipline	3	investigate	3
560	push	6	bill	4	dismiss	3	investigation	3
561	quite	6	billion	4	dolphin	3	investment	3
562	radio	6	blame	4	downtown	3	isolate	3
563	raise	6	bomb	4	drag	3	isolation	3
564	reason	6	border	4	drama	3	jazz	3
565	record	6	bore	4	dramatic	3	journal	3
566	rest	6	boss	4	drawn	3	journalism	3
567	result	6	bother	4	driven	3	judgment	3
568	ride	6	bought	4	drum	3	jury	3
569	rise	6	bow	4	dull	3	justice	3
570	river	6	brick	4	dye	3	justify	3
571	rule	6	bridge	4	earthquake	3	keen	3
572	run	6	broad	4	echo	3	keeper	3
573	sad	6	bush	4	eighteenth	3	kilo	3
574	safe	6	button	4	elder	3	kindly	3
575	same	6	campaign	4	electrical	3	label	3
576	save	6	careful	4	elevator	3	lace	3
577	science	6	cast	4	eliminate	3	lamp	3
578	sea	6	cave	4	elsewhere	3	landlord	3
579	serve	6	ceiling	4	embrace	3	launch	3
580	set	6	cell	4	emergency	3	laundry	3
581	seven	6	cent	4	emphasize	3	leading	3
582	shape	6	cheap	4	empire	3	leak	3
583	ship	6	check	4	employ	3	legal	3
584	shout	6	cheek	4	employer	3	legend	3
585	sick	6	chemical	4	encounter	3	legislation	3
586	sign	6	chose	4	endless	3	lend	3
587	six	6	chosen	4	engage	3	let's	3
588	slow	6	cigarette	4	enormous	3	liberation	3
589	smile	6	claim	4	environment	3	lightly	3
590	sound	6	classmate	4	equipment	3	limb	3
591	sport	6	climate	4	era	3	literally	3
592	strange	6	cloudy	4	establish	3	literary	3
593	street	6	coach	4	ethnic	3	living	3
594	system	6	coal	4	experiment	3	lobby	3
595	ten	6	coin	4	explosion	3	logic	3

596	than	6	collection	4	expression	3	logical	3
597	thank	6	comfort	4	extent	3	loose	3
598	third	6	commercial	4	extreme	3	luckily	3
599	thought	6	communicate	4	extremely	3	lump	3
600	three	6	companion	4	eyebrow	3	lying	3
601	to	6	completely	4	faculty	3	magnet	3
602	touch	6	concern	4	false	3	maintenance	3
603	tree	6	consist	4	fantasy	3	mall	3
604	trip	6	conversation	4	fare	3	mammal	3
605	twenty	6	cost	4	fascinate	3	margin	3
606	two	6	cousin	4	fashionable	3	marvelous	3
607	up	6	crack	4	fee	3	mate	3
608	usually	6	cultural	4	fence	3	mature	3
609	village	6	current	4	fetch	3	maximum	3
610	was	6	deeply	4	fifth	3	mayor	3
611	whole	6	defense	4	filter	3	meadow	3
612	wide	6	deny	4	fireplace	3	mechanic	3
613	without	6	determine	4	fist	3	mechanical	3
614	wonderful	6	development	4	flame	3	mechanism	3
615	yet	6	diary	4	flash	3	mediterranean	3
616	you	6	dig	4	flesh	3	mental	3
617	address	5	director	4	flexible	3	mentally	3
618	American	5	discovery	4	fog	3	mexican	3
619	an	5	discuss	4	forgive	3	mid	3
620	appear	5	dish	4	fork	3	midnight	3
621	April	5	double	4	fortune	3	mighty	3
622	area	5	dozen	4	fossil	3	migration	3
623	attack	5	drama	4	found	3	mild	3
624	bag	5	drove	4	foundation	3	mill	3
625	below	5	drunk	4	fourth	3	miner	3
626	bread	5	eaten	4	frequency	3	minimum	3
627	bright	5	economic	4	frequent	3	misery	3
628	cause	5	electric	4	frightened	3	mistaken	3
629	certainly	5	electronic	4	furthermore	3	mode	3
630	climb	5	element	4	gasoline	3	monopoly	3
631	coffee	5	emotion	4	gaze	3	moonlight	3
632	complete	5	entrance	4	gene	3	Moscow	3
633	cool	5	evil	4	generate	3	motorcycle	3
634	course	5	exactly	4	genius	3	moving	3
635	cross	5	exciting	4	glory	3	muddy	3
636	desk	5	expert	4	gotten	3	multiply	3
637	discover	5	fail	4	governor	3	murmur	3
638	does	5	failure	4	graceful	3	namely	3
639	driver	5	fair	4	gravity	3	napkin	3
640	ear	5	favor	4	greenhouse	3	nasty	3
641	east	5	favorite	4	greeting	3	navy	3
642	energy	5	feature	4	grin	3	nearby	3
643	English	5	fence	4	growth	3	neat	3
644	Europe	5	firm	4	guitar	3	negro	3
645	everyone	5	flag	4	gym	3	nickname	3

646	example	5	fool	4	handicap	3	nightmare	3
647	experience	5	foreigner	4	handsome	3	noble	3
648	feet	5	forgotten	4	harmful	3	noodle	3
649	fruit	5	formal	4	harvest	3	noun	3
650	god	5	fortunate	4	hatch	3	nuclear	3
651	government	5	France	4	hawk	3	nut	3
652	grass	5	fresh	4	hay	3	obey	3
653	had	5	friendly	4	heritage	3	obviously	3
654	hat	5	friendship	4	hidden	3	occasional	3
655	herself	5	frighten	4	hike	3	occasionally	3
656	himself	5	fuel	4	hint	3	occupation	3
657	history	5	furniture	4	Hollywood	3	offend	3
658	horse	5	gain	4	holy	3	officially	3
659	hospital	5	Germany	4	household	3	okay	3
660	hurry	5	gesture	4	hug	3	opening	3
661	ice	5	golden	4	hundredth	3	option	3
662	imagine	5	graduate	4	incident	3	orphan	3
663	its	5	grandma	4	increase	3	outcome	3
664	Japan	5	grateful	4	index	3	outdoors	3
665	Japanese	5	greatly	4	indoors	3	outline	3
666	join	5	Greek	4	ingredient	3	output	3
667	jump	5	greet	4	inhabitant	3	outstanding	3
668	kid	5	grown	4	inn	3	overall	3
669	king	5	guest	4	innocent	3	overlook	3
670	lady	5	guilty	4	insist	3	overnight	3
671	less	5	guy	4	inspire	3	owl	3
672	lie	5	hamburger	4	instinct	3	oxygen	3
673	list	5	hammer	4	intellectual	3	ozone	3
674	lunch	5	handkerchief	4	intention	3	pacific	3
675	main	5	happily	4	interpreter	3	packet	3
676	mark	5	happiness	4	interrupt	3	painful	3
677	men	5	harbor	4	issue	3	panda	3
678	might	5	harm	4	jealous	3	parachute	3
679	million	5	heaven	4	jelly	3	paradise	3
680	mine	5	helpful	4	jet	3	parrot	3
681	moment	5	hey	4	jewel	3	partial	3
682	moon	5	highly	4	jog	3	patience	3
683	movie	5	humor	4	joint	3	pavement	3
684	myself	5	ignore	4	journalist	3	peasant	3
685	necessary	5	illness	4	kilogram	3	peculiar	3
686	note	5	imagination	4	kindness	3	penalty	3
687	outside	5	immediate	4	kite	3	pencil	3
688	page	5	inch	4	kitten	3	permit	3
689	paint	5	income	4	knit	3	personally	3
690	plane	5	industrial	4	known	3	persuade	3
691	police	5	influence	4	lamb	3	petition	3
692	possible	5	inform	4	lane	3	petrol	3
693	prepare	5	ink	4	largely	3	phase	3
694	price	5	instance	4	lawn	3	philosopher	3
695	probably	5	intend	4	leap	3	philosophical	3

696	promise	5	introduction	4	lemonade	3	pigeon	3
697	public	5	invent	4	lettuce	3	pity	3
698	quickly	5	jam	4	liberal	3	plot	3
699	rather	5	knife	4	license	3	pneumonia	3
700	remain	5	Korea	4	lily	3	poisonous	3
701	rock	5	labor	4	linguistic	3	politics	3
702	sell	5	lamp	4	lion	3	poll	3
703	service	5	laughter	4	liquid	3	pollute	3
704	shake	5	lawyer	4	lively	3	porter	3
705	shall	5	lazy	4	loaf	3	portion	3
706	simple	5	leather	4	log	3	pose	3
707	size	5	lift	4	loss	3	possibly	3
708	sky	5	magazine	4	lost	3	potter	3
709	slowly	5	mail	4	loudly	3	powder	3
710	special	5	march	4	loyal	3	precise	3
711	state	5	mass	4	loyalty	3	precisely	3
712	straight	5	melt	4	luggage	3	prediction	3
713	surprise	5	mood	4	machinery	3	prefecture	3
714	swim	5	motor	4	magician	3	preference	3
715	tall	5	murder	4	magnificent	3	pregnant	3
716	television	5	neat	4	majority	3	previously	3
717	thirty	5	negative	4	maker	3	priest	3
718	thousand	5	neighbor	4	manual	3	primary	3
719	toward	5	neither	4	manufacture	3	primitive	3
720	true	5	nest	4	marathon	3	printer	3
721	tv	5	network	4	math	3	priority	3
722	type	5	noise	4	means	3	privilege	3
723	wave	5	northern	4	membership	3	procedure	3
724	welcome	5	nurse	4	memorial	3	programmer	3
725	were	5	observe	4	memorize	3	pronounce	3
726	wish	5	occasion	4	merit	3	propose	3
727	within	5	ocean	4	merry	3	protein	3
728	yellow	5	o'clock	4	messenger	3	proudly	3
729	yesterday	5	operate	4	military	3	province	3
730	yourself	5	opinion	4	ministry	3	pub	3
731	accept	4	opportunity	4	miracle	3	publicly	3
732	accident	4	organization	4	missing	3	publisher	3
733	actually	4	original	4	mist	3	punish	3
734	America	4	ourselves	4	mixture	3	punishment	3
735	anybody	4	owe	4	mommy	3	puppy	3
736	apple	4	pain	4	monitor	3	purely	3
737	art	4	painting	4	moreover	3	pursue	3
738	audience	4	particularly	4	muscle	3	pursuit	3
739	August	4	partly	4	mysterious	3	quarrel	3
740	Australia	4	passage	4	myth	3	radiator	3
741	autumn	4	performance	4	necessity	3	raid	3
742	base	4	personal	4	needle	3	random	3
743	baseball	4	personality	4	neglect	3	rare	3
744	birthday	4	phone	4	neutral	3	rattle	3
745	blood	4	picnic	4	nevertheless	3	raw	3

746	bottle	4	pile	4	newly	3	reaction	3
747	breakfast	4	poison	4	nineteenth	3	reading	3
748	Britain	4	political	4	ninety	3	realistic	3
749	British	4	politics	4	none	3	rear	3
750	brown	4	pond	4	notebook	3	receiver	3
751	burn	4	pop	4	novel	3	recommendation	3
752	Chinese	4	port	4	nowadays	3	recovery	3
753	clothes	4	pound	4	nursery	3	refer	3
754	common	4	precious	4	olive	3	reference	3
755	computer	4	prince	4	opera	3	reform	3
756	condition	4	princess	4	operate	3	refusal	3
757	consider	4	product	4	operator	3	regarding	3
758	crowd	4	production	4	opponent	3	regardless	3
759	culture	4	profit	4	ours	3	region	3
760	dad	4	proper	4	overseas	3	regional	3
761	danger	4	protection	4	palace	3	regulation	3
762	death	4	protest	4	pan	3	relate	3
763	December	4	prove	4	panic	3	rent	3
764	develop	4	pupil	4	pant	3	replacement	3
765	difference	4	purple	4	parallel	3	resemble	3
766	dollar	4	quality	4	parliament	3	resident	3
767	effect	4	railroad	4	participate	3	resolution	3
768	egg	4	railway	4	partner	3	resolve	3
769	eighteen	4	rapid	4	passion	3	restriction	3
770	eleven	4	reasonable	4	passive	3	resume	3
771	England	4	recent	4	passport	3	retirement	3
772	especially	4	reduce	4	patch	3	revenue	3
773	except	4	relation	4	payment	3	reward	3
774	excuse	4	religion	4	peach	3	risen	3
775	expect	4	religious	4	pear	3	roar	3
776	experiment	4	reporter	4	pearl	3	roller	3
777	express	4	represent	4	peel	3	Rome	3
778	February	4	request	4	pence	3	rope	3
779	fifteen	4	reserve	4	percentage	3	rot	3
780	fifty	4	resource	4	perception	3	rubbish	3
781	finally	4	respect	4	perfume	3	rural	3
782	flat	4	response	4	personality	3	sadness	3
783	foot	4	responsibility	4	pet	3	sandwich	3
784	force	4	responsible	4	philosophy	3	sandy	3
785	forest	4	role	4	photo	3	satisfactory	3
786	found	4	rough	4	phrase	3	saucer	3
787	fourteen	4	royal	4	pie	3	scandal	3
788	French	4	Russian	4	pig	3	scarcely	3
789	Friday	4	salt	4	pillow	3	scared	3
790	fun	4	sang	4	pitcher	3	scheme	3
791	funny	4	satisfy	4	pity	3	scold	3
792	gas	4	score	4	plus	3	Scotland	3
793	glad	4	secretary	4	pork	3	scratch	3
794	gone	4	seriously	4	possess	3	script	3
795	gun	4	servant	4	possession	3	secondary	3

796	health	4	settle	4	postcard	3	secretly	3
797	hello	4	sex	4	poverty	3	section	3
798	hers	4	shoulder	4	praise	3	sector	3
799	hi	4	silk	4	predict	3	secure	3
800	hole	4	silly	4	preparation	3	seize	3
801	holiday	4	similar	4	pretend	3	select	3
802	hungry	4	singer	4	prime	3	seller	3
803	information	4	smooth	4	producer	3	sensation	3
804	instead	4	snake	4	promote	3	sensitive	3
805	international	4	soap	4	promotion	3	separately	3
806	itself	4	social	4	pronunciation	3	session	3
807	January	4	sold	4	proposal	3	shepherd	3
808	joy	4	somehow	4	psychologist	3	shovel	3
809	July	4	staff	4	punch	3	shuttle	3
810	June	4	stair	4	purchase	3	significant	3
811	law	4	standard	4	quantity	3	similarity	3
812	least	4	stare	4	racial	3	sincerely	3
813	London	4	steal	4	racket	3	sixteenth	3
814	lost	4	steam	4	rainbow	3	sixth	3
815	market	4	stretch	4	react	3	skier	3
816	meat	4	strike	4	reality	3	skip	3
817	memory	4	string	4	recall	3	sleepy	3
818	modern	4	stuff	4	receipt	3	sleeve	3
819	mom	4	subject	4	recycle	3	slightly	3
820	Monday	4	successful	4	refuse	3	smash	3
821	Mr.	4	supper	4	relatively	3	smith	3
822	Mrs.	4	surprised	4	reliable	3	smoothly	3
823	nation	4	surround	4	relieve	3	snap	3
824	natural	4	survive	4	remarkable	3	sneeze	3
825	nature	4	swing	4	remote	3	soap	3
826	nineteen	4	switch	4	replace	3	sob	3
827	noon	4	tap	4	representative	3	sock	3
828	nose	4	tape	4	researcher	3	specific	3
829	November	4	technique	4	reservation	3	splendid	3
830	October	4	teenager	4	respond	3	stable	3
831	offer	4	text	4	reveal	3	stack	3
832	oil	4	theory	4	review	3	stake	3
833	orange	4	thief	4	ribbon	3	statement	3
834	ours	4	threaten	4	ridiculous	3	steel	3
835	peace	4	thumb	4	risk	3	stereo	3
836	pen	4	thus	4	robot	3	stew	3
837	pencil	4	ticket	4	rod	3	strictly	3
838	pet	4	tight	4	rubber	3	substance	3
839	player	4	tobacco	4	rumor	3	suburb	3
840	produce	4	ton	4	runner	3	successfully	3
841	program	4	tongue	4	Russia	3	super	3
842	proud	4	tooth	4	sacred	3	supreme	3
843	quick	4	tour	4	salad	3	survivor	3
844	race	4	toy	4	salesman	3	swan	3
845	realize	4	tradition	4	sample	3	swell	3

846	refuse	4	typical	4	satellite	3	swimmer	3
847	reply	4	umbrella	4	satisfaction	3	Sydney	3
848	report	4	uncle	4	sausage	3	symbolic	3
849	restaurant	4	understanding	4	scatter	3	sympathetic	3
850	rice	4	unfortunately	4	scenery	3		
851	ring	4	unite	4	screw	3		
852	rose	4	universe	4	seal	3		
853	round	4	upstairs	4	sensible	3		
854	Saturday	4	usual	4	seventy	3		
855	scientist	4	video	4	severe	3		
856	seat	4	violence	4	sew	3		
857	sense	4	violent	4	sexual	3		
858	serious	4	vote	4	shallow	3		
859	seventeen	4	wake	4	shampoo	3		
860	shoe	4	weigh	4	shave	3		
861	sight	4	western	4	shed	3		
862	simply	4	whatever	4	shell	3		
863	sixteen	4	whisper	4	shine	3		
864	skin	4	wolf	4	shook	3		
865	smoke	4	wore	4	shopkeeper	3		
866	snow	4	wound	4	shortly	3		
867	soft	4	wrap	4	shower	3		
868	speech	4	yard	4	shrimp	3		
869	spread	4	yeah	4	shy	3		
870	stone	4	youth	4	silently	3		
871	success	4	zero	4	simply	3		
872	suddenly	4	accent	3	sincere	3		
873	suffer	4	accept	3	Singapore	3		
874	support	4	accident	3	site	3		
875	suppose	4	actress	3	sketch	3		
876	taste	4	actually	3	ski	3		
877	tea	4	admire	3	soccer	3		
878	team	4	adopt	3	someday	3		
879	themselves	4	advantage	3	sometime	3		
880	thirteen	4	advertisement	3	somewhat	3		
881	Thursday	4	affair	3	sour	3		
882	tired	4	agent	3	spaghetti	3		
883	tonight	4	agreement	3	speaker	3		
884	Tuesday	4	ah	3	spin	3		
885	twelve	4	alive	3	spiritual	3		
886	university	4	amount	3	spite	3		
887	upon	4	annual	3	spray	3		
888	useful	4	ant	3	squeeze	3		
889	value	4	anxious	3	stamp	3		
890	weak	4	anybody	3	status	3		
891	weather	4	apparently	3	steak	3		
892	Wednesday	4	apple	3	stock	3		
893	wet	4	appointment	3	stocking	3		
894	whether	4	appreciate	3	stove	3		
895	whose	4	arrival	3	strain	3		

896	wild	4	aspect	3	stroke	3		
897	win	4	association	3	struck	3		
898	women	4	assume	3	structure	3		
899	wonder	4	athlete	3	substance	3		
900	written	4	audience	3	sufficient	3		
901	yours	4	aunt	3	suitcase	3		
902	according	3	authority	3	summit	3		
903	adult	3	autumn	3	sunrise	3		
904	Africa	3	avoid	3	sunshine	3		
905	alive	3	awake	3	superior	3		
906	amount	3	awkward	3	supermarket	3		
907	anyway	3	ban	3	supporter	3		
908	argue	3	bargain	3	surf	3		
909	attention	3	bark	3	surgeon	3		
910	aunt	3	basement	3	surgery	3		
911	avoid	3	bathroom	3	survey	3		
912	baker	3	beach	3	suspect	3		
913	banana	3	bean	3	suspend	3		
914	bank	3	begun	3	swam	3		
915	beach	3	beneath	3	swear	3		
916	beauty	3	bicycle	3	sweat	3		
917	became	3	bike	3	sweater	3		
918	began	3	birthday	3	sweep	3		
919	beginning	3	blood	3	Switzerland	3		
920	being	3	blossom	3	sword	3		
921	beyond	3	board	3	tailor	3		
922	bicycle	3	bottle	3	tale	3		
923	bill	3	brain	3	target	3		
924	board	3	breakfast	3	teammate	3		
925	brain	3	broadcast	3	tease	3		
926	bridge	3	brown	3	telegraph	3		
927	broke	3	burn	3	temper	3		
928	brought	3	bye	3	temporary	3		
929	built	3	cab	3	tendency	3		
930	California	3	calendar	3	terribly	3		
931	came	3	camp	3	therefore	3		
932	camp	3	cancel	3	thrill	3		
933	Canada	3	cancer	3	thrown	3		
934	careful	3	carefully	3	thunder	3		
935	carefully	3	cash	3	tide	3		
936	caught	3	century	3	tile	3		
937	century	3	chain	3	toilet	3		
938	cheap	3	chalk	3	tournament	3		
939	check	3	channel	3	toy	3		
940	China	3	chapter	3	trail	3		
941	Christmas	3	characteristic	3	transfer	3		
942	classroom	3	chemistry	3	translate	3		
943	clearly	3	Christmas	3	translation	3		
944	cloud	3	civil	3	transport	3		
945	coat	3	clay	3	transportation	3		

946	communication	3	closely	3	treat	3		
947	completely	3	cloud	3	tremble	3		
948	control	3	coat	3	triangle	3		
949	conversation	3	combination	3	trousers	3		
950	cost	3	combine	3	twentieth	3		
951	couple	3	command	3	uncomfortable	3		
952	create	3	committee	3	unconscious	3		
953	dangerous	3	community	3	underneath	3		
954	depend	3	compete	3	unfortunate	3		
955	destroy	3	computer	3	unknown	3		
956	dictionary	3	conduct	3	unlucky	3		
957	discuss	3	confidence	3	urge	3		
958	disease	3	conflict	3	van	3		
959	dish	3	confuse	3	vanish	3		
960	distance	3	congress	3	vast	3		
961	done	3	connection	3	villager	3		
962	easily	3	contact	3	vision	3		
963	effort	3	content	3	visual	3		
964	eighth	3	continent	3	vocabulary	3		
965	eighty	3	contract	3	volcano	3		
966	elephant	3	contrast	3	wage	3		
967	eleventh	3	control	3	waist	3		
968	environment	3	convenient	3	waitress	3		
969	european	3	cookie	3	wander	3		
970	exactly	3	corn	3	warmth	3		
971	excite	3	council	3	weapon	3		
972	expression	3	couple	3	weave	3		
973	fail	3	create	3	weep	3		
974	farmer	3	credit	3	wildlife	3		
975	favorite	3	crime	3	wisdom	3		
976	fear	3	crowded	3	woke	3		
977	feeling	3	curious	3	worm	3		
978	fell	3	curve	3	written	3		
979	felt	3	customer	3	yogurt	3		
980	fifth	3	dangerous	3	zone	3		
981	film	3	darkness	3				
982	football	3	debt	3				
983	foreign	3	declare	3				
984	fork	3	decrease	3				
985	forty	3	defeat	3				
986	fourth	3	delicious	3				
987	fresh	3	depend	3				
988	friendly	3	depth	3				
989	garbage	3	deserve	3				
990	gave	3	desire	3				
991	general	3	despite	3				
992	German	3	destroy	3				
993	given	3	destruction	3				
994	got	3	detective	3				
995	grandmother	3	disappoint	3				

996	gray	3	disaster	3					
997	grew	3	disease	3					
998	guest	3	distance	3					
999	heard	3	distinguish	3					
1000	held	3	disturb	3					
1001	honest	3	doll	3					
1002	human	3	dollar	3					
1003	ill	3	drawer	3					
1004	image	3	drew	3					
1005	include	3	drown	3					
1006	increase	3	drum	3					
1007	India	3	dull	3					
1008	interested	3	earthquake	3					
1009	introduce	3	easily	3					
1010	issue	3	eastern	3					
1011	kept	3	economy	3					
1012	kick	3	educate	3					
1013	knew	3	educational	3					
1014	knife	3	effective	3					
1015	known	3	effort	3					
1016	leader	3	egg	3					
1017	lend	3	elbow	3					
1018	level	3	elect	3					
1019	library	3	election	3					
1020	lift	3	emotional	3					
1021	made	3	employee	3					
1022	magazine	3	employment	3					
1023	mail	3	entire	3					
1024	meaning	3	envelope	3					
1025	meant	3	equipment	3					
1026	measure	3	error	3					
1027	meeting	3	especially	3					
1028	message	3	establish	3					
1029	met	3	estimate	3					
1030	meter	3	eventually	3					
1031	movement	3	everyday	3					
1032	Ms.	3	exact	3					
1033	narrow	3	except	3					
1034	national	3	excuse	3					
1035	neighbor	3	existence	3					
1036	neither	3	expand	3					
1037	ninety	3	explanation	3					
1038	ninth	3	extend	3					
1039	noise	3	extremely	3					
1040	none	3	factor	3					
1041	nor	3	fairly	3					
1042	notebook	3	faith	3					
1043	nurse	3	fallen	3					
1044	object	3	fancy	3					
1045	ocean	3	farmer	3					

1046	OK	3	fear	3					
1047	okay	3	feather	3					
1048	opinion	3	fever	3					
1049	ourselves	3	film	3					
1050	pain	3	finally	3					
1051	personal	3	financial	3					
1052	phone	3	flash	3					
1053	pound	3	flat	3					
1054	product	3	flew	3					
1055	protect	3	flour	3					
1056	ran	3	fold	3					
1057	respect	3	following	3					
1058	said	3	football	3					
1059	sale	3	foreign	3					
1060	salt	3	forgive	3					
1061	sat	3	forgot	3					
1062	saw	3	fortune	3					
1063	scene	3	forty	3					
1064	secret	3	fought	3					
1065	seen	3	fox	3					
1066	sent	3	freeze	3					
1067	September	3	function	3					
1068	seventh	3	funny	3					
1069	seventy	3	gap	3					
1070	share	3	garage	3					
1071	shine	3	garlic	3					
1072	shock	3	gas	3					
1073	shoulder	3	general	3					
1074	silent	3	generous	3					
1075	similar	3	gentleman	3					
1076	sixth	3	gently	3					
1077	sixty	3	glad	3					
1078	ski	3	goodbye	3					
1079	skill	3	gradually	3					
1080	soccer	3	grammar	3					
1081	social	3	grand	3					
1082	society	3	grandpa	3					
1083	sort	3	grant	3					
1084	soup	3	grave	3					
1085	speaker	3	gray	3					
1086	speed	3	growth	3					
1087	spent	3	guitar	3					
1088	spirit	3	handsome	3					
1089	spoke	3	headache	3					
1090	square	3	health	3					
1091	stood	3	hell	3					
1092	strike	3	hesitate	3					
1093	subject	3	hire	3					
1094	successful	3	hobby	3					
1095	suggest	3	hole	3					

1096	Sunday	3	holiday	3					
1097	taken	3	homework	3					
1098	taught	3	honest	3					
1099	tear	3	hook	3					
1100	tennis	3	horn	3					
1101	tenth	3	human	3					
1102	terrible	3	hungry	3					
1103	theirs	3	ideal	3					
1104	therefore	3	identify	3					
1105	ticket	3	ill	3					
1106	till	3	image	3					
1107	Tokyo	3	impress	3					
1108	told	3	impression	3					
1109	took	3	include	3					
1110	treat	3	Indian	3					
1111	twelfth	3	inner	3					
1112	uncle	3	insist	3					
1113	understood	3	instead	3					
1114	usual	3	institution	3					
1115	vacation	3	instruction	3					
1116	vote	3	insurance	3					
1117	wake	3	international	3					
1118	waste	3	interrupt	3					
1119	went	3	introduce	3					
1120	western	3	Italian	3					
1121	won	3	Italy	3					
1122	worker	3	itself	3					
1123	wrote	3	justice	3					
1124	yard	3	kilometer	3					
1125			Korean	3					
1126			lately	3					
1127			later	3					
1128			Latin	3					
1129			latter	3					
1130			leader	3					
1131			league	3					
1132			led	3					
1133			legal	3					
1134			level	3					
1135			lion	3					
1136			literature	3					
1137			load	3					
1138			loan	3					
1139			loose	3					
1140			lord	3					
1141			loss	3					
1142			maintain	3					
1143			married	3					
1144			mayor	3					
1145			meaning	3					

1146			measure	3				
1147			meat	3				
1148			medal	3				
1149			mend	3				
1150			mental	3				
1151			merchant	3				
1152			merely	3				
1153			message	3				
1154			Mexico	3				
1155			midnight	3				
1156			military	3				
1157			mine	3				
1158			modern	3				
1159			monthly	3				
1160			mosquito	3				
1161			mostly	3				
1162			movement	3				
1163			mud	3				
1164			muscle	3				
1165			mysterious	3				
1166			nail	3				
1167			narrow	3				
1168			national	3				
1169			naturally	3				
1170			navy	3				
1171			nearby	3				
1172			needle	3				
1173			New York	3				
1174			nor	3				
1175			nose	3				
1176			novel	3				
1177			nowhere	3				
1178			nuclear	3				
1179			nut	3				
1180			obey	3				
1181			object	3				
1182			obtain	3				
1183			obviously	3				
1184			odd	3				
1185			offer	3				
1186			Olympic	3				
1187			onion	3				
1188			opposition	3				
1189			orange	3				
1190			otherwise	3				
1191			oven	3				
1192			overcome	3				
1193			oxygen	3				
1194			paid	3				
1195			painful	3				

1196			pajamas	3				
1197			pale	3				
1198			pan	3				
1199			pants	3				
1200			pardon	3				
1201			Paris	3				
1202			partner	3				
1203			pen	3				
1204			per	3				
1205			permit	3				
1206			persuade	3				
1207			phrase	3				
1208			pig	3				
1209			pin	3				
1210			platform	3				
1211			player	3				
1212			policy	3				
1213			polish	3				
1214			pollution	3				
1215			popcorn	3				
1216			possibly	3				
1217			powder	3				
1218			praise	3				
1219			preserve	3				
1220			pretend	3				
1221			previous	3				
1222			priest	3				
1223			principal	3				
1224			principle	3				
1225			program	3				
1226			proof	3				
1227			property	3				
1228			propose	3				
1229			protect	3				
1230			proud	3				
1231			punish	3				
1232			purse	3				
1233			puzzle	3				
1234			quick	3				
1235			race	3				
1236			rang	3				
1237			range	3				
1238			rank	3				
1239			rapidly	3				
1240			rare	3				
1241			rarely	3				
1242			rat	3				
1243			raw	3				
1244			reaction	3				
1245			reader	3				

1246			reality	3				
1247			realize	3				
1248			recommend	3				
1249			refer	3				
1250			region	3				
1251			relate	3				
1252			remark	3				
1253			rent	3				
1254			replace	3				
1255			report	3				
1256			rescue	3				
1257			respond	3				
1258			restaurant	3				
1259			reward	3				
1260			rice	3				
1261			ring	3				
1262			risk	3				
1263			rope	3				
1264			rose	3				
1265			rub	3				
1266			sake	3				
1267			salad	3				
1268			salary	3				
1269			sale	3				
1270			sandwich	3				
1271			scare	3				
1272			scene	3				
1273			scientist	3				
1274			secret	3				
1275			section	3				
1276			security	3				
1277			select	3				
1278			sensitive	3				
1279			September	3				
1280			serious	3				
1281			share	3				
1282			shell	3				
1283			shelter	3				
1284			shift	3				
1285			shock	3				
1286			shoe	3				
1287			shopping	3				
1288			shower	3				
1289			shy	3				
1290			sight	3				
1291			silent	3				
1292			sixty	3				
1293			skate	3				
1294			skill	3				
1295			skirt	3				

1296			slept	3				
1297			slightly	3				
1298			smart	3				
1299			smoke	3				
1300			snow	3				
1301			society	3				
1302			sock	3				
1303			soda	3				
1304			soft	3				
1305			solid	3				
1306			sore	3				
1307			sort	3				
1308			soup	3				
1309			Spanish	3				
1310			spare	3				
1311			species	3				
1312			specific	3				
1313			speed	3				
1314			spider	3				
1315			spirit	3				
1316			square	3				
1317			stamp	3				
1318			statement	3				
1319			steel	3				
1320			stiff	3				
1321			structure	3				
1322			subway	3				
1323			suggest	3				
1324			Sunday	3				
1325			sunlight	3				
1326			sunshine	3				
1327			supermarket	3				
1328			superstition	3				
1329			support	3				
1330			tale	3				
1331			tank	3				
1332			taste	3				
1333			tea	3				
1334			tear	3				
1335			technical	3				
1336			teeth	3				
1337			tennis	3				
1338			tent	3				
1339			terrible	3				
1340			theme	3				
1341			themselves	3				
1342			thirsty	3				
1343			threat	3				
1344			threw	3				
1345			till	3				

1346			tip	3				
1347			tire	3				
1348			toilet	3				
1349			tomato	3				
1350			tonight	3				
1351			tough	3				
1352			training	3				
1353			translate	3				
1354			treatment	3				
1355			tribe	3				
1356			tube	3				
1357			twist	3				
1358			ugly	3				
1359			unable	3				
1360			unhappy	3				
1361			union	3				
1362			unique	3				
1363			university	3				
1364			upper	3				
1365			used	3				
1366			useful	3				
1367			vacation	3				
1368			vary	3				
1369			vast	3				
1370			vehicle	3				
1371			violin	3				
1372			volunteer	3				
1373			voyage	3				
1374			warning	3				
1375			Washington	3				
1376			waste	3				
1377			weak	3				
1378			weapon	3				
1379			weather	3				
1380			weekly	3				
1381			wet	3				
1382			whale	3				
1383			wheat	3				
1384			win	3				
1385			wire	3				
1386			witness	3				
1387			wooden	3				
1388			wool	3				
1389			worker	3				
1390			worried	3				
1391			writing	3				

資料3 関連資料①

初等部英語学習ソフト"Aoyama Gakuin Happy Shopping Game"について

—— 青山学院大学ヒューマン・イノベーション研究センタープロジェクトの成果報告 ——

女子短期大学英文学科教授・松村 伸一

青山学院英語教育研究センターは、青山学院大学ヒューマン・イノベーション研究センターにおいてマルチメディア型一貫英語研究グループとしても活動しており、主にコンピューターを利用した英語語彙学習ソフトの開発を行ってきた。2008-9年度には、初等部高学年生を対象とし、文化学習と数字・計算に力点を置いた、新たな学習ソフトウェアの制作を企画した。以下、その概要および構成内容の説明をもって成果報告に代えたい。

［制作したソフトウェアの概要］

目的：千の位までの数字を英語で聞き取ること。あわせて、身近な食べ物の英語名称を学習するとともに、バランスのとれた食事についてイメージを持つこと。

名称：Aoyama Gakuin Happy Shopping Game

ソフトウェアの形式：Macromedia Flash

対象学年：現在の5～6年生（独自英語教科書の使用開始に伴い、実際に使用する学年は下がる可能性もある。）

学習方法：個別学習。通常は、授業時間内に他の作業を終えた生徒に、自習・復習として用いさせる。

操作方法：名前の入力以外はマウスのみ。

起案者：合田紀子（初等部教諭）、ジョン・ベッチャー（初等部外国人教師）

制作委託業者：（株）エドベック、（株）爽美録音、（有）アレフデザイン、（有）スタジオサンダンス

［ソフトウェアの構成内容］

今回のソフトウェアの主要部分は、買い物ゲームの形式を取ることにした。日常的に接する数字を、飽きることなく反復練習するのに最適と考えたためである。

オープニングで自分の名前をローマ字入力すること、登場人物として複数の動物キャラクターを設定して生徒自身に選択させること（今回はDog FamilyとCat Familyの二種）、ゲームの説明を含めてすべて英語を使用すること、授業中に運用することを考慮してプレイに制限時間を設けること —— 以上の点は、これまでに当プロジェクトで制作してきた学習ソフトと同様である。

ゲームの大まかなストーリーとしては、「母親の誕生日に、父と子供がランチを用意することを決めて、子供がその材料をスーパーマーケットに買い物に出かける」という設定を用意した。なぜ買い物をするのかという意義付けが必要だからである。

ゲームの目標は、合計金額が自分の設定した額を超えない範囲で、バランスよく食材を買いそろえることである。ただし、ゲーム性（すなわち、わかりやすい目標を設定し、達成感も得られること）を重視して、なるべく設定金額に近い買い物をすることを目標とさせ、実際に買い物で使った合計金額と設定金額との差異によって、ゲームの結果成績を示すことにした。食材のバランスに関しては、ソフトウェア上では評価基準としなかったが、教室で教員が直接指導することになるだろう。

実際のゲームでは、まず「2000 円」「2500 円」「3000 円」の 3 つの「予算」からひとつを選び、その限度内での買い物を目指す。続いて、スーパーの画面では、精肉売場、野菜売場、果物売場、ベイカリーの四つの店舗が用意され、それぞれ 12 種類の商品が用意されている（商品の種類は固定）。多くの商品には一の位まで数字がある値段が付いている。なお、一種類の商品を複数買うこともできる。

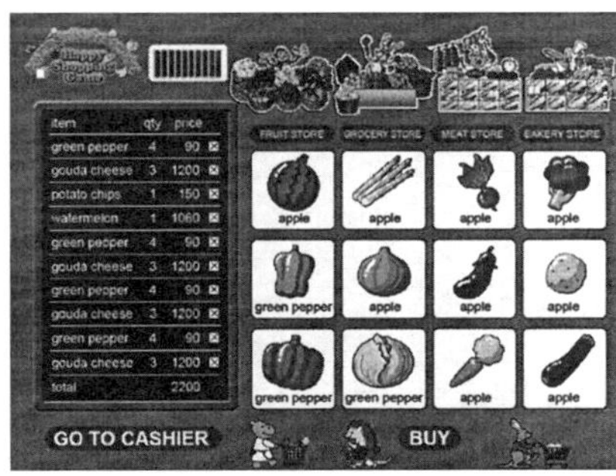

画面には、商品の絵が出ており、クリックすると商品名とその値段が、音声のみで流れる。購入するときは、Buy ボタンを押す（複数個購入する場合は、複数回 Buy ボタンを押す）。

Buy ボタンを押すと、画面左の商品リストに商品名、個数、一個分の値段が表示される（生徒はこの時点ではじめて文字情報を見る）。合計金額については、ソフト側で自動計算しないこととした。生徒に暗算させることでゲームの難度を上げることにしたためだが、この点は生徒の使用状況を見て、改善する余地があるかもしれない。

買い物リストに 10 種類の商品が表示されると、会計に行くことができるようになる（"Go to Cashier"ボタンが表示される）。商品が 10 種類に満たないと、会計に行くことができない。一方、時間制限があるため、時間内に会計に行くことができないと、ゲームオーバーとなる。

最終ステージでは、3 段階程度の種類に分けて、ゲームの結果成績にあわせた受賞シーン（プリントアウト可能な賞状）を用意した。一定の達成感を与える一方で、より高い評価を得るモティヴェーションも途絶えさせないよう配慮した。

［制作時に直面した課題］

買い物という〈素材〉はリアルな日常的行動である一方で、英語環境での買い物という行動は（日本国内では一般的には）非日常的でもある。今回は制作段階で、「海外の店舗で買い物をしているような雰囲気を再現したい」という希望と、ソフト制作上の現実的な要請との狭間で、判断に迷う点が多かった。

たとえば、店舗の場面では雑踏の効果音や店員の呼び声などを入れてはどうかという案もあったが、実際に適切な音源を入手することが難しかったばかりでなく、「英米のスーパーで店員が現実に客寄せの声を上げるだろうか」「客の会話の音声も入るのであれば、その内容や教育的効果も考える必要があるのではないか」など疑念が呈され、今回は見送った。また、商品の数え方についても、品物に合わせて pieces/slices/loaves/packs などを入れて学習させる案もあったが、ソフト側での単複の判断や組み合わせの膨大などから、制作に支障が生じる懸念があったばかりでなく、やはり実態との兼ね合いとして、個々の商品の販売形態が必ずしも一様ではないことや（スーパーではパック売りされている商品が個人商店では量り売りされる、など）、重さの単位（ポンド、オンスなど）なども生徒には実感がわきづらいことなどから、一律で piece とした。物の数え方は、当面教室で学習することとなるが、結果的には、「1 から 3000 までの数字の学習」という今回の学習ソフトの趣旨を際だたせることにはなったかもしれない。

そのほか、数字の読み上げに関して、それぞれの位の音声が、重なったり間が空いたりすることのないよう調整するため、録音段階から相談を重ね、制作業者にもご苦心いただいた。

2010 年度には使用を開始し、あわせて生徒の反応や学習効果についても記録する予定である。

以上

青山学院
AOYAMA GAKUIN

英語教育研究センター
RESEARCH CENTER FOR ENGLISH LANGUAGE TEACHING

ご紹介

There are many different languages
in the world, yet none of them is without meaning.

世にはいろいろな種類の言葉があり
どれ一つ意味を持たないものはありません。

(コリントの信徒への手紙―14:10)

1999年4月1日

青山学院英語教育研究センター設立までの歴史

平成7年（1995年）4月、深町正信院長の提案により「青山学院英語教育検討委員会」が発足し、以来3年間にわたって本学の英語教育に関する様々な議論を重ねてきました。その間に、「英語の青山」の伝統を維持し発展させるためには、英語教育の研究・開発を恒常的かつ専門的に推進するための永続的で強固な組織が必要であるとの認識に至りました。そこで、本学に「青山学院英語教育研究センター」を設置してほしい旨の要望書を提出し、昨年10月に開催された理事会でこれが承認され、ここに「青山学院英語教育研究センター」が誕生する運びとなりました。

青山学院英語教育検討委員会について

青山学院英語教育検討委員会の目的は、「英語の青山」の伝統を維持するだけではなく、さらなる創意工夫による時代の要請に合ったカリキュラムを作成し、効果的な英語教育の方法を考案し実践するための基礎固めをするというものでした。その目的を念頭に置き、初等部、高中部、女子短期大学、大学および大学学務部から院長によって委嘱された委員が、平成10年（1998年）3月までの3年間、ほぼ隔月に委員会を開催し、青山学院の英語教育に関して様々な観点から検討を積み重ねてきました。

検討課題としては、初等部から大学までの各部における英語教育の現状分析および今後の発展のための問題点と、初等部から大学までの一貫教育としての英語教育の在り方、の2点が主に取り上げられました。当然のことながら、ここには英語教育にインフォメーション・テクノロジーを導入する方法と、マルチメディアによる英語教育の可能性という事柄も含まれていました。

また、英語教育検討委員会は、その活動の一環として平成9年（1997年）3月31日～4月1日に、「初等英語教育の意義と方法－中等教育との一貫制のなかで」と題する公開シンポジウムを開催し、そして、平成10年（1998年）3月31日に3年間の委員会活動を総括するべく、『青山学院英語教育検討委員会報告書』を発行しました。ここには、委員会で報告・検討された事柄、初等部から高等部までの一貫英語教育に関する展望、青山学院英語教育研究センター設置の提案、公開シンポジウムの概要などが収録されています。

青山学院英語教育研究センターの構成・目的・活動

構成

青山学院英語教育研究センターは、青山学院院長のもとに設置されており、センター長と研究員によって構成されています。センター長は院長によって任命され、研究員は初等部から大学までの各部の長が推薦し、院長によって委嘱されます。また、本研究センターには、その管理と運営を円滑に遂行するために運営委員会が設置されており、院長、センター長および研究員がその構成員となり、センター長がその委員長を兼務します。また、本研究センターの事務は本部秘書室が執り行います。

目的

青山学院英語教育研究センターは、英語教育およびその関連諸領域に関する理論的・応用的な研究や調査を行い、本学および国内外の英語教育の充実と発展に貢献することを目的とするものです。

活動

青山学院英語教育研究センターはその目的を達成するため、(1) 英語教育に関する理論的・応用的研究と調査、(2) 研究と調査の成果を公表する各種刊行物の発行、(3) 研究会、講演会およびセミナーなどの開催、(4) 図書や資料などの収集や整理、などの事業を行うことになります。そして上記 (1) の研究と調査を遂行するために（共同）プロジェクトを組織し、(1) 初等英語教育の理論と実際に関する基礎的研究、(2) 小中高一貫制をベースとした英語教育シラバスの試論的研究、(3) 信頼に足る評価法の開発に関する基礎的研究、(4) マルチメディアによる英語教育システムの構築に関する実践的研究、(5) ESP (English for Specific Purposes) のシラバス作成に関する実践的研究、(6) 英語の国際化と多様化に関する社会言語学的研究、などの緊急テーマに取り組む予定です。またこれらとは別に、(1) 研究センター設立記念シンポジウムの開催、(2) 海外の研究所との国際パートナーシップの提携、(3) 学外からの資金の導入、などの可能性の検討も課題となっています。

＊青山学院英語教育研究センターでは今後、様々な広報活動を通じて本研究センターの活動状況をお知らせする予定です。皆様のご支援とご協力を切に期待致します。

青山学院英語教育研究センターの研究室

現在、青山学院英語教育研究センターは研究活動などを行うための施設として、ウェスレーホールの２階に研究室を設置しています。

青山学院英語教育研究センターの構成員

青山学院英語教育研究センターは、青山学院英語教育検討委員会が発展的に解消した後、その意志を引き継ぐ組織として発足した経緯があるため、継続性という点を考慮し、基本的に検討委員会の委員が研究センターの第１期構成員となっています。

センター長	大学国際政治経済学部教授	本名　信行
研　究　員	初等部教諭	合田　紀子
	高中部教諭（中等部）	敷島　洋一
	高中部教諭（中等部）	小田　文信
	高中部教諭（高等部）	五十嵐元篤
	高中部教諭（高等部）	西川　良三
	女子短期大学教授	宮内華代子
	女子短期大学助教授	高野　嘉明
	大学文学部助教授	木村　松雄
	大学国際政治経済学部助教授	田辺　正美
	大学法学部教授	芦原　貞雄
	大学理工学部教授	富山　　健

所在地　〒150-8366
東京都渋谷区渋谷4-4-25　青山学院英語教育研究センター
TEL. 03（3409）8111（代表）　内1209（秘書室）

AOYAMA GAKUIN RESEARCH CENTER FOR ENGLISH LANGUAGE TEACHING

There are many different languages in the world,
yet none of them is without meaning.

(The First Letter of Paul to the Corinthians — 14:10)

June 1, 1999

History of the Aoyama Gakuin Research Center for English Language Teaching

Following the proposal by Chancellor Masanobu Fukamachi, the Aoyama Gakuin English Language Teaching Study Council was formed in April, 1995. The Study Council began meeting regularly to discuss various issues related to English language teaching at Aoyama Gakuin, which has an educational institution for every age group, ranging from kindergarten to university. After spending three years reviewing the English language curricula from the elementary school to the university levels, the Study Council reached the conclusion that, in order to maintain the high reputation Aoyama Gakuin has enjoyed for its English teaching, an ongoing organization should be established to carry out further intensified research and foster the development of English language teaching. A request was subsequently submitted to the Board of Trustees to set up the Aoyama Gakuin Research Center for English Language Teaching. The Research Center was established following approval by the Board of Trustees in October, 1998.

The Aoyama Gakuin English Language Teaching Study Council

The objectives of the original Aoyama Gakuin English Language Teaching Study Council were to lay the foundation for new English programs by devising effective methods for the teaching of English in line with the current social needs and to thereby maintain the reputation of Aoyama Gakuin in the field of English language teaching and learning. With the objectives in mind, representatives from the Elementary School, the Junior and Senior High Schools, the Women's Junior College, the University, and the Educational Affairs Office were commissioned by the Chancellor and bimonthly meetings were held fairly regularly for three years, through March, 1998, to study the English programs at Aoyama Gakuin.

The Study Council made every effort to analyze the English language programs at each of the educational levels, to offer suggestions for the future development of the programs, and to deliberate on how Aoyama Gakuin's English language programs could be seamlessly integrated from the elementary school to the university levels. The Study Council's agenda included introducing information technology courses into the English language program and considering possibilities for educational programs based on multimedia.

During its tenure, the Study Council was engaged in various activities, including a symposium held from March 31 - April 1, 1997 entitled "The Significance and Method of Elementary School English Language Teaching in the Context of Seamless Integration with Secondary Education." The Study Council wrapped up its three years of activities by publishing the *Aoyama Gakuin English Language Teaching Study Council Report* on March 31, 1998. The document includes matters reported on and discussed at the meetings, prospects for the seamless integration of English language teaching from the elementary to the high school levels, the proposal to set up the Aoyama Gakuin Research Center for English Language Teaching, and the proceedings of the symposium.

Composition, Objectives, and Activities of the Aoyama Gakuin Research Center for English Language Teaching

Composition

The Aoyama Gakuin Research Center for English Language Teaching, established under the jurisdiction of the Chancellor of Aoyama Gakuin, is composed of both a director and researchers. The director is appointed by the Chancellor, while researchers are recommended by the head of each division, ranging from the Elementary School to the University, and commissioned by the Chancellor. The Research Center also includes a Steering Committee which concerns itself with the proper management and smooth operation of the organization. The Steering Committee consists of the Chancellor, the director (who chairs the committee), and the researchers. Business matters are handled by the secretarial staff in the Chancellor's Office.

Objectives

The Research Center aims to contribute to the fulfillment and development of English language teaching not only at Aoyama Gakuin but throughout Japan and abroad by engaging in theoretical and applied research in English language teaching and related disciplines.

Activities

In order to achieve its objectives, the Research Center will involve itself in such projects as:

(1) engaging in theoretical and applied studies, including surveys, on English language teaching and learning;

(2) publishing its research findings;

(3) organizing study meetings, lectures, and seminars; and

(4) collecting relevant books and documents, and assembling other data.

In order to fulfill its commitment to theoretical and applied research, projects will be launched on the following urgent issues:

(1) basic studies on the theory and practice of elementary school English language teaching;

(2) experimental studies of syllabi for coordinated English language teaching from elementary school to high school;

(3) basic studies on reliable evaluation measures;

(4) practical studies on developing multimedia-based English language teaching;

(5) practical studies on the syllabus design of ESP (English for Specific Purposes) courses; and

(6) sociolinguistic studies on the internationalization and diversification of the English language.

In addition to these activities, the Research Center will:

(1) form international partnerships with overseas institutions; and

(2) raise funds from outside of Aoyama Gakuin.

The Research Center will endeavor to communicate information about its activities through various forms of publicity. Your support and cooperation would be greatly appreciated.

The Research Center Office

The Research Center Office is located on the second floor of Wesley Hall.

Members of the Research Center

Since the Research Center was established following the liquidation of the Study Council, the initial members of the Research Center are those who originally served on the Study Council.

Director of the Research Center
Nobuyuki Honna, Professor, University
(School of International Politics, Economics and Business)

Researchers
Noriko Goda, Teacher, Elementary School
Yoichi Shikishima, Teacher, Junior High School
Fuminobu Oda, Teacher, Junior High School
Motoatsu Igarashi, Teacher, Senior High School
Ryozo Nishikawa, Teacher, Senior High School
Kayoko Miyauchi, Professor, Women's Junior College
Yoshiaki Takano, Associate Professor, Women's Junior College
Matsuo Kimura, Associate Professor, University (College of Literature)
Masami Tanabe, Professor, University
(School of International Politics, Economics and Business)
Sadao Ashihara, Professor, University (College of Law)
Ken Tomiyama, Professor, University (College of Science and Engineering)

Address: 4-4-25 Shibuya, Shibuya-ku, Tokyo 150-8366 Japan
Telephone: +81-3-3409-8111 Extension: 1209

資料3　関連資料③

宗教部長が語る　学院の潮流

Aoyama's Journey NO.2

History of Aoyama

「英語の青山」の原点 初期の英語教育とは？

早くから英語教育に力を入れてきた青山学院。明治時代にその基礎を築いた教師を中心に、初期の英語教育を振り返ってみましょう。

文＝牧野容子　写真＝青山学院提供

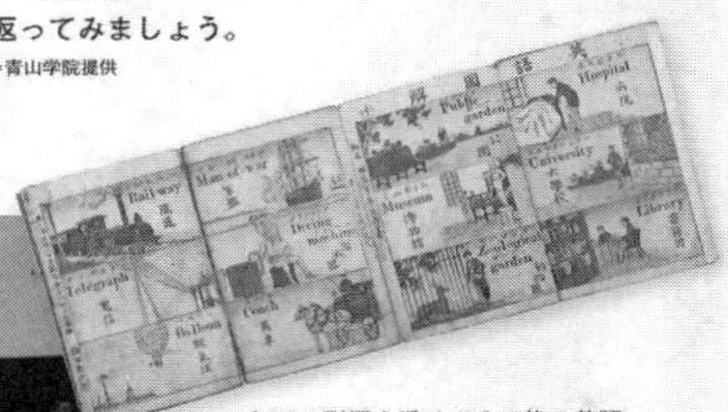

青山学院資料センターに残る英語教材の一つ、1887（明治20）年出版の『英語図解』。英単語をカラーイラストで図解

ネイティブスピーカーの宣教師による初等部での英語の授業。1949（昭和24）年

みなさんは、青山学院が戦前から「英語の青山」と言われていることをご存じですか？

1883（明治16）年に現在の青山の地で東京英和学校としてスタートしたときから、青山学院では英語を主要な教科としてきました。

和田正幾（せいき）は、青山学院の英語教育の源流になった人物です。和田は22歳で耕教学舎の教師となり、英語や数学、化学などを教えました。耕教学舎はジュリアス・ソーパーが築地に開いた学校で、青山学院の基礎となった学校の一つです。学校が青山に移転してからも、和田は教授を続けました。

日本人向けの教授法を考案

当時、英文法の教材は英米人向けが中心で、日本人にはわかりにくいものでした。そこで和田はインドの学生のためにつくられたネスフィールドの文法書を採用し、「これで前置詞がわかれば英語はマスターできる」と言いながら、熱心に教えていたそうです。彼は英語学者の斎藤秀三郎と交流があり、後に斎藤が『熟語本位 英和中辞典』を出版するにあたり、多くの協力をしたとされています。

和田の影響を受けてその後の英語教育を支えたのが、岡田哲蔵や舟橋雄（ゆう）です。岡田は軍人でもあり、日清・日露戦争に従軍しました。青山女学院で教えていたときには、勉強だけでなく心身の健康も重視して、体操の教科になぎなたや竹馬を取り入れるなど、人間教育の観点から大きな心で生徒を指導した人でした。

また、当時の青山女学院では、英文科で国文学の授業にも力を入れていました。それは、英語を学ぶにはまず日本文学を理解することが大切だという考えからです。これは今の時代にも通じますね。

舟橋は東京英和学校の卒業生で、その後、青山学院の教授になった、生粋の"学院っ子"です。彼は1911年に『英文学史大観』を出版し、青山学院が生んだ最初の英文学者としても幅広く活躍しました。

彼らをはじめ、多くの教師たちの努力と情熱によって築かれた英語教育の伝統は、脈々と受け継がれ、今に続いているのです。

出所：『青山学院 by AERA』朝日新聞社，p.63より転載

資料4　青山学院英語教育研究センター関係者一覧

深町 正信（名誉院長）	梅津 順一（現院長）	仙波 憲一（大学学長）
半田 正夫（元理事長）	本名 信行（初代所長・大学名誉教授）	長谷川 信（大学副学長）
山北 宜久（前院長）		

合田 紀子（初等部）	Jinung Chung（元中等部）	Andrew Carroll（高等部）
John Boettcher（初等部）	Karin Johnson（中等部）	Philip Woodall（高等部）
木下 美子（元初等部）	David Moss（中等部）	渡辺　健（高等部）
小田 文信（中等部）	西川 良三（高等部長）	三ツ木 京子（高等部）
野間口 カリン（中等部）	五十嵐 元篤（高等部／故人）	Sam Berry（高等部）
敷島 洋一（中等部長）	田邊 博史（高等部）	Spencer Fancutt（高等部）
鈴木 千代（中等部）	田中 由紀（高等部）	

松村 伸一（女子短大）	湯本 久美子（女子短大）	高野 嘉明（女子短大）
宮内 華代子（女子短大）	山田 美穂子（女子短大）	

田辺 正美（大学）	J. W. Pagel（大学）	稲生 衣代（大学）
芦原 貞夫（大学）	遠藤 健治（大学）	水野　的（大学）
富山 健（大学）	アレン玉井光江（大学）	髙木 亜希子（大学）
David W. Reedy（大学）	野邊 修一（大学）	木村 松雄（現所長・大学）

尾崎　誠（本部／故人）	山田 明男（本部）	青柳 辰弥（本部）
青砥　基（本部）	上倉　功（本部）	三森 道子（本部）
加藤 尚子（本部）	萬年 知美（本部）	木村 恵里（本部）
中野 達夫（本部）	佐藤 由佳（本部）	小池　肇（本部）
日下部 俊一（本部）	加藤 博之（本部）	永石 友章（本部）
篠﨑 高子（本部）	中村　義（本部）	大橋 るみ（本部）
矢尾板 雅子（本部）		

『SEED BOOK 12』執筆者

シュー土戸ポール（大学）	松本 英実（大学）	黄　晋二（大学）
Martin J. Dürst（大学）	松本　茂（大学）	アレン玉井光江（大学）
宮澤 淳一（大学）	田代 朋子（大学）	

＊教員は所属のみ，また事務の所属は（本部）に統一。

1921（大正10）年頃の青山キャンパスの全景。左手の大きな建物は1906（明治39）年に建て替えられた新ガウチャー・ホール

正門からの銀杏並木を撮影／1932（昭和7）年頃

開校したばかりの青山学院緑岡小学校校舎／1937（昭和12）年

1949（昭和24）年4月	学制改革により、青山学院専門学校を改編した新制大学として「青山学院大学」（以下「大学」）を開設し、文学部、商学部（1953年に経済学部に改組）、工学部（1950年に関東学院大学に移管）を設置
1950（昭和25）年4月	大学に「第二部」を開設し、文学部第二部、商学部第二部を設置。「青山学院女子短期大学」を開設し、文科（のちの国文学科、英文学科）、家政科（のちの家政学科）を設置（その後、児童教育学科、教養学科、芸術学科を順次設置）。男子高等部と女子高等部を統合して「青山学院高等部」（以下「高等部」）を開設
1951（昭和26）年3月	財団法人青山学院を学校法人青山学院に組織変更
1952（昭和27）年4月	大学院を開設し、文学研究科を設置
1953（昭和28）年4月	大学院経済学研究科を設置
1959（昭和34）年4月	大学法学部を設置（法学研究科は1961年に設置）
1961（昭和36）年4月	「青山学院幼稚園」を開設
1965（昭和40）年4月	廻沢キャンパス（1971年9月に世田谷キャンパスと改称）を開設し、理工学部を設置（理工学研究科は1969年に設置）
1966（昭和41）年4月	大学経営学部を設置（経営学研究科は1970年に設置）
1982（昭和57）年4月	厚木キャンパスを開設（文・経済・法・経営と国際政治経済学部の1・2年生および理工学部の1年生の所属キャンパスとして）。大学国際政治経済学部を設置（国際政治経済学研究科は1986年に設置）
1986（昭和61）年4月	高等部と中等部を6年制として「青山学院高中部」が発足
2001（平成13）年4月	大学院に「専門大学院」（2003年度から「専門職大学院」）を開設し、国際マネジメント研究科を設置
2003（平成15）年3月	世田谷キャンパスおよび厚木キャンパスを閉鎖
4月	相模原キャンパスを開設し、厚木キャンパスおよび世田谷キャンパスから文・経済・法・経営・国際政治経済学部の1・2年生、理工学部および大学院理工学研究科を移転
2004（平成16）年4月	法科大学院法務研究科を設置
2005（平成17）年4月	専門職大学院会計プロフェッション研究科を設置
2006（平成18）年4月	女子短期大学児童教育学科を子ども学科に改組
2008（平成20）年4月	大学総合文化政策学部・総合文化政策学研究科、大学社会情報学部・社会情報学研究科を設置
2009（平成21）年4月	大学教育人間科学部・教育人間科学研究科を設置
2012（平成24）年4月	女子短期大学の国文学科、英文学科、家政学科、教養学科、芸術学科を改組し、現代教養学科を設置
2013（平成25）年4月	大学就学キャンパスを再配置（文・教育人間科・経済・法・経営・国際政治経済学部の1・2年生と総合文化政策学部1年生の就学キャンパスを相模原キャンパスから青山キャンパスに変更）
2015（平成27）年4月	大学地球社会共生学部を新設

新制大学の青山学院大学が発足した当時の正門／1949（昭和24）年

理工学部が設置された世田谷キャンパス正門／1965（昭和40）年

開学当時の厚木キャンパス正門／1982（昭和57）年

相模原キャンパスの全景／2003（平成15）年

写真＝写真部・外山俊樹

（注）青山学院における事業の大枠をなす各設置学校、校地ならびに設置・管理機構に関して、主要な設置・開設・設立・組織変更などの変遷を示したもの

出所：『青山学院 by AERA』朝日新聞社，p.116-117より転載

青山学院140年の歩み

明治から平成の時代へ――

アメリカのメソジスト監督教会から派遣された3人の宣教師によって
創設された三つの学校を源流とする青山学院。
明治から現在に至る、青山学院の発展の歴史を振り返る。

写真＝青山学院提供（P116～120、クレジットのないものすべて）

1874 すべての人と社会のために

- 1874（明治7）年11月　D・E・スクーンメーカー、麻布に、青山学院女子系の源流である「女子小学校」を開校。翌75年に「救世学校」と改称。さらに77年に救世学校を築地明石町に移転し「海岸女学校」と改称
- 1878（明治11）年5月　J・ソーパー、築地に、青山学院男子系の源流である「耕教学舎」を開校。1881年に「東京英学校」と改称
- 1879（明治12）年10月　R・S・マクレイ、横浜に、青山学院男子系のもう一つの源流である「美會神学校」を開校
- 1882（明治15）年9月　美會神学校は、東京英学校と合同し、「東京英学校」となる
- 1883（明治16）年1月　東京英学校は東京英学校会社を組織し、青山の土地を購入
- 9月　東京英学校は青山に移転して「東京英和学校」と改称、神学科および普通科を設置
- 1885（明治18）年6月　第一回委託人会（のちに商議会、理事会に改組）開催
- 1888（明治21）年10月　海岸女学校の上級生を東京英和学校構内に移し、「東京英和女学校」（1895年に「青山女学院」と改称）として開校
- 1894（明治27）年7月　東京英和学校を「青山学院」と改称し、神学部（のちに高等普通学部の後身である「高等学部」とあわせ専門部と称し、1943年閉鎖）、普通部［高等普通学部（のちの「専門部」。1944年に閉鎖し、明治学院に合併）、英語師範科、予備学部（のちに「尋常中学部」「中等科」「中学部」と改称）］を設置
- 1906（明治39）年12月　青山学院財団を設立（1942年に財団法人青山学院に組織変更）
- 1927（昭和2）年8月　青山学院と青山女学院の合同が文部省から認可され「青山学院」となる。青山女学院は「青山学院高等女学部」となり専攻科（のちに「女子専門部」「女子専門学校」と改称し、1951年閉鎖）、本科（のちの「高等女学部」）を置く
- 1937（昭和12）年4月　青山学院小学財団を設立し、「青山学院緑岡小学校」（1941年に「青山学院緑岡初等学校」と改称）および「青山学院緑岡幼稚園」（1944年に閉鎖）を開設
- 1946（昭和21）年4月　1944年に閉鎖された専門部に代わり開設された青山学院工業専門学校を「青山学院専門学校」と改称。青山学院小学財団を財団法人青山学院に合併し、青山学院緑岡初等学校を「青山学院初等部」と改称
- 1947（昭和22）年4月　新学制による中学校として「青山学院中等部」（以下「中等部」）を開設
- 1948（昭和23）年4月　新学制による高等学校として、中学部を高等部（後に「男子高等部」と改称）に、高等女学部を「女子高等部」に改組

最初のガウチャー・ホール
／1887（明治20）年

東京英和学校神学科校
舎／1886（明治19）年

築地明石町に再建された海岸女
学校校舎／1881（明治14）年

横浜に開校された美會神学校校
舎／1879（明治12）年

索　引

ま行

や行

執筆者一覧

梅津　順一　青山学院院長／青山学院大学総合文化政策学部教授

1970年国際基督教大学教養学部社会科学科卒業，1973年東京大学大学院経済学研究科修士課程修了，1978年東京大学大学院経済学研究科博士課程単位取得満期退学。1989年経済学博士。専門分野および関連分野は，経済史，比較文明論，経済思想史，歴史社会学。研究テーマは，ベンジャミン・フランクリン研究，徳富蘇峰と近代日本。学会：社会経済史学会，経済学史学会，アメリカ学会，日本ピューリタニズム学会。主な研究業績：『ヴェーバーとピューリタニズム—神と富との間』『ピューリタン牧師バクスター』「日本のキリスト教大学—過去と現在」，フランクリンの「徳の技法」など多数がある。

深町　正信　和泉短期大学理事長／東洋英和女学院院長／青山学院名誉院長

1936年静岡市生まれ。1954年日本基督教団静岡教会にて堅信礼。1961年東京神学大学大学院修士号課程修了，清水女子高等学校宗教主任就任。1963年米国デューク大学大学院に留学。帰国後，上富坂教会，銀座教会，経堂緑丘教会，鳥居坂教会の牧師を歴任。1984年青山学院大学国際政治経済学部教授，宗教主任。大学宗教部長，学院宗教部長を経て1990年第12代青山学院院長に就任。2008年院長を退任。青山学院名誉院長，同大学名誉教授，名誉人文学博士（1994年アメリカン大学）他。2008年より和泉短期大学理事長。2013年より東洋英和女学院院長。キリスト教学校教育同盟理事長，静岡英和女学院理事・評議員等も歴任。ライフワークは「ジョン・ウェスレーとメソジズム」の研究。著書：『見えないものに目を注ぐ教育』『知と真に根ざす人間教育』ほか。訳書：Ｊ．テルフォード著『ジョン・ウェスレーの生涯』ほか。

仙波　憲一　青山学院大学学長／青山学院大学国際政治経済学部教授

1980年青山学院大学大学院経済学研究科博士課程単位取得満期退学，経済学修士。専門分野および関連分野は，理論経済学，マクロ経済学，ミクロ経済学，経済成長論。研究テーマは，マクロ経済循環を生じさせる経済メカニズムの解明。特にミクロ経済主体の行動原理から，マクロ経済変動がいかにして説明されうるかを考察。学会：日本経済学会，地域経済学会。2006年１月～2015年３月まで，埼玉県戸田市教育委員会委員長を務める。主な著書：『市場経済の理論とその応用—市場の効率性と公正—』シーエーピー出版，主な論文："The Neoclassical Investment Model and a New Conservation Law" *Journal of Economics* Vol.75（2002), No. 2 , pp.137-160。

本名　信行　青山学院大学名誉教授

青山学院大学国際政治経済学部教授を経て，現在同大学名誉教授ならびに文京学院大学 Global Career Institute 顧問，同客員教授，理事。専門分野は，「国際言語としての英語」，言語政策，異文化間リテラシー，言語意識論，国際コミュニケーションマネジメント，非言語伝達，手話コミュニケーションなど。日本「アジア英語」学会会長（2000-2009），国際異文化間コミュニケーション研究学会（IAICS）会長（2007-2009），中央教育審議会外国語専門委員（2003-2010）などを歴任。*Asian Englishes*（Routledge）Founding Editor and Advisor のほか，*World Englishes*（Blackwell），*English Today*

(Cambridge University Press), *Journal of English as a Lingua Franca* (de Gryuter) などの編集顧問。最近の編著書：『企業・大学はグローバル人材をどう育てるか：国際コミュニケーションマネジメントのすすめ』アスク出版，2012年，『国際言語として英語：文化を越えた伝え合い』冨山房インターナショナル，2013年ほか。

合田　紀子　青山学院初等部教諭

青山学院大学文学部英米文学科，教育学科卒。学会等：東京私立初等学校協会外国語部会運営委員，日本児童英語教育学会（JASTEC）会員，外国語教育メディア学会（LET）会員，小学校英語教育学会（JES）会員。

小田　文信　青山学院中等部教諭／英語科主任

専門：英語教育学。青山学院大学文学部英米文学科卒。

西川　良三　青山学院高等部教諭／高等部長

専門：英語教育学。教養学士（ICU），MA in TESL　(St. Michael' s College)。

田邊　博史　青山学院高等部教諭

専門：英語教育学，教育学修士。学会等：関東甲信越英語教育学会，全国英語教育学会，JACET，NHK ラジオ高校講座コミュニケーション英語Ⅱ講師ほか。著書：文部省検定高等学校教科書『*Power On Communication English I, II, III.*』東京書籍（共同執筆），『英語授業ハンドブック　高校編』大修館（共同執筆），『センター試験英語〈筆記〉大問別予想問題集第 4 問〈図表読解問題〉』（単著）ほか。論文：「継続的な速読指導と英文の語彙レベル：どのくらいの語彙を知っておく必要があるのか？」*Kate Bulletin* 第18号，「年間を通した継続的な速読指導の波及効果：指導の効果は転移するのか？」*Kate Bulletin* 第20号ほか。

松村　伸一　青山学院女子短期大学教授

専門領域：イギリス文学（ヴィクトリア朝詩）。東京大学文学部英語英米文学科卒（学士），東京大学大学院人文科学研究科英語英文学専門課程修士課程修了（文学修士），東京大学大学院人文科学研究科英語英文学専攻博士課程単位取得満期退学（1993年 3 月）。所属学会：日本英文学会，日本ヴィクトリア朝文化研究学会。著書：「ロンドン都市基盤の形成とヴィクトリア朝詩の想像力」『ロンドン－アートとテクノロジー』竹林舎，2014年，「韻文の中の幽霊：リチャード・ハリス・バーラム『インゴルズビー伝説集』のこと」『亡霊のイギリス文学：豊饒なる空間』国文社，2012年，「ウォルター・ペイターとエクフラーシス」『文学と絵画：唯美主義とは何か』英宝社，2005ほか。翻訳：『D.G. ロセッティ作品集』岩波書店，2015年（共訳），M & J・グリビン『フィリップ・プルマン『ライラの冒険』の科学』松柏社，2008年ほか。

遠藤　健治　青山学院大学教育人間科学部教授

青山学院大学大学院文学研究科心理学専攻博士課程所定の単位取得済み退学。学会：日本心理学会，日本教育心理学会，日本感情心理学会，日本繊維製品消費科学会，日本社

会心理学会。主な著書：『対人関係を通しての自己理解ワークブック～ひとのこころとふれあう私』培風館，2013年，『Excel によるデータ処理入門 ―集計から編集，要約，グラフ化，検定まで― ［増補改訂版］』北樹出版，2012年，『Excel，SAS，SPSS による統計入門［改訂版］』培風館，2003年，『例題からわかる心理統計学』培風館，2002年，『SPSS における分散分析の手順［改訂版］』北樹出版，2002年，『心理学名画座』近代文芸社，1998年。

髙木　亜希子　青山学院大学教育人間科学部准教授

エクセター大学大学院博士課程修了（教育学博士）。大阪教育大学准教授等を経て現職。専門：英語教育学，学会：大学英語教育学会，全国英語教育学会，全国語学教育学会など。最近の論文：Takagi, A.（2012）"An exploratory study of four Japanese teachers' beliefs about teaching reading in public high school." *Hwa Kang English Journal*, 18, 73-101，Takagi, A.（2014）"My journey in teacher development." In P. Ng, & E. Boucher-Yip（Eds.），*Local contextual influences on teaching: Narrative insights from ESL and EFL professionals*, Chapter 9（pp.138-151）. Newcastle upon Tyre: Cambridge Scholars Publishing.

アレン玉井 光江　青山学院大学文学部教授

教育学博士。専門：小学校英語教育と第二言語習得，特に幼児，児童の英語のリタラシー獲得について研究。学会：日本児童英語教育学会理事。主な著書：『小学校英語の教育法』大修館，『リタラシーを育てる英語教育の創造』学文社（共著），『ストーリーと活動を中心にした小学校英語』『*Story Trees*』『*Story Trees* 2』小学館集英社プロダクション，中学校 外国語科検定教科書『New Horizon』東京書籍（編集委員）。論文："Phonological Awareness and Development of Word Knowledge among Young Japanese Learners of English" *The Journal of Asia TEFL*。

水野　的　青山学院大学文学部教授

東京外国語大学ポルトガル・ブラジル語学科卒業，放送通訳，会議通訳に従事，立教大学大学院異文化コミュニケーション研究科特任教授を経て現職。学会：日本通訳翻訳学会（会長）。著書：柳父章・水野的・長沼美香子編『日本の翻訳論：アンソロジーと解題』法政大学出版局，2010年，篠田顕子・石黒弓美子・水野的・新崎隆子編『英語リスニングクリニック』研究社，2000年，BS 放送翻訳グループ編『放送通訳の世界』（共著）1998年，アルク。論文："Stylistic Norms in the Early Meiji Periods: From Chinese Influences to European Influences", in Sato-Rossberg, N. and Wakabayashi, J.（2012），"Translation and Translation Studies in the Japanese Context" 2012（Continuum），「明治・大正期の翻訳規範と日本近代文学の成立」『トランスレーション・スタディーズ』みすず書房，2011年，"Process Model for Simultaneous Interpreting and Working Memory" 2005，*Meta* 50/ 2 。

木村　松雄［監修］　青山学院大学文学部教授／青山学院英語教育研究センター所長
青山学院大学文学部英米文学科卒業，国立兵庫教育大学大学院学校教育研究科言語系修了。東京大学教育学部附属中高等学校文部教官教諭・東京大学教育学部講師を経て現職（専門：英語教育学；方法論・評価論・政策論）。文部省社会通信教育教材審査委員，文部省英語資格検定基準審査委員，文部科学省 SELHi 第 1 期・第 5 期運営指導委員，文部科学省指定広島県芸北地域教育課程研究開発運営指導委員，文部科学省高等教育局大学設置審議委員会専門審議委員（外国語），東京都教育委員会英語教員海外派遣事業審査委員，岡山県総社市「英語教育特区」スーパーバイザー，全英連主催全国高等学校英語スピーチコンテスト審査委員，文部科学省中学英語検定教科書『New Horizon English Course』編著者，NHK ラジオ「中学生実力養成講座」講師，NHK ラジオ「リスニングテスト中級 1 」講師，NHK ラジオ「基礎英語 1 」講師，学会：JACET（大学英語教育学会）本部理事・関東支部支部長。主な著書：『伝達重視の英語教育』（共著）大修館書店，『あたらしい英語科教育法』（共編著）学文社，『新版英語科教育法』（編著）学文社，『英語教育学大系 第 1 巻 大学英語教育』（共著）大修館書店，『英語教育学大系 第 2 巻 英語教育政策』（共編著）大修館書店，『応用言語学辞典』（共著）研究社，『伝える伝わる英会話』（共著）NHK 出版，『はじめて学ぶ英会話』（共著）NHK 出版，NHK ラジオ「基礎英語 1 」テキスト（共著）NHK 出版，学校法人青山学院『SEED BOOKS』全12巻（監修），アルク。

資料6 『SEED BOOKS 1-12』

『SEED BOOKS』は，4－4－4一貫制シラバスに則り，子どもたちの発達段階に応じて，Listening，Speaking，Reading，Writing の四技能の統合能力を身につけ，最終的には，自分の専門分野で不自由なく英語を使えるような本当の意味でのコミュニケーション能力を育むことを目標としています。

English Series **SEED BOOK 1**

4-4-4制に基づく一貫制英語教科書　第1期第1学年用

著作　学校法人青山学院
発行　学校法人青山学院
発売　学校法人青山学院
制作　青山学院英語教育研究センター
編集　株式会社アルク

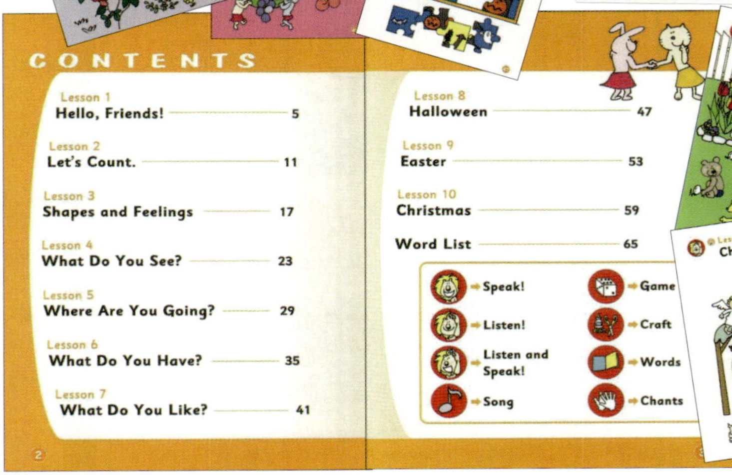

CONTENTS

English Series **SEED BOOK 2**

4-4-4制に基づく一貫制英語教科書　第1期第2学年用

著作　学校法人青山学院
発行　学校法人青山学院
発売　学校法人青山学院
制作　青山学院英語教育研究センター
編集　株式会社アルク

English Series SEED BOOK 3

4-4-4制に基づく一貫制英語教科書　第1期第3学年用

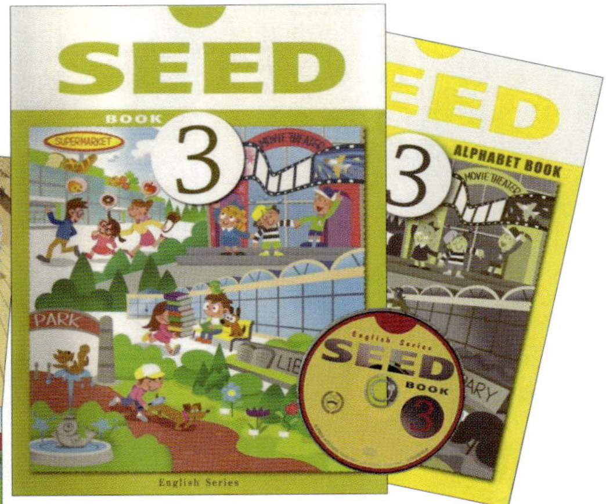

著作　学校法人青山学院
発行　学校法人青山学院
発売　学校法人青山学院
制作　青山学院英語教育研究センター
編集　株式会社アルク

English Series **SEED BOOK 4**

4-4-4制に基づく一貫制英語教科書　第1期第4学年用

著作　学校法人青山学院
発行　学校法人青山学院
発売　学校法人青山学院
制作　青山学院英語教育研究センター
編集　株式会社アルク

English Series **SEED BOOK 5**

4-4-4制に基づく一貫制英語教科書　第2期第1学年用

著作　学校法人青山学院
発行　学校法人青山学院
発売　学校法人青山学院
制作　青山学院英語教育研究センター
編集　株式会社アルク

CONTENTS

2

English Series SEED BOOK 6

4-4-4制に基づく一貫制英語教科書　第2期第2学年用

©2008 AOYAMA GAKUIN

CONTENTS

2

著作　学校法人青山学院
発行　学校法人青山学院
発売　学校法人青山学院
制作　青山学院英語教育研究センター
編集　株式会社アルク

English Series **SEED BOOK 7**

4-4-4制に基づく一貫制英語教科書　第2期第3学年用

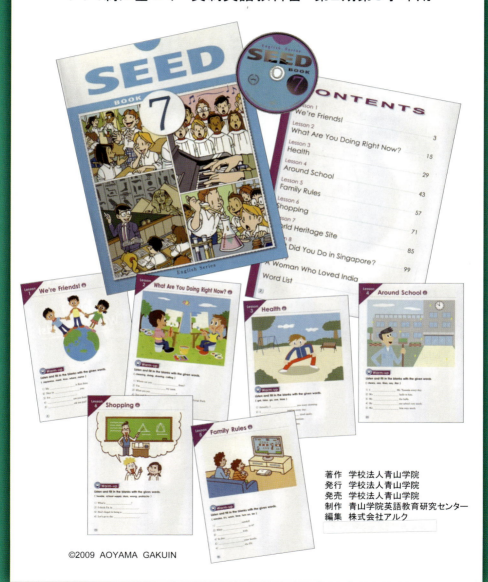

著作　学校法人青山学院
発行　学校法人青山学院
発売　学校法人青山学院
制作　青山学院英語教育研究センター
編集　株式会社アルク

English Series **SEED BOOK 8**

4-4-4制に基づく一貫制英語教科書　第2期第4学年用

著作　学校法人青山学院
発行　学校法人青山学院
発売　学校法人青山学院
制作　青山学院英語教育研究センター
編集　株式会社アルク

English Series **SEED BOOK 9**

4-4-4制に基づく一貫制英語教科書　第3期第1学年用

著作　学校法人青山学院
発行　学校法人青山学院
発売　学校法人青山学院
制作　青山学院英語教育研究センター
編集　株式会社アルク

English Series SEED BOOK 10

4-4-4制に基づく一貫制英語教科書　第3期第2学年用

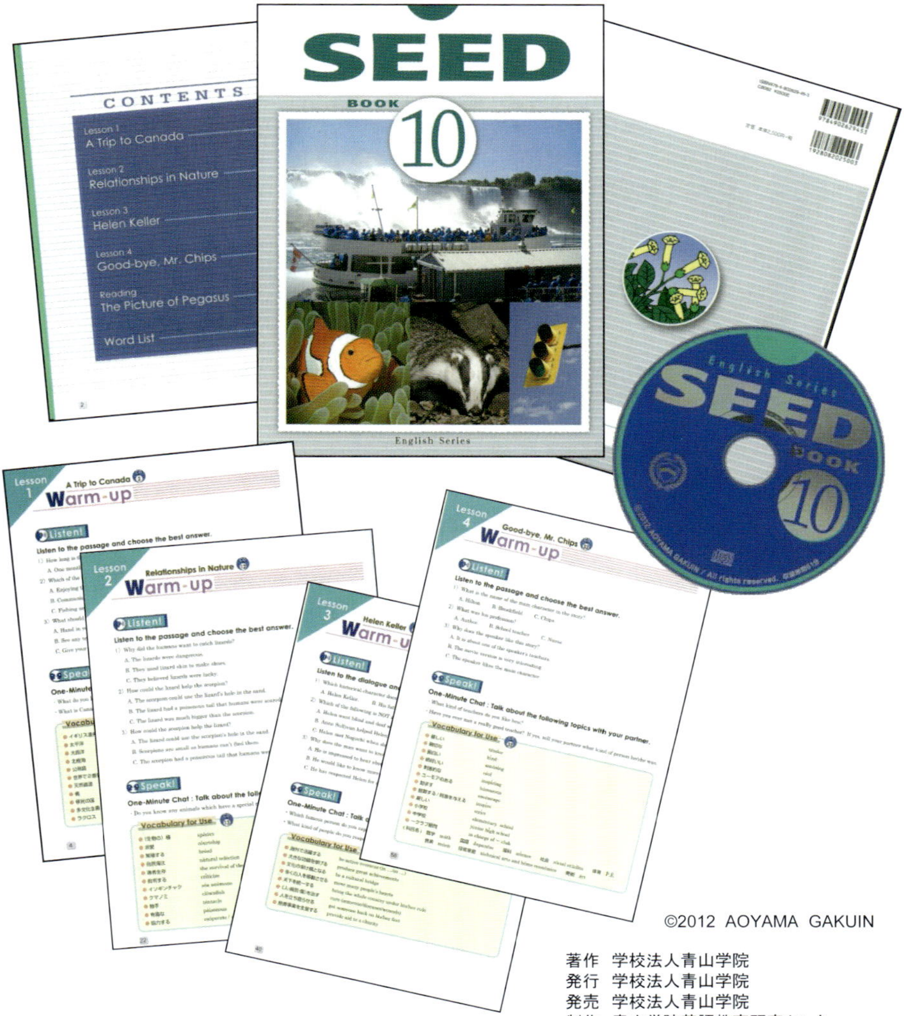

著作　学校法人青山学院
発行　学校法人青山学院
発売　学校法人青山学院
制作　青山学院英語教育研究センター
編集　株式会社アルク

English Series **SEED BOOK 11**

4-4-4制に基づく一貫制英語教科書　第3期第3学年用

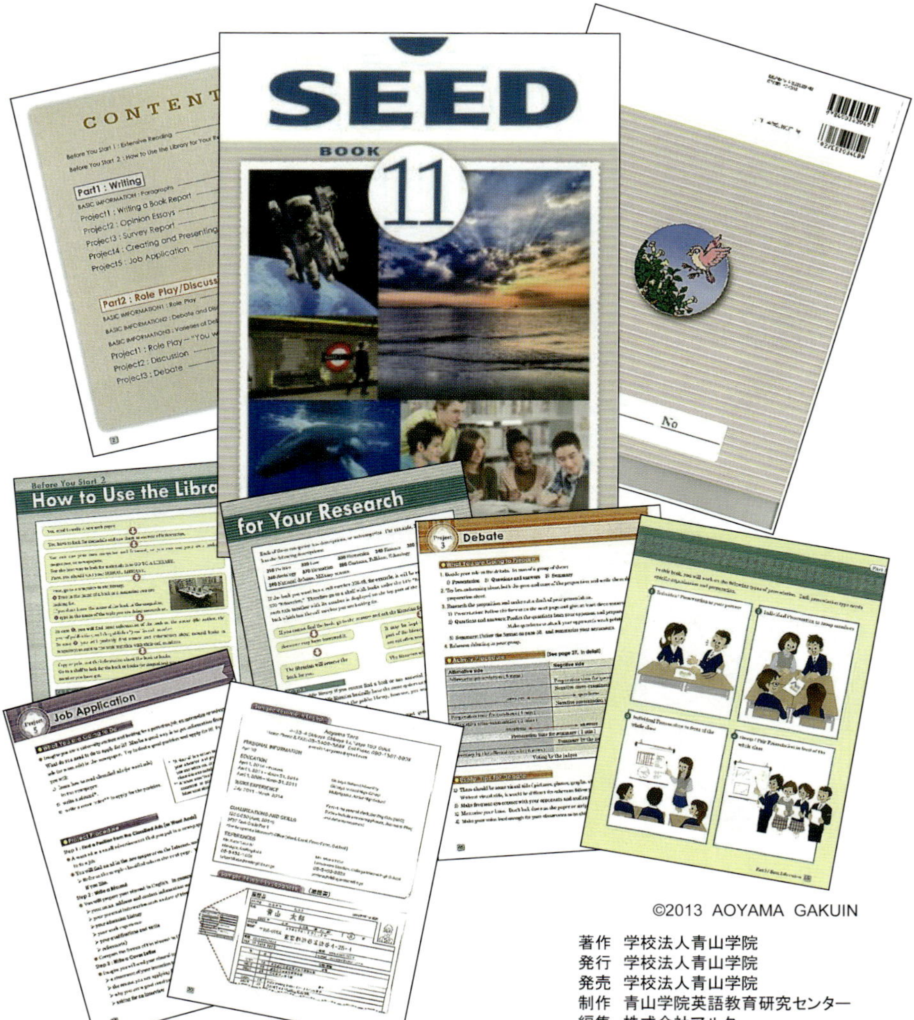

著作　学校法人青山学院
発行　学校法人青山学院
発売　学校法人青山学院
制作　青山学院英語教育研究センター
編集　株式会社アルク

English Series　SEED BOOK 12

4-4-4制に基づく一貫制英語教科書　第3期第4学年用

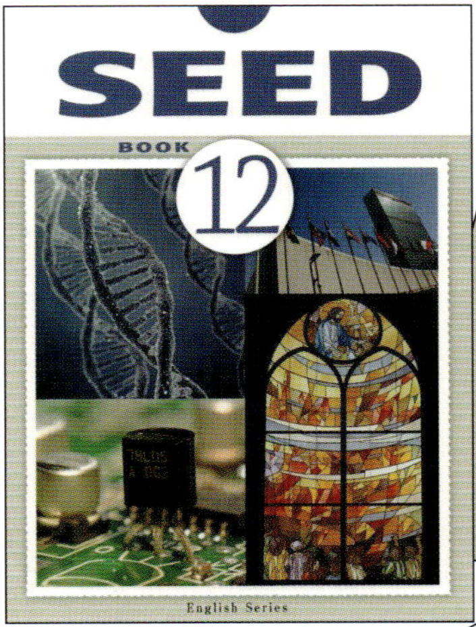

CONTENTS

著作　学校法人青山学院
発行　学校法人青山学院
発売　学校法人青山学院
制作　青山学院英語教育研究センター
編集　株式会社アルク

〈監修〉木村 松雄
〈編集〉青山学院英語教育研究センター

青山学院 4－4－4 一貫制英語教育構想
Aoyama Gakuin 4－4－4 Coherent English Education System

2015年5月20日　第1版第1刷発行

監修　木村松雄
編集　青山学院英語教育研究センター

発行者　田 中 千 津 子
〒154-0064　東京都目黒区下目黒3－6－1
電話　03（3715）1501㈹
FAX　03（3715）2012
発行所　株式会社　学 文 社
http://www.gakubunsha.com

ISBN 978-4-7620-2545-7